D1731245

Georg Scherm
Guyana und Surinam

- wirtschaftsgeographische Probleme
der Rohstoffabhängigkeit
bauxitexportierender Entwicklungsländer

Wirtschaftswissenschaftliche Forschung und Entwicklung

Herausgeber:
Dr. Christoff Aschoff
Dr. Peter Müller-Bader

Band 79

CIP-Kurztitelaufnahme der Deutschen Bibliothek

Scherm, Georg:
Guyana und Surinam — wirtschaftsgeographische
Probleme der Rohstoffabhängigkeit bauxitexpor-
tierender Entwicklungsländer / Georg Scherm.
— München : Florentz, 1982.
   (Schriftenreihe wirtschaftswissenschaftliche
   Forschung und Entwicklung ; Bd. 79)
   ISBN 3-88259-218-4
NE: GT

© 1982 by Verlag V. Florentz GmbH, 8 München 34, Postfach 34 01 63,
   Gabelsbergerstr. 15, Tel.: 089/28 55 03

Gesamtherstellung: Fotodruck Frank GmbH, 8000 München 2
Printed in Germany

Die vorliegende Arbeit wurde von Herrn Prof. Dr. H.-D. Haas angeregt. Den Anstoß zur Beschäftigung mit dem Karibischen Raum gab meine Tätigkeit als wissenschaftliche Hilfskraft beim DFG-Projekt "Industriegeographie" und vor allem die Möglichkeit, Herrn Prof. Dr. Haas 1976 auf einer Forschungs- reise im Rahmen dieses Projektes zu den Kleinen Antillen zu begleiten. Für seine stets wohlwollende Unterstützung sei ihm an dieser Stelle sehr herzlich gedankt.

Mein besonderer Dank gilt auch Herrn Prof. Dr. H. Blume, dessen Förderung wesentlich zum Gelingen der Arbeit bei- trug.

Herrn Prof. Dr. K. Ruppert danke ich für die Unterstützung, die er mir durch die Einrichtungen des Instituts für Wirt- schaftsgeographie, München, gewährte.

Wertvolle Hilfe während der Geländearbeiten boten mir in Guyana Prof. L. Cummings, Deputy Vice Chancellor und Dr. F. Sukdeo, University of Guyana, sowie Herr Brewster, Bauxite Industry Development Company. Unterstützung in Surinam er- fuhr ich vor allem durch Herrn Dr. Kolader, Bureau Landelijke Opbouw, durch Herrn Kowsoleea, SURALCO, Herrn Klink und Herrn Liong A Jin, BILLITON, Herrn Elias, GRASSALCO, Herrn van Kapel, NEDECO, sowie durch Herrn Cambridge, Mijnbouw- kundige Dienst. Ihnen allen sei hier, stellvertretend für viele andere, herzlich gedankt.

Für die freundschaftliche Unterstützung während des Aufent- haltes in Guyana und Surinam danke ich besonders Herrn Prakash Singh, Georgetown, und Herrn Shinichiro Mikuni, Paramaribo.

Dank gebührt auch den Herren Eder und Sladkowski für die Beratung und Unterstützung bei der Gestaltung der Abbildungen. Meiner Frau Inge danke ich für die kritische Durchsicht des Manuskripts.

Dem DAAD sei an dieser Stelle für die Gewährung eines Halb- jahresstipendiums gedankt.

Ich widme diese Arbeit meinen Eltern.

Nach Abschluß der Arbeit im Juli 1981 wurden noch einzelne neuere Daten nachgetragen.

München, im April 1982   Georg Scherm

INHALTSVERZEICHNIS

Verzeichnis der Abbildungen

Seite

Verzeichnis der Tabellen

Seite

Verzeichnis der Fotos

1. Bauxitabbau in Linden, Guyana

2. Bauxitgewinnung in Onverdacht, Surinam

3. Bauxittrocknungs- und Kalzinierungsanlagen
   in Moengo, Surinam

4. Bergbausiedlung Apoera, West-Surinam, 1978

5. Nieuw Nickerie mit Naßreisprojekt Nickerie-
   Wageningen, Surinam

6. Extensive Weidewirtschaftsgebiete der
   Rupununi Savanne, Guyana

VERZEICHNIS DER ABKÜRZUNGEN

ALCAN	Aluminium Company of Canada
ALCOA	Aluminium Company of America
ASFA	Association of Surinamese Manufacturers
BERMINE	Berbice Mining Enterprise Ltd.
BIDCO	Bauxite Industry Development Company Ltd.
CARICOM	Caribbean Common Market, Caribbean Community
CARIFTA	Caribbean Free Trade Association
CONS	Commissie Ontwikkelingssamenwerking Nederland - Suriname
DEMBA	Demerara Bauxite Company Ltd.
EDF	Europäischer Entwicklungsfonds
FAO	Food and Agriculture Organization
GUYBAU	Guyana Bauxite Company Ltd.
GUYMINE	Guyana Mining Enterprise, Limited
GUYSTAC	Guyana State Corporation
GUYSUCO	Guyana Sugar Company
IBA	International Bauxite Association
m.t.	= metr. t.; metrische t (= 0,984 l. t.)
PNC	People's National Congress
PPP	People's Progressive Party
SITC	Standard International Trade Classification
SUDENE	Superintendência do Desenvolvimento Econômico do Nordeste
SURALCO	Suriname Aluminium Company
UMDA	Upper Mazaruni Development Authority
UNDP	United Nations Development Programme
USAID	U. S. Agency for International Development

Verzeichnis der Paritäten

G$	Guyana Dollar, 1 US$ = 2,55 G$
Sf	Surinam Gulden, 1 US$ = 1,77 Sf
T$	Trinidad Dollar, 1 US$ = 2,40 T$

1. EINFÜHRUNG

1.1 Problemstellung

Mit der Ölkrise im Herbst 1973 und mit den Auswirkungen der
Ölpreiserhöhungen ist das Problem der Abhängigkeit der Industrieländer von einzelnen Rohstoffimporten zunehmend in das
Bewußtsein einer breiten Öffentlichkeit gerückt. Darüber
wurde die Abhängigkeit unter umgekehrtem Vorzeichen - die
seit Jahrhunderten bestehende Abhängigkeit vieler heutiger
Entwicklungsländer von Rohstoffexporten - weitgehend ver-
gessen.
Die Nachkriegszeit war u. a. von den Unabhängigkeitsbestre-
bungen zahlreicher Entwicklungsländer geprägt. Inzwischen
ist nun die formale politische Lösung ehemaliger Kolonien
von den jeweiligen Mutterländern zum größten Teil vollzogen.
Gegenwärtig beschränken sich derartige Prozesse eher auf
Separationsbestrebungen einzelner Provinzen der jetzt unabhängigen Staaten, die zum Teil durch ethnische, kulturelle
oder wirtschaftliche Gründe, wie z. B. durch unterschiedlichen Rohstoffreichtum, ausgelöst werden.

Während nun die meisten ehemaligen Kolonien ihre politische
Unabhängigkeit zumindest im Karibischen Raum ohne größere
Schwierigkeiten erreichen konnten, wurde die Hoffnung auf
eine damit automatisch verbundene wirtschaftliche Unabhängigkeit und Selbständigkeit in der Regel enttäuscht. Auch
bei rohstoffreichen Entwicklungsländern mit ihren theoretisch umfangreichen Entwicklungspotentialen läßt sich vielfach eine ausgeprägte Persistenz aus der Kolonialzeit über-
nommener wirtschaftlicher Strukturen erkennen.

Enttäuschungen der Entwicklungsländer über die geringen
Änderungen in der traditionellen weltwirtschaftlichen Ar-
beitsteilung führten zu einer weltweiten Diskussion über die
Möglichkeiten einer Neuregelung dieser Beziehungen, dem Nord-

Süd-Dialog. Ein entsprechender, auf die Belange rohstoff-
exportierender Entwicklungsländer ausgerichteter Forderungs-
katalog wurde daraufhin in dem integrierten Rohstoffprogramm
der UNCTAD IV 1976 in Nairobi beschlossen. Im Rahmen dieses
Programms sollen für 18 Rohstoffe, darunter auch Bauxit, zu
rund zwei Dritteln von den Industriestaaten finanzierte Aus-
gleichslager (buffer stocks) dazu beitragen, die Rohstoffpreise zu stabilisieren. Von der Stabilisierung der Preise
sowie einer Absatzgarantie erhoffen sich die rohstoffreichen
Entwicklungsländer einen wichtigen Beitrag zur Verwirklichung
der geforderten Neuordnung der Weltwirtschaft.

Das Bestreben vieler Entwicklungsländer ist es inzwischen,
sich von ihrer Funktion als Lieferanten unverarbeiteter oder
nur aufbereiteter Rohstoffe zu lösen. Bisher ließ sich dies
jedoch nur bedingt verwirklichen. Chancen, die einheimischen
Rohstoffe im nationalen Wirtschaftskreislauf zu nutzen, bieten sich vor allem Entwicklungsländern mit hoher Einwohnerzahl, bedeutenden Rohstoffvorkommen und einer beträchtlichen
Gesamtwirtschaft, wie z. B. Brasilien oder Venezuela. Die
Möglichkeiten kleinerer Länder erschöpfen sich in der Regel
in einer weitergehenden Verarbeitung der mineralischen Rohstoffe zu Konzentraten oder Rohmetallen.

Kleine, extrem rohstoffabhängige Entwicklungsländer stehen
nun vor der Schwierigkeit, bei ihrer Kleinstaatlichkeit und
ihrer Abhängigkeit von einem oder einigen wenigen Rohstoffen
einen gesamtwirtschaftlichen Aufschwung zu erreichen. Hier
wird durch eine Diversifizierung der Wirtschaftsstruktur eine
Reduzierung der Rohstoffexportabhängigkeit angestrebt.

Am Beispiel Guyanas und Surinams, zweier hinsichtlich ihrer
Einwohnerzahl ausgeprägter Kleinstaaten, die eine extreme
Rohstoffexportabhängigkeit aufweisen, sollen die Probleme
der Rohstoffwirtschaft einschließlich ihrer historischen
Entwicklung wie auch Ansätze zu Lösungsmöglichkeiten aufge-
zeigt werden.

1.2   Stand der Forschung zu Guyana und Surinam

In der deutschen, aber auch in der englischsprachigen Literatur zeigt sich bisher eine weitgehende Vernachlässigung
Guyanas und Surinams - trotz der bedeutenden Bodenschätze -
im Vergleich zu den Untersuchungen zu anderen Gebieten Lateinamerikas. Dies mag vor allem auf folgende drei Faktoren
zurückzuführen sein:

1. Die zum großen Teil kolonialgeschichtlich bedingte ver-
   kehrsräumliche und wirtschaftliche Isoliertheit der drei
   Guayana-Länder im NE Südamerikas führt zu einer geringen
   Berücksichtigung in Arbeiten zu Südamerika.[1]

2. Die Guayana-Länder können durch ihre topographische Zugehörigkeit zum südamerikanischen Kontinent in Studien,
   die sich mit "Mittelamerika" oder "Westindien" befassen,
   nicht berücksichtigt werden.[2]

3. Nachschlagewerke zur Dritten Welt geben einen ersten
   enzyklopädischen Überblick, bieten jedoch in der Regel
   zu wenig geographische Informationen.[3]

So existieren weder eine umfassende neuere Monographie zu
den Guayana-Ländern als Raumeinheit noch eine ausführliche
Ländermonographie.

_____

1) So bleiben selbst in Werken, die sich in einem ausgedehnten
   regionalen Teil mit einzelnen Staaten Südamerikas oder dem
   gesamten lateinamerikanischen Raum befassen bzw. exempla-
   risch einzelne "Entwicklungsmodelle" behandeln, die Guayana-
   Länder vielfach unberücksichtigt (z. B. NIEDERGANG, M. 1971;
   MOHR, H. J. 1975).

2) Z. B. BLUME, H. 1968; SLATER, M. 1968; WEST and AUGELLI 1966.

3) Z. B. KURIAN, G. Th. 1978; SCHIFFERS, H., SIMONS, P. (Hrsg.)
   1979; WALDMANN, P., ZELINSKY U. (Hrsg.) 1980. Eine Ausnahme
   bildet hier NOHLEN, B., NUSCHELER, F. (Hrsg.) 1976, mit
   Beiträgen von V. SAURMA zu Guyana und R. HOPPE zu Surinam.

Untersuchungen, die sich speziell mit wirtschaftsgeographi-
schen Problemen der Guayana-Länder beschäftigen, sind nur
in relativ geringem Maß vorhanden.[1] Aus diesem Grund sollen
in der vorliegenden Arbeit auch die historische Entwicklung
der Rohstoffwirtschaft sowie die Entwicklungsmöglichkeiten
der übrigen Wirtschaftssektoren ausführlicher behandelt
werden.

Hauptsächlich wurden von niederländischen Autoren zu Surinam
und vor allem von englischen und US-amerikanischen Autoren
zu Guyana eine Reihe von meist kürzeren Aufsätzen zu einzelnen Themenbereichen oder zu Fragen der aktuellen Entwicklungs-
problematik publiziert.
Im folgenden sollen einige Untersuchungen zu Guyana und Surinam kurz aufgeführt werden:

An Arbeiten über die Guayana-Länder als Raumeinheit existieren neben der Veröffentlichung von SANDNER und STEGER (1973),
S. 181 - 213) im wesentlichen Beiträge von E. GORMSEN (1975)
und M. DEVEZE (1968).
Über die Bauxitwirtschaft im Karibischen Raum sind neben den
bereits erwähnten englischsprachigen Arbeiten von N. GIRVAN
im deutschsprachigen Raum vor allem die Arbeiten von H. BLUME
(1962a und 1968) und H.-D. HAAS (1974a; 1976) zur Bauxitwirtschaft Jamaikas zu nennen.
Einen kurzen, allgemeinen Überblick über Guyana geben J.-C.
GIACOTTINO (1972a), B. IRVING (Hrsg.) (1972) sowie H. LUTCHMAN
(1970), einen historischen Überblick, vor allem eine Aufar-
beitung der Kolonialgeschichte Guyanas, bietet D. NATH (1976).

Vor allem die Nachkriegsentwicklung Guyanas belegt A. KUNDUs
Aufsatz (1963) mit zahlreichen Statistiken.

---

1) Als eine der wichtigsten Untersuchungen sind hier vor
   allem die Arbeiten von N. GIRVAN über den Bauxitbergbau im Karibischen Raum zu nennen (1967, 1969, 1970,
   1971a, 1971b, 1971c, 1972, 1975, 1976 und N. GIRVAN und
   O. JEFFERSON 1978).

Allgemeinere Arbeiten über die Wirtschaftsentwicklung und
Entwicklungsplanung wurden u. a. von K. HOPE (1975c), K.
HOPE und W. DAVID (1974), K. HOPE, W. DAVID und A. ARMSTRONG
(1976), V. P. DUGGAL (1972) und dem US-Dep. of Commerce (1973)
publiziert.
Eine vorübergehende Zunahme des Interesses an der Bauxitwirtschaft Guyanas brachte die Nationalisierung der ausländischen Unternehmen mit sich (siehe z. B. C. H. GRANT
(1973), J. LITVAK und CH. MAULE (1975a, 1975b), M. MORRIS,
F. LAVIPOUR und K. SAUVANT (1976) sowie M. ST. PIERRE (1972,
1975).

Die ehemaligen kolonialen Beziehungen zwischen Holland und
Surinam fanden ihren Niederschlag in der vielfach von niederländischen Autoren publizierten Literatur über Surinam.
Einen kurzen Überblick über die Gesamtwirtschaft bieten
z. B. F. ANDIC und S. ANDIC (1971), H. MEISCHEIDER (1965)
und G. H. TERPSTRA (1973).

Im Gegensatz zur Selbstdarstellung der staatlichen Entwicklungspolitik, vor allem im Hinblick auf die Bedeutung West-
Surinams (I. ESSED 1973 und 1975), ist die Beurteilung der
wirtschaftlichen Zukunft Surinams sowie der verfolgten Entwicklungsstrategie meist negativ (z. B. I. BREMAN (1976)
und H. E. CHIN (1971)).

Sowohl für Guyana als auch für Surinam fehlen bisher umfassende Darstellungen zur Bedeutung der Bauxitgewinnung
und -verarbeitung sowie der zukünftigen Entwicklungsmöglichkeiten, die sich für beide Staaten vor dem Hintergrund der
Rohstoffwirtschaft ergeben, und der massiven Einflüsse,
welche die Rohstoffwirtschaft auf den gesamten sozioökonomischen und raumwirtschaftlichen Bereich ausübt.

1.3 Zielsetzung und methodisches Vorgehen

Drei Komplexe bedingen heute im wesentlichen die sozioökonomische Situation Guyanas und Surinams:

- Die wirtschaftliche Lage der beiden Staaten vor dem Hintergrund ihrer naturräumlichen Voraussetzungen und ihrer historischen Entwicklung im Rahmen des Kolonialismus.

- der Rohstoffreichtum dieser Staaten und das daraus resultierende Beziehungsgefüge innerhalb der Weltwirtschaft,

- die Kleinstaatlichkeit (hinsichtlich ihrer Einwohnerzahl).

Sowohl Guyana als auch Surinam hängen sehr stark von Rohstoffexporten ab. Die Gewinnung agrarischer und mineralischer Rohstoffe war seit den frühesten Besiedlungsversuchen
durch Europäer im 16. Jahrhundert das Leitziel wirtschaftlicher Aktivitäten in den beiden Kolonien Britisch-Guayana
und Niederländisch-Guayana. Ausgehend von einem fast identi-
schen naturräumlichen Potential und einer bis in die 60er
Jahre dieses Jahrhunderts sehr ähnlichen historischen Entwicklung, versuchen heute beide Staaten auf wirtschaftspolitisch allerdings stark divergierenden Wegen die Grundziele
"Wirtschaftswachstum" und "Erhöhung des Lebensstandards" zu
erreichen. Ein weiteres, ebenso zentrales Bestreben beider
Länder ist es ferner, die hohe Abhängigkeit von der Gewinnung
und dem Export eines einzigen oder weniger Rohstoffe zu mil-
dern und dadurch eine diversifizierte Wirtschaftsstruktur zu
erlangen.

In dieser Arbeit soll zunächst aufgezeigt werden, daß das
Phänomen "Rohstoffexportabhängigkeit" eine grundlegende
Strukturerscheinung vieler Staaten darstellt, daß jedoch
nur wenige Länder eine derart ausgeprägte Abhängigkeit von
Rohstoffexporten aufweisen wie Guyana und Surinam (Kap. 2).

Seit Beginn der Zuckerrohrmonokultur spielte die Rohstoffwirtschaft in den Guayana-Ländern eine immer stärkere Rolle.
Heute bilden aufgrund der naturräumlichen Ausstattung und
der sozioökonomischen Entwicklung Bauxit- und Zuckerwirtschaft die beiden Grundpfeiler der Wirtschaft Guyanas, während in Surinam der Bauxitsektor allein eindeutig dominiert
(Kap. 3). Aus dieser Schlüsselstellung der Rohstoffwirtschaft
innerhalb der Gesamtwirtschaft ergibt sich in beiden Staaten
eine auffallend einseitige Strukturierung und Ausrichtung
des Außenhandels. Auch zeigt sich der wesentliche Einfluß
der Rohstoffwirtschaft in der Entstehung des Sozialprodukts
(Kap. 4).

Einer der Schwerpunkte dieser Arbeit soll vor allem die Dar-
legung der beiden wirtschaftspolitisch entgegengesetzten
Strategien Guyanas und Surinams vor dem Hintergrund weltwirtschaftlicher Rahmenbedingungen der Aluminiumindustrie
sein (Kap. 5). Im Rahmen der Entwicklungsstrategien auf der
Basis der Rohstoffwirtschaft (Kap. 6) kommt dabei dem in
Guyana eingeschlagenen Weg der Verstaatlichung der Bauxitwirtschaft und den sich daraus ergebenden Möglichkeiten,
aber auch Problemen, eine besondere Bedeutung zu. Dem steht
in Surinam die Fortsetzung des privatwirtschaftlichen Abbaus einschließlich einer Verarbeitung durch ausländische
Konzerne sowie der Abbau durch ein neugegründetes staatliches Unternehmen gegenüber. Grundziel im Rahmen der Bauxitwirtschaft ist für beide Länder der Aufbau einer integrierten Aluminiumindustrie, wobei durch eine Koppelung der
Bauxitwirtschaft mit gesamtwirtschaftlichen und raumordnerischen Zielsetzungen eine optimale (Wirtschafts-)Entwick-
lung erhofft wird.

Die Probleme und Chancen, die sich durch den Aufbau einer
integrierten Aluminiumindustrie in diesen Ländern ergeben,
sollen an dem bereits im Aufbau befindlichen Projekt "West-
Surinam" und dem sich im Planungsstadium befindenden
"Mazaruni-scheme"(Guyana) aufgezeigt werden (Kap. 7).

Von besonderer Bedeutung sind dabei neben der Strategie, die
für die Bauxitwirtschaft notwendigen Infrastrukturmaßnahmen
soweit als möglich für andere Sektoren zu nutzen, auch die
Auswirkungen agrar- und forstwirtschaftlicher Erschließungs-
projekte. Neben "West-Surinam" und dem Mazaruni-Projekt
soll daher als drittes Beispiel das gescheiterte Matthews-
Ridge-Projekt in Guyana vorgestellt werden, das die agrarwirtschaftliche Nutzung eines räumlich isolierten ehemaligen Bergbaugebiets (Manganbergbau im NW-Distrikt) zum Ziel
hatte.

Durch nachgewiesenen oder vermuteten Rohstoffreichtum gewan-
nen inzwischen bisher völlig unzugängliche und kaum beach-
tete Gebiete des Berglandes von Guayana und des Amazonas-
beckens immer mehr an Bedeutung. So ließ ein Wettlauf um
Rohstoffsicherung und Einflußsphären vor allem in Brasilien
einen regelrechten Erschließungsboom aufkommen, verbunden
mit dem Wunsch nach einer starken staatlichen und militä-
rischen Präsenz in den Grenzregionen. Die Exploration und
Erschließung von Rohstoffvorkommen sowie das Streben nach
einer Sicherung der Grenzen setzen im nördlichen Südamerika
Prozesse in Gang, deren Tragweite, auch in ökologischer Sicht,
noch nicht abzusehen ist.

Die Zugehörigkeit zahlreicher Gebiete ist in diesem Bereich
zwischen den acht Unterzeichnerstaaten des Amazonaspaktes
vom 3. Juli 1978[1] umstritten, so daß hier allmählich
ein neuer Konfliktherd entsteht.[2]

Da für eine gesamtwirtschaftliche Beurteilung vor allem auch
von Interesse ist, welche Anreize, die über eine allgemeine
Erhöhung des Staatshaushaltes durch Abbauabgaben (royalties),

---

1) Brasilien, Bolivien, Ecuador, Guyana, Kolumbien, Peru,
   Surinam und Venezuela.

2) Jüngstes Beispiel für diese Konflikte ist der im Januar
   1981 ausgebrochene Grenzkrieg zwischen Peru und Ecuador.
   Streitigkeiten um den genauen Grenzverlauf bestehen ferner

Exportsteuern und sonstige Steuern hinausgehen, die Bauxitwirtschaft für die allgemeine Wirtschaftsentwicklung bietet
oder theoretisch bieten könnte, werden diese Fragen einigen
Raum in der Arbeit einnehmen. Abschließend sollen die umstrittene entwicklungspolitische Bedeutung des Rohstoffreichtums, Entwicklungsmöglichkeiten und -grenzen sowie
Alternativen zur gegenwärtigen Rohstoffwirtschaft beider
Länder (Agrarwirtschaft, Industrie) diskutiert werden
(Kap. 8). Dabei wird auf die Frage eingegangen, inwieweit
die Rohstoffvorkommen dem nationalen Wirtschaftskreislauf
effektiv zugute kommen; eine hohe weltwirtschaftliche Bedeutung eines Landes kann nicht unbedingt mit nationalem
wirtschaftlichem Wohlstand gleichgesetzt werden.

Bei Arbeiten in Guyana und Surinam ergeben sich infolge der
teilweise unzulänglichen Statistiken notwendigerweise einige
Schwierigkeiten.[1] Während die Verwaltung Guyanas nach eng-
lischem Vorbild organisiert ist und relativ detailliert
statistische Daten erhoben werden - Guyana nimmt z. B. an
dem im Abstand von 10 Jahren durchgeführten sehr ausführ-
lichen "Population Census of the Commonwealth Caribbean"
teil - befindet sich die statistische Erfassung der wichtigsten sozioökonomischen Prozesse in Surinam noch in einem
Stadium des Aufbaus.

---

zwischen Surinam und Französisch Guayana, zwischen Guyana
und Surinam und zwischen Venezuela und Guyana, dessen
Fläche zu zwei Dritteln von Venezuela beansprucht wird.
Da Brasilien Erschließungsmaßnahmen in dem von Venezuela
beanspruchten Gebiet unterstützt, kommt es schließlich
auch zu politischen Auseinandersetzungen zwischen Venezuela und Brasilien. Zusätzlich zu den hier genannten
Grenzproblemen existieren in Lateinamerika weitere acht
bedeutendere Fälle umstrittener Gebietsansprüche.

1) Es ist jedoch bereits hinlänglich bekannt, daß Statistiken
in den meisten Entwicklungsländern eine geringere Exaktheit aufweisen als in Industriestaaten. Allerdings ist
darauf hinzuweisen, daß auch Aussagekraft und Exaktheit
von Statistiken der Industrieländer häufig überschätzt
werden.

Ein weiteres Problem bei einer Interpretation der amtlichen
Statistiken liegt in Surinam zudem darin, daß die Situation
Mitte der 70er Jahre nicht als typisch für die gesamtwirtschaftlichen Entwicklungstendenzen des Landes angesehen
werden kann und daß die Erlangung der Unabhängigkeit im
November 1975 mit einer deutlichen Abschwächung der Wirtschaft verbunden war. Ferner wurde im Zusammenhang mit der
Unabhängigkeit über einen längeren Zeitraum die Datenerhebung und Datenaufbereitung eingestellt, so daß derzeit Trends
und Entwicklungen nach 1975 nur schwer aufzeigbar sind. Die
Aufbereitung vorhandener Primärdaten aus den 70er Jahren
wird jedoch voraussichtlich in wenigen Jahren abgeschlossen
sein.[1]

Die Unzulänglichkeit amtlicher Statistiken in beiden Staaten
wird teilweise dadurch gemildert, daß Einblick in unveröffentlichte Daten sowie Zugang zu behörden- oder betriebs-
internen Dateien häufig bereitwillig gewährt werden. So war
es möglich, aus einer gerade abgeschlossenen Befragungsak-
tion unter Bauxitarbeitern in Guyana eine Stichprobe zu ent-
nehmen sowie in Surinam die Meldescheine in der Bergbaustadt
Moengo auszuwerten. Ferner konnte dort eine eigene Befragung
zur Mobilität der Bevölkerung durchgeführt werden, mit dem
Ziel, die Bindung der Einwohner an die Bergbausiedlung und
ihre zukünftigen Wanderungsabsichten zu erfassen.

---

1) Die derzeitige Situation in Surinam soll durch ein Zitat
   von J. BREMAN (1976, S. 264) charakterisiert werden (es
   gilt im wesentlichen auch für Guyana): "In Surinam it is
   far more difficult to find appropriate documentation and
   to get a complete survey of the material, partly due to
   the fact that in an small-scale community people tend to
   depend on verbal communication. Exchange of information
   is often of a personal nature and, with regard to government policy, would be mainly confined to the elite ...
   Numerous unfavourable reports have consequently dis-
   appeared into locked drawers, although a few copies are
   mysteriously circulated as a sort of underground litera-
   ture, so that the search for material gains its own
   piquancy".

Zur Erläuterung der heutigen sozioökonomischen Strukturen
Guyanas und Surinams soll dargelegt werden, wie die beiden
ehemaligen Kolonien von den jeweiligen Kolonialmächten Großbritannien bzw. Niederlande zu Rohstoffproduzenten umgestal-
tet wurden. Die Darstellung der historischen Entwicklung von
der Siedler- und Pflanzerkolonie, die nur kurze Zeit Bestand
hatte, zur Plantagenwirtschaft mit all ihren Begleiterschei-
nungen und schließlich zu einem weltwirtschaftlich wichtigen
Exportland mineralischer Rohstoffe nimmt daher einen relativ
breiten Raum in dieser Arbeit ein.

Grundlegend wichtig für die Beurteilung der Wirtschaftsentwicklung von Guyana und Surinam sind heute vor allem der aus
der Rohstoffwirtschaft gezogene finanzielle Nutzen, die Frage
nach der Integration der Rohstoffwirtschaft in die Gesamtwirtschaft, die Integrationsmöglichkeiten einer aluminium-
verarbeitenden Industrie und nicht zuletzt die raumwirksamen
Effekte von Infrastrukturmaßnahmen für die weitere Erschließung des Landes.

2. ROHSTOFFEXPORTABHÄNGIGKEIT ALS WELTWEITE STRUKTURERSCHEINUNG

Rohstoffexportabhängigkeit ist eine weltweit zu beobachtende Strukturerscheinung. Aus Berechnungen der UNCTAD ergibt sich, daß im Jahr 1975 der Export an mineralischen Rohstoffen, unverarbeiteten Metallen und Brennstoffen 50 % der Gesamtexporte von Entwicklungsländern betrug. Dies bedeutete einen spürbaren Anstieg gegenüber dem Wert von 42 % im Jahr 1964 (BHALLA, A. S. 1981, S. 323 f).
Die Bedeutung der Rohstoffwirtschaft eines Staates läßt sich vor allem an zwei Parametern ablesen (siehe Abb. 1):

> Als Maß für Rohstoffabhängigkeit dient der Prozentsatz des Rohstoffexports am Gesamtexport. Die Bedeutung des Exports für die Gesamtwirtschaft ergibt sich aus dem Verhältnis von Gesamtexport zum BIP; dies ist zugleich ein Maß für den Grad der "offenen" Wirtschaft.

Wie aus Abb. 1 ersichtlich, ist eine hohe Bedeutung von Rohstoffexporten keine alleinige Domäne der Entwicklungsländer, für Industrieländer ist sie jedoch eher die Ausnahme als die Regel. Die Darstellung zeigt auch ein weitaus differenzierteres Bild als aus der Bipolarität der Begriffe Entwicklungsländer - Industrieländer[1] zunächst zu erwarten war.
Aus den bekannten Gründen statistischer Unzulänglichkeiten vor allem in Ländern der Dritten Welt ist das Diagramm allerdings sehr vorsichtig zu interpretieren.[2] Eine Abgrenzung einzelner Ländergruppen nach ihrem Entwicklungsstand

---

1) Dorstewitz geht in einer starken Vereinfachung so weit, Entwicklungsländer generell als Rohstoffländer zu bezeichnen: "Die hochentwickelte Wirtschaft der Industrieländer wird daher in zunehmendem Maß auf den Bezug aus Entwicklungsländern, die besser mit Rohstoffländer zu bezeichnen sind, angewiesen sein." (FRIEDENSBURG und DORSTEWITZ 1976, S. 9).

2) Als Rohstoffe im weiteren Sinn werden hier Produkte der SITC-Gruppe 0 bis 4 verstanden - entsprechend der in UN-

ADD. 1

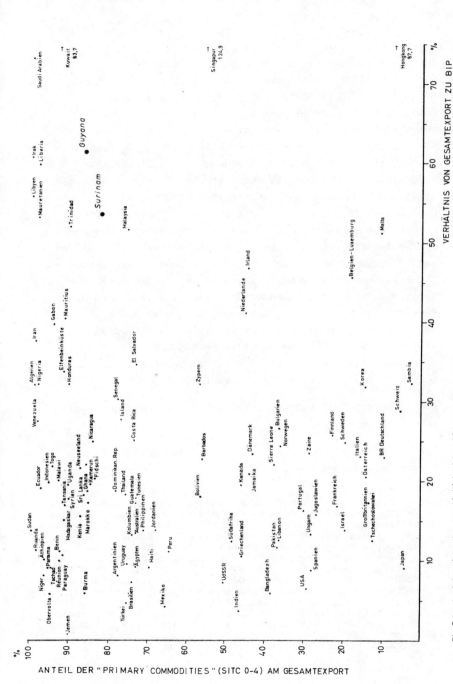

VERHÄLTNIS VON GESAMTEXPORT ZU BIP

ANTEIL DER "PRIMARY COMMODITIES" (SITC 0-4) AM GESAMTEXPORT

Die Daten beziehen sich auf unterschiedliche Jahre Mitte der 70-er Jahre

Quelle: United Nations Statistical Yearbook 1978, Tab. 155 (für Surinam Centrale Bank van Surinam)

ist damit nicht möglich. Eine genaue Systematisierung sollte
auch nicht Ziel dieser Arbeit sein, im Überblick wird je-
doch die unterschiedliche Rohstoffabhängigkeit der
Länder deutlich. Der Augenblickscharakter der Darstellung
zeigt sich, wenn man den Anteil unverarbeiteter Güter am
Gesamtexport über mehrere Jahre betrachtet. In den meisten
Ländern mit einer erheblichen Veränderung ist dabei eine
Reduzierung dieses Anteils festzustellen - in sehr wenigen
Staaten erhöhte sich der Rohstoffanteil. Unter den im Yearbook of International Trade Statistics 1977 aufgeführten
Ländern wiesen zwischen 1970 und 1976 einige eine besonders
starke Reduzierung des Anteils unverarbeiteter Güter am Gesamtexport auf; einzelne Länder verzeichneten eine erhebliche Zunahme (vgl. Tab. 1). Dies stimmt auch überein mit
Angaben im Weltentwicklungsbericht (1979, S. 5), der für
Entwicklungsländer eine Reduzierung des Primärgüteranteils
(ohne Brennstoffe und Energie) von 51 % (1960) auf 35 %
(1976) und eine Erhöhung des Anteils von Industrieerzeug-
nissen von 11 % (1960) auf 27 % (1976) aufzeigt. Dabei ist
eine weitere Erhöhung auf 50 % bis 1980 prognostiziert.

Bei allen Einschränkungen lassen sich jedoch einige Grund-
strukturen erkennen:

Die   e r s t e   G r u p p e   - ihr gehören die meisten
Industrieländer an - mit in der Regel geringem Anteil un-

Statistiken üblichen Zusammenfassung 'primary commodities'.
. Es ist darauf hinzuweisen, daß ein geringer Rohstoffanteil
am Exportwert unmittelbar nichts über den Industrialisie-
rungsgrad eines Landes aussagt, sondern lediglich die Bedeutung agrarischer oder mineralischer Rohstoffe für die
Exportwirtschaft angibt. Weiter ist zu beachten, daß z. B.
Produkte wie Eisen, Stahl, Nicht-Eisen-Metalle als "Basic
Manufactures" (SITC-Gruppe 6) zu den Industriegütern gerechnet werden, jedoch viele Entwicklungsländer gerade ein-
seitig vom Export derartiger Produkte abhängen. Diese Produkte bringen zwar durch die im Land erfahrene Wertsteige-
rung gegenüber dem Export unverarbeiteter Erze erhebliche
Mehreinnahmen, ändern aber nichts an der einseitigen Exportabhängigkeit eines Staates.

Tab. 1: Veränderung des Rohstoffanteils am Gesamtexport
ausgewählter Länder 1970 bis 1976

	1970	1976		Veränderung in %
Korea	22,6	12,5		- 44,7
Jamaika	81,4	45,5	(1975)	- 44,0
Zypern	93,9	62,7		- 33,0
Philippinen	92,3	71,1		- 23,0
Griechenland	59,1	46,7		- 21,0
Zaire	17,9	32,6	(1975)	+ 82,7
Norwegen	25,5	39,9		+ 56,5
UdSSR	37,4	50,3	(1975)	+ 34,5

Quelle: Yearbook of International Trade Statistics, 1977,
Tab. I.

verarbeiteter Güter am Gesamtexport und geringem Exportwert[1] gemessen am BIP, steht einer   z w e i t e n
G r u p p e   einzelner Entwicklungsländer gegenüber mit
einer - abgesehen von der Gewinnung eines oder weniger Rohstoffe - nur sehr schwach ausgeprägten Wirtschaft. Die Wirtschaft ist hier im wesentlichen beschränkt auf eine "Rohstoffexportwirtschaft". In diese Gruppe fallen eine Reihe
der bedeutendsten Ölförderländer, wie z. B. Kuwait, Saudi
Arabien, Irak und Libyen, die Eisenerzproduzenten Maureta-
nien und Liberia, der Bauxitproduzent Surinam und der Bau-
xit- und Zuckerproduzent Guyana. Malaysia mit seiner differenzierten Exportstruktur nimmt eine Sonderstellung ein.
Eine   d r i t t e ,   sehr heterogene Gruppe wird von Län-

---

1) Sambia stellt gewissermaßen einen "Ausreißer" dar, dessen
Export fast ausschließlich aus dem aus dem Roherz bereits
gewonnenen Kupfer besteht (SITC 682) und das somit in der
Statistik nicht als Rohstoffproduzent erkenntlich ist.
Ähnlich, wenn auch mit geringerem Anteil des Kupferexports
verhält es sich in Zaire.

dern mit ebenfalls sehr hohem[1] bzw. hohem[2] Anteil unverarbeiteter Produkte am Gesamtexport gebildet, die jedoch nur in geringem Maß am Welthandel teilnehmen[3] oder bei hohen Gesamtexporten eine leistungsfähige Gesamtwirtschaft besitzen,[4] so daß das Verhältnis zwischen Exporten und BIP ungefähr dem einer Reihe von Industrieländern entspricht.

Daß der Rohstoffexport auch eine hohe Bedeutung für Industrieländer haben kann, zeigen Australien, Neuseeland und Island. Allerdings besteht hier keine Rohstoffexportabhängigkeit in dem Maß wie bei einer Reihe von Ölförderstaaten und unter anderem auch bei Guyana und Surinam.[5] Einzelne Ölförderländer, wie die Vereinigten Arabischen Emirate, Kuwait oder in geringerem Maß Saudi Arabien weisen aufgrund des in den 70er Jahren stark gestiegenen Ölpreises zumindest finanziell optimale Voraussetzungen zur Durchführung umfangreicher Entwicklungsprojekte auf. Demgegenüber sind die beiden Staaten Guyana und Surinam mit ihren weniger stark nachgefragten Rohstoffen auf eine umfangreiche Auslandshilfe zur Durchführung der am dringlichsten erscheinenden Projekte angewiesen.

Die Weltbank (1979, S. 114 ff) nennt als Folge der historischen, technischen und institutionellen Entwicklung des Bergbaus eine Reihe besonderer Entwicklungsmöglichkeiten und Probleme, die sich für Entwicklungsländer mit Bodenschätzen gegenüber den übrigen Entwicklungsländern und insbesondere gegenüber den agrarwirtschaftlichen Ländern ergeben.

---

1) Z. B. Niger, Äthiopien, Tschad, Panama, Indonesien, Sudan, Venezuela, Ecuador, Neuseeland.
2) Z. B. Argentinien, Brasilien, Mexiko, Kolumbien, Australien, Costa Rica, El Salvador.
3) Z. B. Jemen, Birma, Niger.
4) Z. B. Brasilien, Venezuela, Mexiko, Philippinen.
5) Eine Sonderstellung nehmen die Länder Singapur und Hongkong ein als bedeutende Umschlageplätze im Welthandel. Singapur hat zusätzlich eine hohe Bedeutung als Transitgebiet malayischer Rohstoffe.

Die geographisch sehr ungleiche Verteilung der Bodenschätze,
das hohe finanzielle Risiko bei Erschließungsvorhaben und
die kapitalintensive Natur der Bergbautechnologie habe die
Entstehung großer, internationaler, vertikal integrierter
Bergbauunternehmen begünstigt. Als erster Problembereich
wird die von der Gesamtwirtschaft isolierte Tätigkeit des
Rohstoffsektors mit den sich daraus ergebenden technologi-
schen, regionalen und gesamtwirtschaftlichen Dualismen gesehen. Der zweite Problemkreis ergibt sich aus der Neigung
von Rohstoffländern, aufgrund des florierenden und wirt-
schaftsbeherrschenden mineralischen Rohstoffsektors die
übrigen Bereiche, insbesondere die Agrarwirtschaft, zu ver-
nachlässigen.[1] Weiter wird darauf hingewiesen, daß ein
florierender Bergbausektor durch ein hohes Lohnniveau meist
zur Abwerbung qualifizierter Arbeitskräfte aus anderen Sektoren führt. Außerdem werden die Löhne im Bergbau meist als
Richtschnur für die Lohnpolitik in anderen Wirtschaftsbereichen angesehen und wecken Bedürfnisse nach Konsumgütern,
die von der Mehrzahl der Erwerbstätigen nicht befriedigt
werden können.[2]

Der Rohstoffreichtum erlaubte es vielfach, eine Importsub-
stitutionspolitik hinter starken Zollschranken durchzuführen. Durch hohe Deviseneinnahmen war es möglich, die wach-

---

1) Es ist jedoch darauf hinzuweisen, daß sich eine ungenü-
   gende Effektivität der Agrarwirtschaft häufig auch in
   Entwicklungsländern ohne mineralische Rohstoffe ergibt.
   So ist z. B. der karibische Kleinstaat Barbados, der
   keinerlei nennenswerte mineralische Rohstoffvorkommen
   besitzt, von einem massiven Arbeitskräftemangel in der
   Zuckerwirtschaft betroffen. Häufig ruft aber auch eine
   einseitige Betonung der Plantagenwirtschaft einen Mangel
   an lokal produzierten Nahrungsmitteln hervor. Vgl. hierzu
   z. B. die Diskussion über die Auswirkungen der exportorientierten Monokulturen auf die Mangelernährung in zen-
   tralamerikanischen Ländern.

2) Dasselbe gilt jedoch auch für Bereiche der Verarbeitenden
   Industrie sowie für bestimmte Dienstleistungseinrichtungen (z. B. Banken, Versicherungen) als Folge eines ökonomischen Dualismus. Diese Erscheinungen sind keineswegs
   auf den Bergbausektor beschränkt.

senden Kosten eines übermäßigen Protektionismus länger zu
tragen und dabei den Übergang zur Exportorientierung aufzu-
schieben.
Problematisch können auch mögliche Preisschwankungen des jeweiligen dominierenden Rohstoffs werden, die bei einem raschen Preisverfall zu hoher Verschuldung, bei einem raschen
Preisanstieg zu einer übermäßigen Zunahme der Gesamtnach-
frage und daraus resultierender Inflation führen könnnen, wie
das Beispiel Iran und Nigeria in den Jahren 1973 und 1976
zeigt (siehe P. KILBY 1969).

2.1   Der Grad der Rohstoffexportabhängigkeit Guyanas und
      Surinams

Die Weltbank hebt in ihrem Weltentwicklungsbericht 1979
(S. 114) als "Länder mit Mineralvorkommen" diejenigen roh-
stoffproduzierenden Entwicklungsländer heraus, in denen der
Anteil der Rohstoffwirtschaft am Bruttoinlandsprodukt bei
über 10 % im Zeitraum von 1967 - 1975 und am Warenexport
von 1973 - 76 über 40 % lag. Diese Werte sollen dabei als
grobe Schwellenwerte verstanden werden, die im Einzelfall
eventuell abgewandelt werden müssen. Bemerkenswert ist die
Konzentration dieser Staaten auf drei Regionen der Welt:
Afrika südlich der Sahara, Lateinamerika und der Mittlere
Osten mit Nordafrika.
In Guyana betrug der Beitrag der mineralischen Rohstoffwirtschaft zum BIP von 1967 bis 1975 zwischen 13,0 % (1975)
und 20,4 % (1970), der Anteil der mineralischen Rohstoffe
am Export schwankte von 1973 bis 1976 zwischen 31,2 % (1975)
und 46 % (1973). Dabei ist zu berücksichtigen, daß die geringen Werte des Jahres 1975 auf den vorübergehend stark
gestiegenen Weltmarktpreis für Rohrzucker und die damit auch
verbundene prozentuale Zunahme nicht-mineralischer Rohstoffe
am Exportwert zurückzuführen sind. In Surinam dagegen erreichte im Zeitraum von 1972 bis 1976 der Beitrag der Roh-

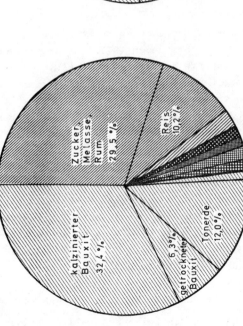

Exportstrukturen Guyanas 1977 und Surinams 1973 Abb. 2

GUYANA 1977 652,5 Mio G$ (= 256 Mio US$)

SURINAM 1973 319,7 Mio Sf (= 177,6 Mio US$)

GUYANA 1977 pie:
- kalzinierter Bauxit 32,4 %
- getrockneter Bauxit 6,3 %
- Tonerde 12,0 %
- Reis 10,2 %
- Zucker, Melasse, Rum 29,5 %

SURINAM 1973 pie:
- Bauxit 26,6 %
- Tonerde 44,9 %
- Aluminium 14,0 %
- Reis 6,4 %

Legend GUYANA:
- mineralische Rohstoffe und Aluminium
- agrarische Rohstoffe
- sonstige Land- und Forstw., Fischerei
- Holzgewinnung und -verarbeitung

Legend SURINAM:
- Getränke u. Genußmittel
- Chemie, chemische Produkte
- sonstige Industriegüter
- Sonstiges

Scherm

Quelle: Guyana - External Trade Report, Dez. 77 ; Centrale Bank van Suriname, Verslag over '1973

stoffwirtschaft zum BIP zwischen 26,8 % (1976) und 35,0 %
(1973). Allerdings ist in diesen Werten bereits die Aluminiumverhüttung mit eingeschlossen. Der Anteil der mineralischen Rohstoffexporte am Gesamtexport im Zeitraum von 1973
bis 1976 lag einschließlich des Aluminiumexports zwischen
68,8 % (1975) und 87,0 % (1973) bzw. ohne Aluminium bei
60,9 % und 72,8 %. Surinam liegt somit deutlich über den
von der Weltbank festgelegten Schwellenwerten für "Länder
mit Mineralvorkommen". Berücksichtigt man für Guyana den
vorübergehenden relativen Bedeutungsrückgang der Bauxitwirtschaft in der ersten Hälfte der 70er Jahre, können auch hier
die Kriterien als erfüllt gelten. Betrachtet man die gesamte
Rohstoffwirtschaft Guyanas einschließlich der Zucker- und
Reisproduktion, so wird sogar ein Beitrag zum BIP von ca.
37 % 1976 und von ca. 90 % zum Warenexport 1977 erreicht.

In Abb. 2 wird die Konzentration der Exporte auf wenige
Rohstoffe, eines der hervorstechendsten Merkmale beider
Länder, deutlich. In Guyana bestanden 1977 - am Exportwert
gemessen - 90,4 % der Exporte aus den wichtigsten, nicht
oder nur gering verarbeiteten Rohstoffen (kalzinierter Bauxit 32,4 %, getrockneter Bauxit 6,3 %, Tonerde 12,0 %,
Zucker, Rum, Melasse 29,5 % und Reis 10,2 %). 94,3 % der Exporte entfallen allein auf die beiden SITC-Gruppen O und 2.
Der Exportanteil von Bauxit und Tonerde ist gegenüber dem
Jahr 1976 (42,3 %) sogar noch um 20,1 % angestiegen, während der Anteil von Zucker, Rum und Melasse um 18,0 % sank,
und der Exportanteil von Reis in etwa gleichgeblieben ist.
In Surinam konzentrierte sich 1973 dieser Anteil der wichtigsten Exportgüter von insgesamt 91,9 % am Gesamtexport
auf Bauxit mit 26,6 %, auf Tonerde mit 44,9 %, auf Aluminium mit 14,0 % und auf Reis mit 6,4 %.[1]

---

1) Die im Zusammenhang mit der Unabhängigkeit stark vernach-
   lässigte Weiterführung von Statistiken konnte noch nicht
   aufgearbeitet werden. Für die Zeit nach 1973 vorliegende
   Exportstatistiken geben die Hauptgruppen an, weisen jedoch einen geringeren Detaillierungsgrad auf. Veränderungen gab es lediglich durch einen Rückgang der Exporte
   unverarbeiteten Bauxits; daneben wird eine Zunahme der
   Exporte "sonstiger" Produkte verzeichnet.

Mit Hilfe dieser Exporte muß eine große Zahl von Gütern
importiert werden, die in beiden Ländern nicht erzeugt werden oder aufgrund verschiedenster Hemmnisse nicht erzeugt
werden können. Dies gilt z. B. für eine große Zahl von Investitionsgütern wie auch für Konsumgüter. Die Darstellung
der Exportstruktur beider Staaten mit ihrer enormen Konzentration auf eine bzw. im Fall Guyanas auf zwei Rohstoffgruppen verdeutlicht noch einmal die Situation beider Länder, die somit zu den rohstoffexportabhängigsten Staaten
der Erde zählen.

3. DIE ENTWICKLUNG DER ROHSTOFFWIRTSCHAFT VOR DEM
    HINTERGRUND DER NATURRÄUMLICHEN AUSSTATTUNG UND DER
    SOZIOÖKONOMISCHEN STRUKTUREN

Die extreme Rohstoffexportabhängigkeit Guyanas und Surinams
in ihrer heutigen Form bildet grundsätzlich kein Novum in
der Wirtschaftsstruktur beider Länder. Sie ist lediglich
das bisherige Ergebnis eines seit der Entdeckung andauern-
den Prozesses der Umstrukturierung und Anpassung an die Bedürfnisse der Kolonialmächte bzw. der Weltwirtschaft.
Im folgenden soll auf die wichtigsten physischgeographischen
Voraussetzungen sowie die historischen Hintergründe der wirtschaftlichen Entwicklung Guyanas und Surinams eingegangen
werden.

3.1   Naturräumlicher Überblick

Die naturräumliche Gliederung der drei Guayana-Länder
Guyana, Surinam und Französisch-Guayana ist durch eine von
S nach N verlaufende Abfolge von drei Landschaftsräumen ge-
prägt:

1. Die Basis bildet das <u>Bergland von Guayana</u>, der geologisch
   älteste, präkambrische Schild des Kontinents, der sich vom
   Orinoco bis zur Amazonasmündung über etwa 2000 km Länge
   erstreckt. Nach Süden taucht dieses Massiv unter die paläo-
   zoischen bis quartären Sedimente des Amazonabeckens ab.

2. Dem Stufenrand des kristallinen Grundgebirges ist auf wei-
   ten Strecken ein niedriges, aus küstennahen Sedimenten
   aufgebautes <u>Hügelland</u> vorgelagert, in dem ein Teil der
   bedeutenden Bauxitlagerstätten zu finden ist[1] und für
   das vor allem im Bereich von Guyana die dort abgelagerten
   "Weißen" und "Braunen Sande" typisch sind.

3. Dieses Hügelland taucht nach Norden unter die quartären
   fluviatilen und marinen Sedimente der <u>Küstenebene</u> ab.

---

1) Zur Geologie der Bauxitlagerstätten siehe Kap. 3.5.2.1

Der unmittelbar vor der Küste Ost-West verlaufende Amazonasstrom ließ eine flache, mit Mangroven bestandene
Ausgleichsküste mit teilweise stark verschleppten Fluß-
mündungen entstehen. Vor allem Teile dieser Küstenebene,
die in Guyana und Surinam maximal annähernd 100 km breit
ist und sich nach Osten bei Cayenne, wo einzelne Insel-
berge direkt an der Küste auftreten, auf wenige Kilome-
ter verschmälert, bilden zusammen mit küstennahen Abschnitten des Hügellandes den historischen wirtschaftlichen Kernraum der drei Guayana-Länder (siehe Kap. 3.3
und 3.4).

Die Höhenverhältnisse üben einen entscheidenden Einfluß
auf die Niederschlagsverteilung aus. Die Guayana-Länder
befinden sich mit zwei Regenzeiten - im Frühjahr und im
Herbst - bei relativer Trockenheit in den übrigen Mona-
ten in einer Übergangszone vom reinen Äquatorialklima
zum sommerhumiden Tropenklima mit nur je einer Regen-
und Trockenperiode (GORMSEN, E. 1975, S. 326). Nach der
Köppenschen Klassifikation haben sie Anteil am Af-, Am-
und Aw-Klima. Infolge des fast ganzjährig wehenden NE-
Passats erreichen einzelne Küstenstationen jährliche
Niederschlagsmengen von 1500 mm bis über 3000 mm, die sich
zum Gebirge hin teilweise noch erhöhen. Durch das Meeresspiegelniveau kommt es jedoch nicht zur
Ausbildung von Steigungsregen, so daß in einzelnen Küstenabschnitten wasserliebende Nutzpflanzen, wie Naßreiskul-
turen, zeitweise unter Trockenheit leiden.[1] Vorherr-
schende Vegetationsform ist der tropische Regenwald, der
in seinen vielfältigen Ausprägungen in Guyana ca. 87 %
und in Surinam ca. 92 % des Landes bedeckt. Ausgenommen
von der Waldbedeckung sind lediglich die Überschwemmungs-
gebiete der Küstenebene, einzelne Savannengebiete (intermediate savannahs) im nördlichen Bereich des Hügellandes
sowie Savannen in den Hochlagen des Berglandes an der brasilianischen Grenze.[2]

Im Zusammenwirken physischgeographischer und historischer

Faktoren ergibt sich für Guyana und Surinam die für viele

---

1) Zur reliefbedingten Niederschlagsverteilung im Bereich
   der Westindischen Inseln siehe BLUME, H. 1962 b; zu Problemen der Bewässerungswirtschaft im Karibischen Raum
   siehe HAAS, H.-D. 1980.

2) Die Entstehung dieser Savannen im Bereich des flach-
   welligen Reliefs des Hügellandes ist noch nicht endgültig geklärt. Teilweise wird ihre Entstehung auf
   spezielle pedologische Gegebenheiten zurückgeführt, teilweise werden auch Waldbrände als Ursache für den lockeren,
   degradierten Baumbestand dieser relativ trockenen Gebiete
   angenommen.

Die Guayana-Staaten

Abb. 3

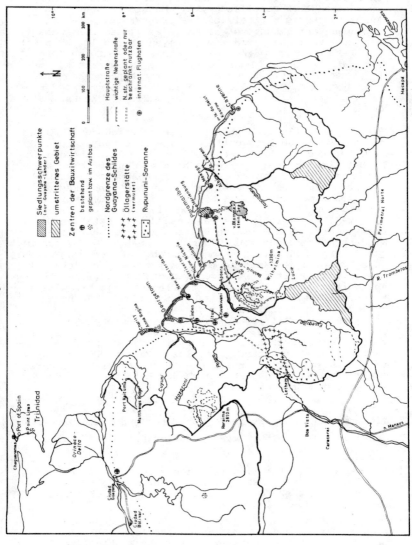

Siedlungsschwerpunkte
(nur Guayana-Länder)

umstrittenes Gebiet

Zentren der Bauxitwirtschaft
⊕ bestehend
⊛ geplant bzw. im Aufbau

······· Nordgrenze des Guayana-Schildes
┼┼┼┼ Öllagerstätte (vermutet)
Rupununi-Savanne

Hauptstraße
wichtige Nebenstraße
N.str. geplant oder nur beschränkt nutzbar
⊕ internat. Flughafen

N

0   100   200   300 km

Entwicklungsländer typische Raumstruktur mit einer Konzentration der Bevölkerung auf einen sehr schmalen küstennahen
Bereich. Von unbedeutenden Ausnahmen abgesehen befinden sich
die Anbauflächen in der fruchtbaren, z. T. amphibischen Küstenebene und bedingen dadurch die Lage des traditionellen
Hauptwirtschaftsgebietes beider Länder in dieser Region.
Ausnahmen in dieser räumlichen Verteilung sind im wesentlichen auf den Bauxitbergbau zurückzuführen, der zum Teil
auch in küstenferneren Regionen Siedlungsschwerpunkte entstehen ließ.

3.2   Sozioökonomische Strukturen

In der üblichen Abgrenzung des Karibischen Raumes unter Einbeziehung der Westindien umgebenden Festlandssäume sind die
Guayana-Länder fester Bestandteil der Karibik. Die Zuordnung erfolgt im wesentlichen aufgrund ihrer kolonialzeitlichen Entwicklung, die mit der der Westindischen Inseln
in Grundzügen übereinstimmt. Das charakteristische Merkmal
für diese Zuordnung stellt - unter Berücksichtigung einer
teilweise doch hohen Heterogenität - die Produktion agrarischer Rohstoffe in großbetrieblichen Monokulturen für das
jeweilige Mutterland dar. So waren Rohstoffreichtum und das
agrarwirtschaftliche Potential ausschlaggebend für die Umgestaltung beider Länder seit ihrer Entdeckung durch Europäer. Die sozioökonomische Entwicklung Guyanas und Surinams
kann grob in drei Hauptphasen untergliedert werden:

1. Erste Siedlungsgründungen durch europäische Siedler entlang der Flußläufe seit dem Ende des 16. Jahrhunderts.

2. Beginn der Blütezeit der Zuckerrohrplantagenwirtschaft
   mit der Urbarmachung der Küstenebene durch Deichbaumaßnahmen der holländischen Siedler im 18. Jahrhundert.

3. Ausbreitung der Bauxitwirtschaft unter tiefgreifenden
   Veränderungen der Wirtschaftsstruktur beider Länder im
   20. Jahrhundert.

Die Zuckerproduktion - in geringerem Maß auch der Anbau von
Baumwolle, Kakao und Kaffee - wie auch der Bedarf der Zuckerwirtschaft an billigen Arbeitskräften führte nach Aufhebung
der Sklaverei im Jahr 1834 in British-Guayana und 1863/73
in Holländisch-Guayana zur Ausbildung des Kontraktarbeitersystems (siehe Kap. 3.4.2), das in diesem Umfang im Karibischen Raum, abgesehen von Trinidad und Tobago, einzigartig
ist. Aufgrund dieser hohen Zuwanderung von Kontraktarbei-
tern, vor allem aus den asiatischen Kolonien Großbritanniens
und Hollands, ergibt sich heute die besonders für Guyana so
konfliktreiche Trennung der Bevölkerung in zwei starke ethnische Gruppen: 51,8 % der Einwohner Guyanas sind Inder, während 31,2 % afrikanischer Abstammung sind. 10,3 % werden in
der Statistik als "Mischlinge" ausgewiesen, wobei der afrikanische Anteil meist überwiegt. Die indianischen Ureinwoh-
ner haben nur noch einen Anteil von 4,9 %. Andere Bevölkerungsgruppen fallen zahlenmäßig nicht ins Gewicht.[1]
In Surinam stellen die Inder mit 37,0 % ebenfalls die größte
Bevölkerungsgruppe, gefolgt von Afrikanern mit 30,8 % und
Javanern mit 15,3 %. Einen verhältnismäßig hohen Bevölke-
rungsanteil haben mit 10,3 % die sog. "Buschneger", Nach-
fahren jener Negersklaven, die nach ihrer Flucht von den
Plantagen im unerschlossenen Landesinneren eigenständige
Gemeinwesen entwickelten (siehe Kap. 3.4.1). Chinesen, Indianer und Europäer haben zusammen mit 6,6 % einen geringen
Anteil.
Ethnische Spannungen sind in Surinam bisher weitaus geringer
ausgeprägt als in Guyana, jedoch ebenfalls vorhanden. In
Guyana dagegen stellen die periodisch aufflackernden, latent
ständig vorhandenen Spannungen zwischen den beiden großen
Bevölkerungsgruppen der Inder und Afrikaner ein Problem dar,
das die wirtschaftliche Entwicklung des Landes sichtlich
behindert. So folgten z. B. auf das Auseinanderbrechen einer
von Afrikanern und Indern gemeinsam getragenen Koalition
Unruhen, die 1962 nur durch die Intervention britischer Trup-

---

1) Volkszählung 1970

pen vorübergehend beigelegt werden konnten. Zahlreiche wei-
tere Auseinandersetzungen zwischen den beiden dominierenden
Gruppen in den 60er Jahren belasteten die Entwicklung des
Landes erheblich.[1]

Im Zuge dieser Konflikte vor allem in den 60er Jahren wurde
die bereits nach Aufhebung der Sklaverei mit der Abwanderung der ehemaligen Sklaven in die Hauptstadt erfolgte ethnische Segregation verstärkt. 15 000 Einwohner mußten ihre
Siedlungen verlassen und in Siedlungen der eigenen ethnischen Gruppen umziehen. Die ethnische und räumliche Trennung
zwischen - vorwiegend afrikanischer - städtischer Bevölkerung und - vorwiegend indischer - ländlicher Bevölkerung,
wobei einzelne afrikanische Siedlungen eingestreut sind,
verschärfte sich.[2]

Zu den innenpolitischen Problemen, die in Guyana bis heute
auf den Auseinandersetzungen zwischen den beiden größten
ethnischen Gruppierungen basieren und in Surinam nun durch
eine politische Umorientierung offen zutage treten,[3] kommen eine Reihe von außenpolitischen Schwierigkeiten hinzu.
Sowohl in Guyana als auch in Surinam erwuchsen sie aus einer
Reihe von Grenzproblemen, die größtenteils aus kolonialzeitlichen, ungenauen Gebietsabgrenzungen resultieren. So ist

---

1) Zur politischen Entwicklung der Nachkriegszeit bis zur
   Republikwerdung Guyanas siehe LUTCHMAN, H. 1972 b.

2) Als Folge dieser Entwicklung ist in Guyana die indische
   Bevölkerung weitaus weniger im städtischen Geschäftsle-
   ben vertreten als in anderen Staaten mit hohen Anteilen
   an Indern. Deutliche Auswirkungen zeigten die Unruhen
   auch in der Bergbaustadt Linden. Nach der Zerstörung
   eines großen Teils der indischen Geschäfte und Häuser
   wanderte der geringe indische Bevölkerungsteil ab, so
   daß Linden heute fast ausschließlich von Afrikanern be-
   wohnt wird. Der Bergbau war bereits traditionell eine
   Domäne der Afrikaner, die fast ausschließlich die Arbeitskräfte stellten.

3) Am 25. Febr. 1980 erfolgte ein Militärputsch. Die daraufhin neu eingesetzte Zivilregierung wurde nach einer Säu-
   berungswelle im August 1980 durch einen Militärrat abgelöst. Ein erneuter Putschversuch im März 1982 schlug fehl.

Tab. 2: Strukturdaten zu Guyana und Surinam

	GUYANA	SURINAM
Ehemalige Kolo-nialmacht	Großbritannien	Niederlande
Unabhängigkeit	1966	1975
Staatsform	Sozialistische Kooperative Re-publik Guyana	Republik Suriname
Fläche (nationa-ler Anspruch)	215 000 km^2	163 000 km^2
Hauptstadt (mit Umland)	Georgetown (200 000 EW)	Paramaribo (130 000 EW)
Bevölkerung	805 000 (1981) (Schätzung)	352 000 (Volkszählung 1980, vorläufig)
Bevölkerungs-dichte	3,5 EW/km^2	2,2 EW/km^2
Agrarische Be-völkerungsdichte (ohne Weideflächen)	ca. 380 EW/km^2	383 EW/km^2
BSP pro EW in US$ 1978	550	2 110
ethnische Zu-sammensetzung	31,2 % Afrikaner 51,8 % Inder 10,3 % Mischlinge 4,9 % Indianer	30,8 % Afrikaner 37,0 % Inder 15,3 % Indonesier 10,3 % Buschneger 6,6 % Chinesen, Indianer und Europäer
Analphabetenrate	14 %	26 %
wichtige Han-delsbeziehungen	EG-assoziiert CARICOM Assoziierung mit COMECON angestrebt	EG-assoziiert
Exportgüter	(1976)	(1976, vorläufig)
	Bauxit, Ton-erde 42,3 %	Bauxit, Tonerde, Aluminium 79,0 %
	Zucker, Rum, Melasse 36,0 %	Reis 5,6 %
	Reis 10,7 %	Holz, Holz-produkte 2,6 %

	GUYANA	SURINAM
Arbeitslosigkeit	15,9 % (1970) 12,0 % (1976)	16 % (1975) 13 % (1976) Schätzung
Bauxitabbau- unternehmen	Demba, 1916 - 1971 (= ALCAN, Kanada)	SURALCO, seit 1915 (= ALCOA, USA)
	Reynolds, 1953 - 1975 (USA)	Billiton, seit 1939 (= Royal Dutch Shell)
	nach der Verstaat- lichung von Demba 1971 Gründung der GUYBAU	Grassalco, seit 1971 (staatl. Unternehmen)
	nach der Verstaat- lichung von Rey- nolds 1975 Gründung der BERMINE	
	1976 Zusammenle- gung zu GUYMINE	
Zuckerwirtschaft	Booker Mc Connell Ltd. bis 1976 (Großbritannien)	Die Zuckerproduktion ist in den 70er Jahren praktisch zum Erliegen gekommen
	Demerara Co. Ltd. bis 1975 (Großbrit.)	
	nach der Verstaat- lichung 1976 Grün- dung der Guysuco	
agrarische Nutz- fläche	ca. 0,9 %	ca. 0,4 %
Weide (extensiv nutzbar)	ca. 12 %	ca. 1 %
Waldbedeckung	87 %	92, %

zwischen Guyana und Surinam ein Gebiet von 6000 km^2 Ausdehnung und zwischen Französisch-Guayana und Surinam eine Fläche von 2020 km^2 umstritten. Ferner beansprucht, wie bereits erwähnt, Venezuela von Guyana den größten Teil des Gebietes westlich des Essequibo. Diese Fläche von 135 700 km^2 entspricht rund zwei Dritteln der Gesamtfläche Guyanas.[1] Nicht vollständig in das Staatsgebiet Guyanas integriert ist auch das Gebiet extensiver Weidewirtschaft im Bereich des Berglandes von Guayana (Rupununi Savannah), dessen weitgehend indianische Bevölkerung stärker nach Brasilien als zur Hauptstadt Georgetown orientiert ist. Die permanent vorhandenen Spannungen, vor allem zwischen Venezuela und Guyana sowie zwischen Guyana und Surinam, werden auch in Zukunft Anlaß zu Konflikten geben (siehe Kap. 7.1 und 7.2).

3.3   Erste Kolonisierungsversuche in den Guayana-Ländern

Vermutlich wurde die Küste Guayanas bereits von Kolumbus auf seiner dritten Reise 1498 - 1500 gesichtet, jedoch nicht betreten. Ein erster kurzzeitiger Siedlungsversuch durch eine Gruppe von Spaniern im Jahr 1549 schlug fehl. Gegen Ende des 16. Jh. wurden dann die ersten holländischen Niederlassungen angelegt, während englische Siedlungsgründungen in den Jahren 1604 und 1609 weiterhin erfolglos blieben. Die englische Präsenz beschränkte sich daher im wesentlichen auf zahlreiche Handelsfahrten entlang der Flüsse. Sir Walter Raleighs letzte Reise 1617, zu der er aufgebrochen war, um "El Dorado", das sagenhafte Goldland, das im Dreiländereck zwischen Guyana, Venezuela und Brasilien vermutet wurde, zu entdecken, markiert einen der Schlußpunkte der Abenteuer- und Entdeckungsfahrten nach Guayana.

---

1) 1982 läuft ein Stillhalteabkommen zwischen Guyana und
   Venezuela zu den umstrittenen Gebietsansprüchen aus.

3.4   Die Entwicklung der Agrarwirtschaft

3.4.1   Die Blütezeit der Plantagenwirtschaft

Eine neue Phase in der Geschichte der Guayana-Länder wurde
mit der Gründung der Niederländisch-Westindischen-Kompanie
1621 eingeleitet. Die Kompanie besaß das Recht auf Kolonie-
gründungen und erhielt die Erlaubnis, Sklaven aus Afrika
als billige Arbeitskräfte zu importieren. Insbesondere das
von der Kompanie ins Leben gerufene feudale Patronatssystem
sowie englische und einzelne französische Siedlungsgründungen ließen nun entlang der Flußläufe und in einzelnen Küstenbereichen rasch eine blühende Agrarwirtschaft entstehen. Ihr
Wohlstand war jedoch durch zahlreiche Kämpfe zwischen den
Kolonialmächten um die Vorherrschaft in den Guayana-Ländern
bedroht.[1]
Ende des 17. Jh. zeichnete sich dann in Surinam und Guyana
der eigentliche Aufschwung der Plantagenwirtschaft ab, die
im 18. Jh. ihre Blütezeit erlebte. Voraussetzung zu diesem
Wandel, der von tiefgreifenden sozialen und ethnischen
Veränderungen begleitet wurde, war die 1713 begonnene Einpolderung einzelner Teilabschnitte der bis dahin versumpf-
ten und unzugänglichen Küstenebene durch die Holländer.[2]
Insbesondere die holländischen Besitzungen Demerara, Essequibo

---

1) Wie die Westindischen Inseln (siehe BLUME, H. 1968, S.
   50 - 68) war auch Guayana von den europäischen Mächten
   heftig umkämpft, so daß sich häufig wechselnde Besitzverhältnisse zwischen England, Holland und Frankreich
   ergaben.

2) Bei der Einpolderung wurden, ausgehend von den Schutz-
   deichen gegen den Atlantik, schmale landwirtschaftliche
   Flächen, die sich ins Landesinnere erstreckten, einge-
   deicht. Ein rückwärtiger Damm schützte die Agrarflächen
   vor Überflutung und diente gleichzeitig zur Regulierung
   der Bewässerung. Unter Ausnutzung des schwachen natürlichen Gefälles wurde die notwendige Wassermenge aus
   den Flüssen und Bächen über ein weitverzweigtes Kanal-
   system auf die Plantage geleitet. Durch weitere Einpol-
   derungsmaßnahmen landeinwärts und die Zuordnung benach-
   barter Flächen wurden die Plantagen in der Folgezeit
   vergrößert (AUTY, R. M. 1972, S. 8).

und Berbice im Bereich des heutigen Guyana[1] erlebten nach
der Mitte des 17. Jh. durchgeführten systematischen Erschließung der Küstenebene für den großflächigen Zuckerrohranbau einen raschen Aufschwung. 1775 wurden im Bereich
des heutigen Guyana bereits ca. 300 Plantagen mit etwa
10 000 Sklaven betrieben. Im Bereich des heutigen Surinam
erhöhte sich die Zahl der Plantagen von 23 im Jahr 1667
auf 450 mit etwa 60.000 Sklaven[2] in der zweiten Hälfte des
18. Jh.

Parallel zum Aufbau der Plantagenmonokultur entstand für
Holz, Kaffee und insbesondere Zucker eine völlige Abhängigkeit von Nachfrage und Preisentwicklung auf dem europäischen
Markt. Ein Preisverfall bei Zucker, der ausgeprägte Absen-
tismus - Ende des 18. Jh. wurden von den 500 Plantagen Surinams nur 80 bis 90 direkt von den Besitzern geführt - und
die ständige Verschlechterung der Behandlung der Sklaven,
die zu einer Reihe von Aufständen führte,[3] brachten schließlich im Jahr 1773 den ersten wirtschaftlichen Zusammenbruch.
Ein weiterer Grund für den Niedergang der Kolonie bildete
der Ausbruch des Krieges zwischen Holland und England 1781,
der durch die Seeherrschaft Englands Surinam vom Mutterland
abschnitt und so den Handel fast zum Erliegen brachte.

---

1) Demerara, Essequibo und Berbice sind historische Gebiets-
   bezeichnungen, die auch in die heutige Verwaltungsglie-
   derung Guyanas übernommen wurden.

2) Vgl. den lebhaften Dreieckshandel zwischen Europa - Afrika -
   Plantagenamerika vor allem im 18. Jh.

3) Die Wirren des 17. Jh. infolge der verschiedenen Auseinandersetzungen zwischen den europäischen Kolonialmächten
   hatten zahlreiche Sklaven vor allem im Bereich des heutigen Surinam zur Flucht von den Plantagen in die Wälder
   des Hinterlandes genutzt. Dort gründeten sie eigene Stam-
   mesverbände unter Wahrung ihrer überkommenen afrikanischen
   Kultur. Diese kulturelle Eigenständigkeit setzte sich vielfach bis heute fort, so daß die amtliche Statistik als eigenständige Gruppe "in Stammesverband lebende Buschneger"
   aufweist. Massive Auseinandersetzungen zwischen Kolonisten
   und Buschnegerverbänden im 18. Jh., die zur Errichtung
   einer regelrechten Militärgrenze führten, um die Plantagen
   der Küstenebene gegen das Hinterland zu schützen, hatten
   die Plantagenwirtschaft an den Rand des Zusammenbruchs gebracht.

Nach wechselvoller politischer Geschichte erfolgte 1831
schließlich die Zusammenfassung der drei Kolonien Demerara,
Essequibo und Berbice mit Georgetown als Verwaltungszentrum
zur Kolonie Britisch Guayana. Vorübergehend war auch das
heutige Surinam noch einmal britisch (1804 - 1816) und Französisch Guayana wurde 1809 Brasilien angegliedert, 1817 jedoch wieder an Frankreich zurückgegeben, so daß Anfang des
19. Jahrhunderts die bis heute gültigen - wenn auch umstrittenen - Besitzverhältnisse festgelegt wurden. Im Jahre
1834 erfolgte schließlich die Aufhebung der Sklaverei in
Britisch-Guayana, 1848 in Französisch-Guayana und nach einer
10jährigen Übergangszeit 1863/73 auch in Niederländisch-
Guayana.[1]

3.4.2 Die Einführung des Kontraktarbeitersystems

Die Aufhebung der Sklaverei und die damit verbundene Abwanderung vieler ehemaliger Sklaven von den Plantagen in die
Städte[2] machte die Suche nach neuen Arbeitskräften notwendig und leitete mit der Verpflichtung von sogenannten "Kon-
traktarbeitern" ("indentured labour", "Kontraktarbeiders")
eine neue Phase in der Zuckerwirtschaft und damit in der
gesamten Entwicklung der beiden Kolonien Britisch- und

---

1) Zwischen 1667 und dem Anfang des 19. Jh. waren mehr als
   300.000 Sklaven nach Surinam gebracht worden. Dies entspricht einem Durchschnitt von über 2000 Sklaven pro Jahr.
   In der Blütezeit der Plantagenwirtschaft waren in Surinam
   über 80.000 Sklaven beschäftigt, von denen etwas weniger
   als ein Drittel auf den Zuckerrohrplantagen, rund 30.000
   als Handwerker und die übrigen als Hausbedienstete tätig
   waren.

2) Ein Grund für die Abwanderung lag einmal darin, daß sich
   die nunmehr geforderte Lohnarbeit auf den Feldern kaum
   von der bisherigen Sklavenarbeit unterschied. Zum anderen
   wurden in Georgetown und Paramaribo höhere Löhne und bes-
   sere Lebensbedingungen geboten. Der sich daraus ergebende
   massive Arbeitskräftemangel auf dem Land trug schließlich
   mit dazu bei, daß z. B. in Surinam von den im Jahr 1860
   bewirtschafteten 400 Plantagen im Jahr 1900 nur noch weniger als 100 betrieben wurden.

Niederländisch-Guayana ein.[1] Der Grundgedanke des Kontraktarbeitersystems lag darin, durch mehrjährige Arbeitsver-
träge Immigranten an die Plantagen zu binden und auf diese
Weise die in die Städte abgewanderten ehemaligen Sklaven
zu ersetzen. Das Kontraktarbeitersystem führte in Britisch-
Guayana zur Einwanderung von Arbeitskräften aus Deutschland,
England, Irland, Madeira, Malta und China, das Hauptkontin-
gent bildeten jedoch indische Arbeiter, von denen zwischen
1838 und 1917 insgesamt 238.960 ins Land kamen.[2]

Tab. 3.: Immigrationsbewegung nach Britisch-Guayana 1855-1904

	Indien	West-Indien	China	Madeira	insg.	insg. (Netto) [*]
1855 - 1864	30.901	4.366	9.504	7.765	51.866	49.049
1865 - 1874	42.509	13.206	2.868	2.330	60.905	56.395
1875 - 1884	44.001	7.757	515	1.491	53.793	42.113
1885 - 1894	45.635	2.606			48.241	29.055
1895 - 1904	32.926				32.926	17.606
Insg.	195.972	27.935	12.887	7.765	247.731	194.218

[*] abzüglich Rückwanderer

Quelle: NATH, D., zit. nach ADAMSON 1972, S. 104

In Surinam förderte die Kolonialverwaltung ebenfalls die
Ansiedlung von Immigranten sowohl als Kontraktarbeiter wie
auch als kleinbäuerliche Siedler, um die Agrarproduktion
zu stimulieren und die wirtschaftliche Stagnation zu über-

---

1) Für Französisch Guayana waren die Auswirkungen der Skla-
venbefreiung weitaus weniger bedeutsam, da hier die Plantagenwirtschaft nur eine untergeordnete Rolle spielte.

2) Neben Guyana war Trinidad das wichtigste Immigrationsgebiet indischer Arbeitskräfte in der westlichen Hemisphäre.
Beide Länder vereinigten 89 % aller indischen Einwanderer
des Karibischen Raumes auf sich. Diese Einwanderung endete
1917 abrupt, als Indien unter dem wachsenden Einfluß
Mahatma Ghandis über das Kontraktarbeitersystem ein Verbot verhängte.

winden. Neben Chinesen, Javanern[1] und Portugiesen wurden
auch hier bevorzugt indische Arbeitskräfte angeworben. 1873
immigrierten die ersten indischen Kontraktarbeiter, von denen nach Ablauf des 5-Jahreszeitraums sich viele für immer
in Surinam ansiedelten und sich ein Stück Land kauften.
Die Regierung förderte diese Art der Niederlassung von Kon-
traktarbeitern, indem sie parzellierte ehemalige Plantagen
zu günstigen Bedingungen bereitstellte. Von den zwischen
1873 und 1916 insgesamt angeworbenen 34.000 Indern kehrte
nur ungefähr ein Drittel wieder in die Heimat zurück.

Neben der Reduzierung des Arbeitskräftemangels auf den Plantagen in beiden Kolonien und einer - in Surinam allerdings
weitgehend fehlgeschlagenen - Ausdehnung der kleinbäuerlichen Nahrungsmittelproduktion brachte das Kontraktarbeitersystem im 19. Jahrhundert drei wesentliche Grundlagen für
die weitere Entwicklung im 20. Jahrhundert:

1. Eine Aufrechterhaltung der Plantagenwirtschaft in beiden
Ländern, wenn auch unter veränderten Bedingungen,

2. eine multiethnische Gesellschaft, ohne jedoch eine Integration der Bevölkerungsgruppen zu erreichen,

3. die Einführung des Reisanbaus, der in beiden Ländern ein
wichtiger Wirtschaftsfaktor wurde.

---

1) Ab 1890 wurde eine gezielte Einwanderungspolitik für Ja-
vaner betrieben, die aufgrund der kolonialen Beziehungen
Javas zu Holland bereits holländische Untergebene waren.
Zwischen 1890 und 1931 kamen mehrere Tausend Javaner ins
Land. Pläne zur weiteren Einwanderungserleichterung von
Javanern wurden durch den 2. Weltkrieg nicht mehr reali-
sierbar.

3.4.3 Die Bevölkerungsentwicklung im 20. Jahrhundert

Die Grundvoraussetzungen für die heutige multiethnische Be-
völkerungsstruktur Guyanas und Surinams - entsprechend
einer auf die Bedürfnisse der Rohstoffwirtschaft ausgerichteten Einwanderungspolitik - waren mit dem Ende des Kontraktarbeitersystems gelegt.

In Guyana wurde eine Phase stabilen Bevölkerungswachstums
seit 1917 durch eine rasche Bevölkerungszunahme nach dem
Ende des 2. Weltkriegs abgelöst. Einen wesentlichen Beitrag
dazu leistete die Durchführung von Malariabekämpfungs-
kampagnen. Durch diese Programme wurden das gesamte besiedelte Küstengebiet sowie die Bergbaustandorte von Malaria be-
freit.

Deutlichen Einfluß auf die Bevölkerungsentwicklung in den
60er und 70er Jahren übt vor allem auch die Emigration aus,
deren exakte statistische Erfassung allerdings schwierig ist
und deren geschätzter tatsächlicher Umfang (Tab. 4) deutlich
über den offiziellen Werten des International Migration Report liegt.

Tab. 4: Nettomigration Guyanas 1960 bis 1970

1960	- 3198	1964	- 4087	1968	- 4798
1961	- 2485	1965	- 2970	1969	- 4567
1962	- 851	1966	- 660	1970	- 8301
1963	- 3072	1967	- 2389	Total	- 37378

Quelle: SUKDEO, F. 1972, S. 3

Noch eindringlicher als die Wanderungsbilanz weist die Auf-
schlüsselung nach Berufen darauf hin, daß Guyana einen permanenten Verlust an qualifizierten Arbeitskräften erleidet

Tab. 5 : Migration in Guyana 1969 bis 1974 (nach Beschäftigung)

		1969	1970	1971	1972	1973	1974
Technische	Immigr.	176	293	259	191	180	199
und andere	Emigr.	764	524	309	193	239	285
hochquali-fizierte Berufe	Bilanz	-588	-231	-50	-2	-59	-86
Angestellte,	Immigr.	116	266	283	235	278	247
Verwaltung	Emigr.	957	811	730	651	870	944
	Bilanz	-841	-545	-447	-416	-592	-697
sonstige	Immigr.	60	266	376	386	358	360
Berufe	Emigr.	1280	1170	635	714	794	1042
	Bilanz	-1220	-904	-259	-328	-436	-682
Erwerbsper-	Immigr.	352	825	918	812	816	806
sonen insg.	Emigr.	3001	2505	1674	1558	1903	2271
	Bilanz	-2649	-1680	-756	-746	-1087	-1465
Nicht-Erwerbs-	Immigr.	192	739	906	744	863	840
pers. insges.	Emigr.	3882	3815	2633	2885	3685	4590
	Bilanz	-3690	-3076	-1727	-2141	-2822	-3750
Migration	Immigr.	544	1564	1824	1556	1679	1646
insgesamt	Emigr.	6883	6320	4307	4443	5588	6861
	Bilanz	-6339	-4756	-2483	-2887	-3909	-5215

Quelle: Guyana-International Migration Report 1969 - 1974

("brain drain"), der in den 70er Jahren zwar deutlich reduziert, jedoch nicht völlig verhindert werden konnte (siehe
Tab. 5). Ein Programm zur Remigration von Fachkräften zeigte
bisher keinen Erfolg. Der Umfang der Emigration übte somit
seit dem 2. Weltkrieg einen deutlichen Einfluß auf das Bevölkerungswachstum aus. Daneben sind Veränderungen und Ver-
schiebungen zwischen den Anteilen der einzelnen ethnischen
Gruppen im 20. Jahrhundert auch auf ein unterschiedliches
generatives Verhalten der einzelnen Bevölkerungsgruppen zurückzuführen.[1]

1) So weist vor allem der indische Bevölkerungsteil ein
   rascheres natürliches Bevölkerungswachstum als der
   afrikanische auf.

Tab. 6: Bevölkerungsentwicklung Guyanas nach ethnischen Gruppen 1911 bis 1970 (jeweils Volkszählung)

	1911 abs.	%	1921 abs.	%	1931 abs.	%	1946 abs.	%	1960 abs.	%	1970 abs.	%	Veränderung 1946 – 1970 abs.	%
Afrikaner	115.486	39,0	117.169	39,4	124.203	39,9	143.385	38,8	183.950	32,8	218.400	31,2	75.015	52,3
Inder	126.517	42,7	124.938	42,0	130.540	42,0	163.434	44,2	267.797	47,8	362.735	51,8	199.301	121,9
Chinesen	2.622	0,9	2.722	0,9	2.951	0,9	3.567	1,0	4.074	0,7	3.402	0,5	-165	-4,6
Indianer	6.901	2,3	9.150	3,1	8.348	2,7	10.299	2,8	25.453	4,5	34.302	4,9	(24.003)	(+233,1)
Portugiesen	10.084	3,4	9.175	3,1	8.612	2,8	8.543	2,8	8.346	1,5	5.663	0,8	-2.880	-33,7
Weiße	3.937	1,3	3.291	1,1	2.127	1,1	2.480	0,7	3.217	0,6	2.186	0,3	-294	-11,9
Mischlinge	30.251	10,2	30.587	10,3	33.800	10,3	37.685	10,9	67.191	10,2	72.316	12,0	34.631	91,9
Sonstige	-	-	-	-	-	-	236	-	69	0,1	283	0,0	47	19,9
n. a.	243	0,1	659	0,1	352	0,2	49	0,1	233	0,0	502	0,0	-	0,1
Insgesamt	296.041	100	297.691	100	310.933	100	369.678	100	560.330	100	699.848	100	330.170	89,3

Primärstatistik: Annual Statistical Abstract 1974

Zwischen 1960 und 1970 war die Bevölkerung Guyanas von
560 000 EW um ca. 140 000 EW auf etwa 700 000 EW angestiegen. Die Nettoemigration in dieser Zeit betrug ca. 48 000
Personen. Eine weiterhin hohe Bevölkerungszunahme, bedingt
durch eine nur langsam sinkende Geburtenrate[1] und eine
rasch sinkende Sterberate[2], die vor allem durch einen Rückgang der Säuglingssterblichkeit[3] bedingt ist, ein Anteil
der Bevölkerung unter 15 Jahre von 46,26 % 1960 und 47,12 %
1970 bei anhaltenden Immigrationsbeschränkungen der traditionellen Einwanderungsgebiete USA, Kanada und Großbritannien lassen für Guyana einen raschen Bevölkerungsanstieg
und damit eine weitere Verschärfung der Arbeitsmarktsituation erwarten. Für 1981 wurde die Bevölkerung bereits auf
805 000 EW geschätzt.

In Surinam stieg von 1920 bis 1970 die Bevölkerung von
93 762 EW auf 349 637 EW an. LAMUR (1973, S. 135) unterteilt hier die Bevölkerungsbewegung in 3 große Phasen:

- Von 1922 - 1943 treten bei einem durchschnittlichen jährlichen Bevölkerungszuwachs von 21,5 %o gewisse Schwankungen infolge einer unausgeglichenen Immigration auf,
- der Zeitraum von 1943 bis 1962 ist durch eine hohe Wachs-
  tumsrate von 31,4 %o charakterisiert, während

- die dritte Phase bis 1970 schließlich ein Absinken des
  Bevölkerungszuwachses auf 29,6 %o im Jahresdurchschnitt
  aufweist.[4]

An diese drei verschiedenen Phasen der Bevölkerungsbewegung
schließt sich nunmehr für die 70er Jahre eine vierte Phase
an, die sich von der bisherigen Bevölkerungsentwicklung
deutlich unterscheidet. Kennzeichnend für sie ist eine
enorme Steigerung der permanent vorhandenen Emigrationsbewegung nach Holland.

1) Geburtenrate 1957 - 59 44,5 %o, 1969 33,2 %o
2) Sterberate 1946 15,5 %o, 1970 6,6 %o
3) Säuglingssterblichkeit 1946 87,0 %o, 1967 40,5 %o
4) Eine ausführliche Darstellung der Bevölkerungsentwicklung
   Surinams von 1920 bis 1970 mit zahlreichen Tabellen und
   Diagrammen findet sich bei LAMUR, H. E. 1973

Tab. 7: Bevölkerungsentwicklung Surinams 1925 - 1980

1925	102 755	1960	256 526	1975	350 309
1930	116 480	1965	310 572	1976	358 480
1935	129 672	1970	349 637	1977	365 707
1940	142 225	1971	355 690	1978	368 940
1945	156 783	1972	361 797	1979	361 029
1950	178 078	1973	364 504	1980	352 041
1955	211 743	1974	378 688		

Quelle: 1925 - 1970 LAMUR, H. E. 1973, Tab. 58 (nach Volkszählung 1950 einschließlich Fortschrei-
bung)
1971 - 1973 LAMUR, H. E. 1974
1974 - 1979 Suriname in cijfers, No. 135, März 1981
(Fortschreibung, mit den Daten von
LAMUR nicht vergleichbar)
1980   vorl. Volkszählungsergebnis 1980

Die Zahl der Emigranten in den 60er Jahren wird auf mehrere
tausend Personen jährlich geschätzt (siehe F. BOVENKERK
1976, S. 1). Fehlende Arbeitsplätze, schlechte Berufsaus-
sichten, höhere Verdienstmöglichkeiten in den Niederlanden,
die politische und wirtschaftliche Unsicherheit im Zuge der
Erlangung der Unabhängigkeit 1975 und schließlich die bevor-
stehende Einschränkung des bisher bestehenden freien Zugangs
zu den Niederlanden führten Anfang der 70er Jahre zu einer
regelrechten Massenemigration (siehe Tab. 8). Die Angaben
zur Zahl der Emigranten in der Nachkriegszeit schwanken
zwischen ca. 100 000 und 160 000 Personen. Von den ca.
6.000 Erwerbstätigen, die 1975 nach Holland emigrierten,
waren ca. 5 000 in der Landwirtschaft tätig gewesen (Jaarplan 1977, II, S. 40). Die 1976 positive Wanderungsbilanz
ist auf die Rückkehr zahlreicher Surinamesen zurückzuführen, die aus Furcht vor politischen Wirren im Zuge der Erlangung der Unabhängigkeit das Land vorübergehend verlassen
hatten.

Tab. 8: Surinam: Immigration und Emigration 1964 - 1976

	Absolut			Pro 1000 EW		
	Immigr.	Emigr.	Wande-rungs-bilanz	Immigr.	Emigr.	Wande-rungs-bilanz
1964	1202	1302	- 100	4,0	4,4	- 0,4
1965	1354	1768	- 410	4,4	5,7	- 1,3
1966	1580	2256	- 676	5,0	7,6	- 2,1
1967	1834	2942	- 1108	5,6	9,0	- 3,4
1968	1825	2847	- 2022	5,4	11,8	- 6,4
1969	1834	5384	- 3550	5,3	15,7	- 10,4
1970	1871	7097	- 5226	5,3	20,4	- 15,1
1971	2149	7210	- 5061	6,0	20,4	- 14,4
1972	2615	6971	- 4356	6,7	17,9	- 11,2
1973	2442	9267	- 6825	6,2	23,7	- 17,5
1974	3066	16296	- 13230	7,9	42,1	- 34,2
1975	3959	29851	- 25892	10,7	80,9	- 70,2
1976	5345	2744	+ 2601	14,1	7,2	+ 6,9

Quelle: Jaarplan 78, S. 141

Mit der Durchführung von Projekten im Bereich der Landwirtschaft und der Industrie, die durch die laufende Entwicklungshilfe finanziert werden sollen, will Surinam in Zukunft weitere ehemalige Emigranten zur Rückwanderung bewegen.[1]

Zusammenfassend läßt sich feststellen:

Die Bevölkerungsentwicklung beider Staaten seit der Entdeckung durch die Europäer ist grundlegend von den Bedürfnissen der Rohstoffwirtschaft beeinflußt worden. Die durch
den Arbeitskräftebedarf der Zuckerwirtschaft im 18. und
19. Jahrhundert ausgelöste Immigrationsbewegung wurde seit

---

1) Interesse daran besitzt vor allem Holland, das wichtigste
   Zielgebiet. Im Zeitraum von 1960 bis 1981 stieg die Zahl
   der in Holland lebenden Surinamesen und Emigranten von
   den Antillen von 12 669 auf 55 730 Personen (Ministerie
   van C.R.M. 1971). Dabei ist zu berücksichtigen, daß diese
   Werte bereits vor der großen Emigrationswelle der Jahre
   74 und 75 erreicht wurden. Auf der Volkszählung 1980 ba-
   sierende Schätzungen der Emigration geben für den Zeitraum
   1972 bis 1980 ein Wanderungsdefizit für Surinam von ca.
   100 000 EW an, die vornehmlich nach Holland emigriert sind.
   Mit den bereits in Holland lebenden Surinamesen befindet
   sich somit rund ein Drittel der ursprünglich surinamischen
   Bevölkerung in den Niederlanden.

dem zweiten Weltkrieg vor allem in Surinam durch eine zeitweise massive Emigration abgelöst. Gründe dafür sind der
Bedeutungsverfall der Zuckerwirtschaft (siehe Kap. 3.4.
4.2), die geringe Zahl von Arbeitsplätzen in der Bauxitwirtschaft,
der Mangel an attraktiven Arbeitsplätzen in den übrigen Sektoren sowie die politischen Verhältnisse in beiden Staaten.

3.4.4   Die jüngere Entwicklung der Agrarwirtschaft

Nach W. GERLING (1958/59, S. 459) waren die Weltwirtschaftskrise und vor allem der 2. Weltkrieg die Triebfeder für den
Aufbau einer leistungsfähigen Industrie in Westindien. Die
Devisenzwangswirtschaft in den 30er Jahren, bedingt durch
mangelnde Absatzmöglichkeiten westindischen Zuckers, und
die gedrosselten Güterströme während des 2. Weltkriegs ließen die Abhängigkeit von Fertigwarenimporten sowie von Investitionsgütern (z. B. Ersatzteile) deutlich werden.

Für Guyana und Surinam läßt sich ein solcher Industrialisie-
rungsanreiz nicht ohne weiteres aufzeigen. Nach AUTY, R.
(1972, S. 10) führten die Schwierigkeiten der Zuckerwirtschaft während der Weltwirtschaftskrise vor allem auf den
kleinen Plantagen zu einem Sinken der Löhne und daraufhin
zu einer beginnenden Verknappung an Arbeitskräften, die man
vor allem durch eine arbeitsextensivere Produktionsweise
auszugleichen versuchte. Eine Industrialisierung wurde dadurch jedoch nicht angeregt.
Der zweite Weltkrieg mit seiner Unterbrechung des Außenhandels sowie die darauffolgenden Jahre zuckerwirtschaftlicher
Prosperität brachten das Ende der klassischen Plantagenwirtschaft in Guyana. Die Zuckerwirtschaft erlangte zwar nach
dem 2. Weltkrieg wieder ihre traditionelle Bedeutung, aus
Furcht vor Arbeitskräftemangel wurden jedoch verstärkt Ra-
tionalisierungsmaßnahmen durchgeführt, so daß dieser Wirtschaftszweig seine frühere Bedeutung als Arbeitgeber verlor

(AUTY, R. 1972, S. 10; MANDLE, J. R. 1976, S. 37 f).
In der Zuckerwirtschaft Surinams war bereits bis zu Beginn
des 20. Jhs. ein hoher Rückgang zu verzeichnen.

3.4.4.1   Die Agrarwirtschaft Guyanas

In der Zeit nach dem 2. Weltkrieg erfolgte in Guyana die Ausdehnung der Zuckerrohrmonokultur auf ihren heutigen Flächen-
stand, wobei vor allem die Zunahme des kleinbäuerlichen
Zuckerrohranbaus in den 60er und 70er Jahren bemerkenswert
ist (siehe Tab. 9)
Mit der Erweiterung der Zuckerrohrfläche nahm auch die erzeugte Zuckermenge erheblich zu, bedingt durch mangelnde
Pflege infolge Arbeitskräftemangel und zeitweise ungünstiger
Witterungseinflüsse sank in den 70er Jahren der Flächener-
trag allerdings deutlich.

Innovationen und Verbesserungen der Infrastruktur, Meliorie-
rungen von Problemböden und Ausbau der Bewässerungssysteme
hatten eine Ausdehnung der Zuckerrohrareale Guyanas nach
dem 2. Weltkrieg ermöglicht. Der erweiterte Einzugsbereich
der Zuckerzentralen und die gestiegenen Investitionskosten
führten gleichzeitig zu einer Besitzkonzentration (vgl.
Tab. 10 und Tab. 11). Vor allem das britische Unternehmen
Bookers Brothers, Mc Connell and Co., dessen Anteil an der
Zuckerwirtschaft im Jahre 1904 noch 27 % betrug, erhöhte
diesen Anteil bis 1961 auf 97 %.[1]

1) Neben der Kontrolle der Zuckerwirtschaft besaß Bookers
   in Guyana umfangreichen Besitz im Groß- und Einzelhandel
   für Nahrungsmittel, Möbel, Bekleidung, Bürobedarf, landwirtschaftlichen Bedarf, Fahrzeuge usw. Neben dem Handel
   hatte Bookers Interessen in bestimmten Bereichen der Verarbeitenden Industrie, besaß Schiffsgesellschaften, war
   im Immobilienbereich tätig und kontrollierte die Zucker-
   verladeeinrichtungen Guyanas (siehe HEINS, J. 1978, S. 37).
   Die Besitzkonzentration dieses Unternehmens war im Laufe
   der Kolonialzeit so ausgeprägt, daß "British-Guiana"
   schließlich treffender als "Booker's Guiana" bezeichnet
   wurde.

Tab. 9: Guyana: Entwicklung der Zuckerwirtschaft 1938 - 1980 [1][2]

Jahr	bebaute Fläche in acre [6][7]	abgeerntete Fläche in acre — Plantage	Kleinbauern	insges.	geerntetes Zuckerrohr in 1000 l.t. — Plantage	Kleinbauern	insg. [9]	Zuckererträge l.t. pro acre	Zuckerproduktion in 1000 l.t. — Plantage	Kleinbauern	insg.	Export Menge Zucker 1000 l.t. [12]	Export Rum 1000 proof gals [12]	Export Melasse 1000 proof gals	Wert in 1000 G$ [10]
1938	69.087			63.033				3,12			197	138	1.056	5.892	8.334
1939	67.718			62.012				3,05			189	179	979	5.360	8.843
1940	70.622			64.378				2,60			168	143	1.812	3.720	8.047
1941	73.063			63.642				2,95			188	154	1.321	5.441	9.339
1942	74.583			62.730				3,06			192	135	984	3.097	8.089
1943	65.775			62.348				2,76			166	131	1.473	282	8.471
1944	62.554			60.733				2,28			138	178	2.176	1.664	13.270
1945	63.052			59.098				2,66			157	133	2.209	1.416	12.287
1946	64.977			60.229				2,84			171	148	1.695	1.894	14.330
1947	66.904			62.033				2,70			167	185	1.725	3.841	21.562
1948	66.676	55.945 [2]		62.626			2.012 [2]	3,05			143	137	3.214	1.734	20.336
1949	70.000			55.839				3,12			174	174	3.683	4.102	26.248
1950	72.500	64.940 [2]		64.816			2.163 [2]	3,02			196	173	2.656	5.871	27.382
1951	77.736	67.126		66.964			2.454	3,19			217	180	2.040	5.512	31.155
1952	80.022	72.787		72.787			2.673	3,33			243	234	1.085	10.791	45.577
1953	77.163	71.485					2.756	3,36			240				
1954	78.361	78.311					2.746	3,05			239				
1955	78.316	75.928					2.717	3,29			250				
1956	81.012	74.028					2.838	3,55			263				48.400
1957	86.741	81.339					2.963	3,50			285				59.800
1958	87.976	84.788					3.476	3,61			306				60.800
1959	89.825	87.658					3.218	3,24			284				52.200
1960	94.103	96.303 [8]		98.000 [4]			3.738	3,4			334				63.200
1961		104.621	3.219	107.840	3.552		3.562	3,0	317	8	325				62.600
1962		97.313	3.021	100.334	3.434		3.444	3,3	317	9	326				65.500
1963		93.810	3.204	97.014	3.406		3.417	3,3	308	10	317				82.400
1964		91.702	3.481	95.183	2.993		3.003	2,7	250	9	258				61.200
1965		101.636	5.468	107.104	3.250	153	3.403	2,9	295	14	309				50.900
1966		97.606	6.166	103.772	3.136	199	3.335	2,8	274	15	289				54.700
1967		107.460	7.838	115.298	3.527	243	3.770	3,0	332	22	344				65.000
1968		99.916	7.534	107.450	3.264	238	3.502	3,0	295	22	317				67.800
1969		116.181	9.849	126.030	3.827	285	4.112	2,9	340	25	364				89.600
1970		97.273	9.909	107.182	3.388	307	3.695	2,9	285	26	311	297	1.621		79.500
1971		122.583	14.014	137.729	3.875	367	4.243	2,7	338	31	369	337	3.287		102.800
1972		117.257	13.164	130.421	3.246	320	3.566	2,4	285	29	315	300	2.775		110.700
1973		101.700	10.300	112.000	2.985	267	3.252	2,4	243	22	266	225	3.400		86.600
1974		120.800	17.200	138.000	3.642	388	4.030	2,5	304	37	341	302	5.239		306.100
1975												285	n.a.		435.800
1976												274			246.500
1977															199.900
1978															
1979															

298 [13][5]

Quellen und Anmerkungen zu Tab. 9:

1) 1938 - 50   The economic development of British Guiana.
Report of a mission organized by the International Bank for Reconstrction and development at the request of the government of
British Guiana. - Baltimore 1953, S. 250.

2) 1951 - 60   REUBENS, E. P.; REUBENS, B. G.: Labour displacement in a labour-surplus economy: the
sugar industry of British Guiana. - ISER
Jamaica 1962, S. 19.

3) 1961 - 74   Annual Statistical Abstract 1974, Guyana

4) Transport Plan for Guyana 1976

5) Caribbean Contact, März 1981

6) 1938 - 50 einschließlich kleinbäuerlicher Zuckerwirtschaft, deren Anteil unter 2 % liegt.

7) 1951 - 60 nur Plantagen. Die kleinbäuerliche Zuckerrohrfläche lag zwischen 1 800 und 2 500 acre.

8) Durch Doppelernten auf einigen Feldern bedingt.

9) Der Anteil kleinbäuerlicher Betriebe lag von 1949 -
60 zwischen 25 000 und 60 000 t.

10) 1956 - 74   Annual Statistical Abstract.

11) 1975 - 77   External Trade Reports

12) 1970 - 76   Report on the economy and public finances in
Guyana 1976 and 1977.

13) Sugar News 29.2 1980.

Die Verstaatlichung der Zuckerwirtschaft in den 70er Jahren
war somit eine logische Folge der Wirtschaftspolitik Guyanas,
die Schlüsselwirtschaftszweige unter nationale Kontrolle zu
bringen.[1]

Neben der Verstaatlichung der Zuckerwirtschaft brachten die
70er Jahre weitere langfristig wirksame Änderungen. Bedeutsam war 1974 der Ersatz des nach 25 Jahren ausgelaufenen
"Commonwealth Sugar Agreement" durch das Abkommen von Lomé[2]
und das unerwartete Auslaufen des "Sugar Act" mit den USA
(Mc DONALD, J. 1979, S. 6).

Während der Wegfall des im "Commonwealth Sugar Agreement"
garantierten Marktes in Höhe von 190 000 t bisher weitgehend
durch das EG-Abkommen in Höhe von 167 000 t kompensiert
wurde,[3] machte sich der Wegfall von 90 000 t garantierter
Abnahme im Rahmen des "Sugar Act"-Abkommens mit den USA
bemerkbar. Unmittelbar am deutlichsten spürbar, jedoch nur
kurzfristig wirksam, war der plötzliche gewaltige Anstieg

---

1) Am 23.2.1975 wurden die Besitzungen der Demerara Co. Ltd.
   mit den beiden Zuckerrohrplantagen Diamond und Leonore verstaatlicht. Am 26.5.1976 folgte die Verstaatlichung der
   britischen Firmengruppe Bookers. Der mit Bookers verein-
   barte Übernahmepreis betrug G$ 102,5 Mio., von denen effektiv
   G$ 70 Mio. zu bezahlen waren. Sofort fällig wurden G$ 8,5 Mio.,
   die restlichen G$ 61,5 Mio. wurden über einen Zeitraum von 20
   Jahren mit 4,5 % Jahreszins verteilt (NATH, D. 1976, III,
   S. 240). Mit Ausnahme der relativ geringen kleinbäuerlichen
   Flächen untersteht nunmehr die gesamte Zuckerwirtschaft Guyanas der staatlichen "Guyana Sugar Corporation", GUYSUCO.

2) Unter dem Abkommen von Lomé wurden mit den AKP-Staaten
   unter den karibischen Zuckerproduzenten folgende jährlichen Abnahmegarantien durch die EG vereinbart: Barbados 49 300 t, Guyana 157 700 t, Jamaika 118 300 t, Trinidad und Tobago 69 000 t, Surinam 4 000 t. Zu gleichen Bedingungen werden Abnahmegarantien Belize in Höhe von
   39 400 t und St. Kitts-Nevis in Höhe von 14 800 t gewährt
   (Caribbean Contact, März 1981).

3) Problematisch für die karibischen Zuckerproduzenten ist
   vor allem der seit dem EG-Beitritt Großbritanniens wachsende Konkurrenzdruck durch Rübenzucker. Besorgnis rief
   vor allem die Schließung einer weiteren Zuckerraffinerie
   des britischen Unternehmens Tate and Lyle im Frühjahr 1981
   hervor. Damit schloß seit Mitte der 70er Jahre die vierte
   Raffinerie dieses Unternehmens, die vor allem Zucker aus
   den ACP-Staaten raffinierte.

Tab. 10: Besitzverhältnisse in der Zuckerwirtschaft Guyanas
1904 (Direktbesitz oder Kontrolle durch Agenturen)

	%-Anteil
Bookers Brothers, Mc Connell & Co.	27,00
Curtis, Campbell & Co	17,85
New Colonial Co	16,15
Sandbach, Parker & Co	11,10
S. Davson & Co	6,40
	78,50
ortsansässige Besitzer	17,45
sonstige	4,04
	100,00

Quelle: ADAMSON, A. 1972, S. 212

Tab. 11: Besitzanteil von Bookers Brothers und Demerara Co.
an der Zuckerwirtschaft Guyanas 1961

Plantage: (von E nach W)	Besitzanteil:	Management:
Skeldon[1]	100 % Bookers	Bookers Sugar Estate Ltd.
Port Mourant	"	"
Albion[1]	"	"
Rose Hall[1]	"	"
Lochaber	25,2 % Bookers	"
Blairmont[1]	100 % Bookers	"
Enmore[1]	50,089 % Bookers	"
LBI (La Bonne Intention)[1]	55,808 % Bookers	"
Ogle	100 % Bookers	"
Houston	-	"
Diamond[1]	100 % Demerara Co. Ltd.	Demerara Co. Ltd.
Wales[1]	100 % Bookers	Bookers Sugar Est. Ltd.
Versailles[1]	-	"
Leonora[1]	100 % Demerara Co. Ltd.	Demerara Co. Ltd.
Uitflugt[1]	100 % Bookers	Bookers Sugar Est. Ltd.

1) Plantage einschließlich Zuckerzentrale

Quelle: REUBENS, E.; REUBENS, B. 1962, App. A.

des Zuckerpreises,[1] der die Probleme der Zuckerwirtschaft
kurzfristig reduzierte.

Tab. 12: Entwicklung der Zuckerpreise 1970 - 1978[1]
(jährlicher Durchschnitt, US Cents pro lb.)

	nomineller Preis	inflationsbereinigter Preis
1970	3,68	3,68
71	4,50	4,29
72	7,27	6,43
73	9,45	7,11
74	29,66	18,31
75	20,37	11,91
76	11,51	6,29
77	8,10	4,07
78	7,81	3,44

1) Preise im Rahmen des International Sugar-Agreement, ISA

Quelle: Mc DONALD, J. 1979, S. 6

Mit dem verstärkten Auftreten konkurrierender Zuckerproduzenten auf dem Weltmarkt, die wie z. B. Australien größtenteils kostengünstiger produzieren, hat Guyana - wie auch
andere karibische Zuckerproduzenten - mit einer Reihe von
Problemen zu kämpfen, die teils physischgeographischer,
teils struktureller Natur sind. So gelang es Guyana durch
das Zusammentreffen verschiedener nachteiliger Faktoren
1980 lediglich 80 % seiner angestrebten Ernte in Höhe von
335 000 t zu erreichen. Dies bedeutete ein neues Minimum
im Laufe der letzten Jahre.

Als Arbeitgeber und vor allem für die Grundnahrungsmittel-
produktion ist der Reisanbau für Guyana von großer Wichtig-
keit.

---

1) 1974 hatten sich 22 lateinamerikanische Zuckerproduzenten zu einem Verband (GLACSEC) zusammengeschlossen,
um auf Export und Weltmarktpreise Einfluß zu nehmen.

Tab. 13: Der Reisanbau in Guyana 1961 - 1974

	abgeerntete Fläche in 1000 ha	Erträge in 1000 t	Produktivität t/ha
1961	106	126	1,19
62	100	132	1,32
63	81	104	1,28
64	126	158	1,25
65	136	168	1,24
66	125	162	1,30
67	102	129	1,26
68	127	138	1,09
69	113	113	1,00
70	119	144	1,21
71	95	122	1,28
72	79	96	1,22
73	93	112	1,20
74	111	144	1,30

Primärstatistik: Annual Statistical Abstract 1974, Tab. 1.1

Im Gegensatz zur großbetrieblichen Zuckerrohrmonokultur befindet er sich heute als Folge der Agrarpolitik gegenüber den Kontraktarbeiter im 19. Jh. im wesentlichen in den Händen indischer Kleinbauern. Unzureichende Bewässerungssysteme, Transport- und Lagerungsmöglichkeiten schränken die Effizienz des Reisanbaus deutlich ein. Die Aussichten auf eine Steigerung der Reisproduktion sind jedoch durch die Ankündigung US-amerikanischer Hilfe 1980 in Höhe von 20 Mio. US $ und aufgrund des vorhandenen Marktes im Karibischen Raum günstig. Bei einer weiteren Flächenausdehnung und insbesondere durch verbesserte Verarbeitungseinrichtungen könnte Guyana seine Reisproduktion verdoppeln.

3.4.4.2   Bedeutungsverfall der Agrarwirtschaft und Niedergang der Zuckerwirtschaft in Surinam

Die Zuckerwirtschaft, die im 18. Jh. in Surinam noch die
Wirtschaftsgrundlage der Kolonie gebildet hatte und die in
der ersten Hälfte des 19. Jh. mehrfach Zuckerjahresproduk-
tionen von über 10 000 t (1850   17 200 t) erreichte, ging
in der zweiten Hälfte des 19. Jh. zurück. Im 20. Jh. reduzierte sich die Plantagenwirtschaft ("grote Landbouw")
Surinams trotz anhaltender Immigration und trotz Mechanisierung weiter, so daß schließlich nur noch 3 Plantagen
bewirtschaftet wurden.[1]
In den 70er Jahren schließlich kam der Plantagen-Zuckerrohr-
anbau fast völlig zum Erliegen, nachdem die letzte noch be-
triebene Plantage Marienburg am Cottica, in ca. 15 km Entfernung von Paramaribo, nur noch sehr geringe Mengen produzierte. Ende der 80er Jahre war daher neben Kenia, Uganda
und Kongo auch Surinam nicht mehr in der Lage, die im Rahmen des Abkommens von Lomé vereinbarten Verträge über Zuk-
kerlieferungen an die EG zu erfüllen.
Die wegen ihrer Zuckerwirtschaft einst so bedeutende Kolonie
importiert heute Teile ihres eigenen Bedarfs an Zucker. Allerdings bestehen Pläne zur Reaktivierung der Plantage Marienburg.

---

1) Einer der Gründe lag darin, daß die indischen und javanischen Immigranten nach Ablauf ihres 5-Jahreskontraktes
eigene kleine Parzellen selbständig bearbeiteten (s. Kap.
3.4.2) und so die Plantagen weiterhin unter Arbeitskräftemangel litten. Zudem importierte Großbritannien nach dem
1. Weltkrieg im Rahmen der "imperial preference" nur noch
Zucker aus seinen eigenen überseeischen Besitzungen. Ferner verfiel der Zuckerpreis in den 20er Jahren rasch und
erreichte Mitte der 30er Jahre seinen Tiefstpunkt
(GOSLINGA, C. 1979, S. 153 und 161).

Der Zuwachs der landwirtschaftlich genutzten Fläche (Abb. 4)[1]
ist heute fast ausschließlich auf das weitgehend mechani-
sierte Naßreisprojekt um Nickerie-Wageningen zurückzuführen.
Die relative Bedeutung des Reisanbaus stieg noch in den 70er

Abb. 4
Anbaufläche in Surinam 1955-1978

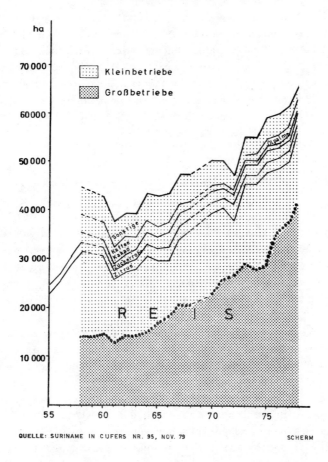

QUELLE: SURINAME IN CIJFERS NR. 95, NOV. 79   SCHERM

1) Bei Agrarstatistiken ist zu beachten, daß häufig nicht
   die Nutzfläche, sondern die im Lauf des Jahres für den
   Anbau zur Verfügung stehende Fläche gezählt wird. Dies
   führt im Fall der Reiswirtschaft aufgrund der zwei Ernten
   pro Jahr zu einer Doppelzählung der Fläche (z. B. Tab. 4
   und Abb. 29).

Jahren mit dem Niedergang des großbetrieblichen Zuckerrohranbaus. Im 20. Jahrhundert wurden nun einzelne Nutzpflanzen,
die bereits im 18. Jahrhundert und vor allem in der 2. Hälfte
des 19. Jahrhunderts eine gewisse Bedeutung erlangt hatten,
in größerem Umfang angebaut, spielten jedoch insgesamt nur
eine untergeordnete oder nur vorübergehende Rolle. Der Verfall der Zuckerwirtschaft, die minimale Bedeutung der kleinbäuerlichen Landwirtschaft und die Landflucht nach Paramaribo
oder direkt nach Holland im Rahmen der Emigrationswelle
Mitte der 70er Jahre (siehe Kap. 3.4.3) haben Surinam den
Charakter eines Agrarlandes genommen. Bestrebungen zu einer
Intensivierung der Landwirtschaft haben bisher - mit Ausnahme
der großflächigen Reismonokultur in Nickerie im Westen des
Landes - nur wenig Erfolg gezeigt.[1]

3.5   Der Aufbau der mineralischen Rohstoffwirtschaft

Guyana und Surinam waren durch die beiden Kolonialmächte
Großbritannien und Niederlande seit ihrer Entdeckung nach
und nach zu Rohstoffkolonien umstrukturiert worden. Ihre
Aufgabe bestand in der Versorgung der europäischen Mutterländer mit agrarischen Rohstoffen, im wesentlichen mit
Zucker.
In der zweiten Hälfte des 19. Jahrhunderts zeigten sich durch
den beginnenden Abbau teilweise ausgedehnter Goldlagerstätten sowie durch Diamantenfunde erste Anzeichen für eine zunehmende Bedeutung mineralischer Rohstoffe, ohne jedoch die
damalige Dominanz der agrarischen Rohstoffwirtschaft wesentlich zu beeinträchtigen. Die entscheidende Umstrukturierung
von einem Exportland agrarischer Rohstoffe in ein Rohstoffexportland, dessen Wirtschaftsstruktur fast ausschließlich

---

1) Zur Bedeutung des Reisprojektes sowie zur weiteren Agrar-
planung siehe Kap. 4.5.

auf der Bauxitwirtschaft (Surinam) bzw. auf der Bauxit- und
Zuckerwirtschaft (Guyana) beruht, vollzog sich seit Anfang
des 20. Jahrhunderts, im wesentlichen jedoch erst unter den
besonderen wirtschaftlichen Bedingungen des 2. Weltkrieges.

3.5.1 Die Goldgewinnung des 19. Jahrhunderts als Vorläufer der mineralischen Rohstoffwirtschaft

So wie im 18. und 19. Jahrhundert der Zuckerrohranbau den
Anstoß zu infrastrukturellen Erschließungsmaßnahmen gab, so
wirkten Ende des 19. Jahrhunderts - allerdings nur sehr
kurzfristig - die Goldfunde[1] als Anreiz zur Erschließung
eines bisher allein auf dem Wasserweg zugänglichen Gebietes
durch Straße und Schiene sowie zu ersten systematischen
topographischen und geologischen Aufnahmen des Hinterlandes.[2]
Im Lauf der 70er Jahre dieses Jahrhunderts kam die Goldgewinnung fast völlig zum Erliegen, auch wenn 1974 als Folge
gestiegener Goldpreise eine neue Explorationsgenehmigung

---

1) Nach der Entdeckung reicher Goldlagerstätten in Französisch Guayana wurde in den 70er Jahren des 19. Jh.s im
Osten Surinams entlang des Marowijne ebenfalls Gold gefunden. Anfang des 20. Jh.s wurde die Goldwäsche teilweise
mechanisiert. Der Höhepunkt der Goldförderung lag zwischen 1905 und 1910 als jährlich über 1 t Gold gewonnen
wurde. Im Lauf von rund 100 Jahren wurden ca. 43 t Gold
gefördert. Der Höchststand der mit der Gewinnung befaß-
ten Arbeitskräfte betrug 5 551 Arbeiter im Jahr 1901.

2) 1876 Erstellung eines 78 km langen Fußpfades von Brokopondo
    zu den Goldfeldern,

   1878 Eröffnung eines regelmäßigen Dampfschiffdienstes
    Paramaribo - Brokopondo auf dem Suriname,

   1880 Herausgabe der ersten verläßlichen Karte Surinams.
    Die Herstellung 1862 - 1879 erfolgte zum großen Teil
    aufgrund der Notwendigkeit, exakte topographische Kar-
    ten für die Konzessionsvergabe zur Verfügung zu haben,

   1889 Bau einer ersten Erschließungsstraße ins Landesinnere
    für Fahrzeuge,

   1894 Erhebung einer 7prozentigen Steuer auf Goldfunde,

erteilt wurde. Durch die Erhebung einer 7prozentigen Steuer
auf Goldfunde trug dieser Wirtschaftszweig deutlich zum
Staatshaushalt bei, verursachte allerdings andererseits durch
·die umfangreichen Maschinenimporte (Dampfmaschinen, Traktoren,
Großraumbagger, Pumpen usw.) einen hohen Devisenabfluß. Mit
der Erschöpfung der Lagerstätten verfielen auch die Infrastruktureinrichtungen. Die Goldgewinnung brachte somit um
die Jahrhundertwende für Surinam kurzfristig deutliche Wachs-
tumseffekte mit sich, deren Auswirkungen heute jedoch kaum
mehr spürbar sind.

Auch Guyana erlebte in den 90er Jahren des vergangenen Jahrhunderts einen Höhepunkt der Goldgewinnung. Ferner wurden
in den 20er Jahren in großem Umfang Diamanten gewonnen.
Insgesamt waren die raumwirksamen Auswirkungen der auch heute
noch in bescheidenem Umfang betriebenen Ausbeutung der Gold-
und Diamantenlagerstätten jedoch weitaus geringer als in Surinam.

Um die Jahrhundertwende waren somit die beiden Kolonien
Britisch-Guayana und Niederländisch-Guayana zu Produzenten
agrarischer Rohstoffe durch die allerdings bereits rückläufige Zuckerwirtschaft sowie mineralischer Rohstoffe durch
die teilweise bedeutende Gold- und Diamantenförderung umstrukturiert worden. Die Grundlage zu den heutigen Wirt-
schaftsstrukturen als exportabhängige Rohstoffproduzenten
war somit gelegt.
Die bedeutendste Innovation des 20. Jahrhunderts stellt der
1915 in Surinam und 1917 in Guyana beginnende Bauxitabbau
dar, der während des Zweiten Weltkrieges eine rasche Pro-

1896 Beginn der maschinellen Goldwäsche mit hohen Impor-
     ten Surinams an Investitionsgütern, vor allem an
     Maschinen,

1899 Bau einer ersten 25 km langen Eisenbahn in Surinam,

1903 - 1912 Bau einer 173 km langen Eisenbahnverbindung
     zwischen Paramaribo und den Goldlagerstätten,

1900 - 1910 geologische Erfassung weiter Gebiete Surinams.
(SURALCO Magazine, Jg. 9, 1977, Nr. 3)

duktionssteigerung erfuhr und sich bald zum bedeutendsten
Wirtschaftssektor beider Länder entwickelte. Er unterwarf
Guyana und Surinam neuen weltwirtschaftlichen Rahmenbe-
dingungen, brachte jedoch   g r u n d s ä t z l i c h
keine Änderung der bisherigen Funktion beider Länder als
Rohstofflieferanten.

3.5.2   Die Anfänge der Bauxitwirtschaft

3.5.2.1 Verbreitung und geologische Struktur der Lager-
         stätten

Unter den bauxitischen Aluminiumrohstoffen sind zwei Grund-
typen zu unterscheiden, die auch im Karibischen Raum vertreten sind: Es sind dies

- der Kalkbauxit Jamaikas, der als in den Karsthohlformen
  abgelagerter Verwitterungsrückstand toniger und tuffi-
  tischer Gesteine angesehen wird (siehe H. BLUME, 1962a),

- die Silikatbauxite Guayanas, die als Verwitterungsprodukte
  aluminiumsilikatreicher Ausgangsgesteine (Feldspäte,
  Glimmer) des präkambrischen Guayanaschildes entstanden
  sind.[1]

Unter den gegenwärtigen wirtschaftlichen Bedingungen werden
Bauxite mit ca. 50 - 58 % Al_2O_3-Anteilen abgebaut. Mit An-
teilen von bis zu 58 % Al_2O_3 gehören einzelne Lagerstätten
Surinams und Guayanas[2] zu den reichsten der Erde (vgl.

---

1) Bei der Entstehung der Silikatbauxite werden im Laufe des
   Verwitterungsprozesses Al und Fe angereichert, während Al-
   kalien, Erdalkalien und Kieselsäure weggeführt werden. Vor
   allem eine weitgehende Entfernung des SiO_2-Anteils ist
   Voraussetzung für die Entstehung wirtschaftlich nutzbarer
   Bauxitlagerstätten.

2) Für einzelne Lagerstätten im Bereich der Guayana-Länder
   werden Werte bis zu 61 % Al_2O_3 Gehalt angegeben.

SCHÖNENBERG, R. 1979, S. 78 ff). Ihre Qualität liegt somit
deutlich über der der Kalkbauxite Jamaikas, die jedoch aufgrund ihrer geringeren Überdeckung, ihrer geringeren Entfernung zur Küste und schließlich aufgrund der physisch bedingten besseren Verschiffungsmöglichkeiten in Jamaika und
der Nähe zum nordamerikanischen Markt günstiger abgebaut
und exportiert werden können.

Unterschiedliche Entstehungsbedingungen führten zur Ausbildung der beiden Typen von Bauxitlagerstätten in den
Guayana-Ländern:[1]

1. Plateaubauxit:
   Wenige Meter mächtig mit überlagernder Schutzschicht
   (Ferrit).

   Surinam: Nassau Gebirge: 500 - 550 m über NN
            Moengo-Ricanau: 50 - 100 m über NN
            Bakhuis Gebirge: 450 - 550 m über NN
            Lely Gebirge: max. 700 m über NN

2. Küstenflächenbauxit:

   Surinam: Moengo, Paranam, Onverdacht, Lelydorp

   Guyana: Linden, Ituni, Kwakwani

Im südlichen Teil des Verbreitungsgebietes kommt Bauxit als
Kappe auf niederen Erhebungen vor, im nördlichen Teil als

---

[1] Vor ca. 40 - 60 Mio. Jahren entstand aus den im Küsten-
bereich abgelagerten Sedimenten des Guayana-Schildes
unter dem Einfluß des tropisch wechselfeuchten Klimas in
Abhängigkeit von der chemischen Zusammensetzung und den
sehr variablen Sedimentationsbedingungen Bauxit mit unterschiedlichen A_2O_3-Gehalten. Eine Hebung des Guayana-
Schildes und ein Absenken des Meeresspiegels in der Folgezeit (vor ca. 30 - 40 Mio. Jahren) brachte eine sehr starke Zertalung des Plateaus und damit eine Auflösung ehe-
mals zusammenhängender Bauxitflächen in einzelne Lager
mit sich. Die noch verbliebenen Bauxitreste waren durch
Lateritkappen vor der infolge erhöhter Entwässerung verstärkten Ausschwemmung von löslichen Stoffen geschützt.
Ein Kippen des Schildes führte schließlich zur Überdeckung
küstennahmer Bauxit/Lateritkappen mit jungen Sedimenten.
Zirkulierende Grundwässer trugen durch das Wegführen von
Eisenerzverbindungen zur weiteren Bauxitbildung aus Kaolin-
lagern bei.

Kappe unter einer nach Norden ständig zunehmenden Deckschicht
aus Sedimenten. Der Abbau erfolgt z. T. unter NN mit Einsatz
von Entwässerungsanlagen und ausgedehnten Deichsystemen (wie
in Onverdacht) oder unter Entfernung einer zunehmend mächti-
ger werdenden Schicht von "Weißen Sanden" (wie vor allem in
Linden). Aus Abb. 5 wird somit die geologische Benachteiligung der Bauxitwirtschaft Guyanas deutlich (siehe Kap. 3.5.2.2).

In der Qualität der Bauxite zeigen sich deutliche Unterschiede
zwischen den Küstenflächenbauxiten, die von Eisenverunreini-
gungen weitgehend frei sind und Al_2O_3-Anteile zwischen 55 %
und maximal 61 % erreichen, und den Fe-reichen Plateaubauxi-
ten, die in West-Surinam (Bakhuis Gebirge) einen Al_2O_3-Gehalt
von ca. 45 % aufweisen. Die in Jamaika angestrebte Weiterver-
wertung des bei der Tonerdeerzeugung anfallenden Rotschlammes
("red mud") zu Eisen und Titan-Oxid (HAAS, H.-D. 1976, S. 71),
war somit für die bisherige Bauxitwirtschaft in Guyana und
Surinam gegenstandslos.[1]

Neben dem gewinnbaren Al_2O_3-Gehalt spielt die Verunreinigung
mit SiO_2 eine große Rolle. In Abhängigkeit von der Bauxit-
nachfrage wurde die Obergrenze für ökonomisch verwertbaren
Bauxit in Surinam bis 1975 mit 15 % SiO_2-Gehalt festgelegt,
während der Rezession von 1975 auf 10 % Anteil herabgesetzt
und 1976 wieder auf 12,5 % erhöht.[2] Die durchschnittlichen

---

1) Mit dem Abbaubeginn der Plateaubauxite West-Surinams bietet
   sich in Zukunft mit der Verwertung der ca. 2 m mächtigen
   Lateritkappen eine Möglichkeit der Eisengewinnung, die
   derzeit jedoch wegen der zu hohen Kosten noch nicht realisiert werden soll. Durch die lateritische Verwitterung
   wurde der Eisengehalt in den Kappen auf über 30 %, teilweise auf über 45 % angereichert. Es ist technisch möglich, das bisher zum Straßenbau verwendete Material, das
   eine charakteristische Rotfärbung der Straßen West-Surinams
   bewirkte, im Peterson Prozeß zur Eisengewinnung zu verwenden (pig iron). Aus dem Rückstand könnte schließlich
   noch Tonerde, aus der Schlacke Hochofenzement und Dünger
   erzeugt werden.

2) Bauxit mit hohen SiO_2-Gehalten wird vom Abnehmer mit einer
   "Buße" belegt.
   W. DONNER (1980, S. 289) gibt für die Bauxitlagerstätten

Schematischer Schnitt durch die Bauxitlagerstätten in Guyana und Surinam

Abb. 5

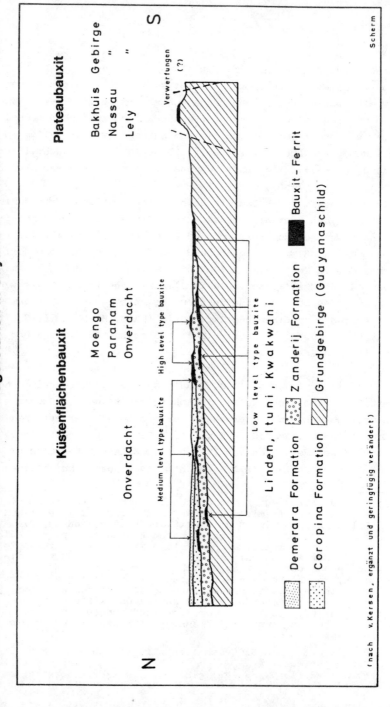

Plateaubauxit

Bakhuis Gebirge
Nassau   "
Lely   "

Verwerfungen (?)

S

Küstenflächenbauxit

Moengo
Paranam
Onverdacht

High level type bauxite

Onverdacht

Low level type bauxite

Linden, Ituni, Kwakwani

Medium level type bauxite

Demerara Formation

Zanderij Formation

Bauxit – Ferrit

Coropina Formation

Grundgebirge (Guayanaschild)

N

(nach v. Kersen, ergänzt und geringfügig verändert)

Scherm

SiO_2-Gehalte liegen beim Küstenflächenbauxit Surinams mit
5 - 6 % deutlich darunter und spielen beim Plateaubauxit
mit unter 2 % nur mehr eine geringe Rolle.

3.5.2.2 Erschließung der Lagerstätten

Auf die Entdeckung und erste wissenschaftliche Beschreibung
von Bauxitlagerstätten in Guyana im Jahre 1910 folgte 1916
mit dem Produktionsbeginn der "Demerara Bauxite Company Ltd.",
DEMBA, einer Tochtergesellschaft der ALCAN, ein zunächst
zögernder Abbau. Zentrum der Bauxitwirtschaft wurde ein bisher weitgehend unerschlossenes Gebiet ca. 100 km südlich
von Georgetown am Demerara, dessen einzige Siedlung Christi-
anburg bisher ein kleines Holzwirtschaftszentrum bildete.
Mit dem Abbau der ersten leicht zugänglichen Lagerstätten,
die durch den Flußlauf angeschnitten wurden, dehnte sich die
Bauxitgewinnung allmählich nach Süden aus. Typisch für die
vor allem in Guyana aber auch in Surinam angewandte Abbau-
technik ist der Einsatz von Großraumgeräten, durch die in
einem dem Braunkohleabbau ähnlichen System das Deckgebirge
entfernt wird.
Ausgehend von der am Abbauort gegründeten Siedlung Mackenzie,
dem heutigen Linden, wurden weitere Lagerstätten in Ituni
erschlossen.[1] Heute transportiert eine Werksbahn den in
Ituni abgebauten Bauxit nach Linden, wo die Weiterverarbeitung erfolgt. Im Jahre 1953 hatte als zweites Bauxitunternehmen in Guyana der US-amerikanische Konzern Reynolds als
Reynolds Guyana Mines Ltd. mit dem Abbau begonnen. Die Minen

Haitis maximal 7 - 8 % SiO_2 als Obergrenze der Bauwürdig-
keit an. Der durchschnittliche SiO_2-Gehalt der derzeit
abgebauten Bauxitlagerstätten Haitis liegt bei 3 %. Der
Al_2O_3-Anteil dieser Kalkbauxite weist mit Werten zwischen
42,6 % und 49,4 % einen deutlich geringeren Aluminiuman-
teil auf als die silikatischen Küstenflächenbauxite
Guyanas und Surinams (siehe CHEILLETZ u. a. 1973 und
BUTTERLIN 1954, nach NONNENMANN 1981).

1) Zu den räumlichen Auswirkungen siehe Kap. 7.4.

befanden sich ca. 150 km landeinwärts in Kwakwani am Berbice,
die Verarbeitungseinrichtungen (Bauxitkalzinierung)[1] wurden
an der Küste in Everton, 6 km südlich von New Amsterdam errichtet. Somit hatten sich nunmehr zwei voneinander unabhängige Bauxitgewinnungs- und -verarbeitungsstrukturen
herausgebildet.

In Surinam wurde bereits im Jahr 1865 auf einer aufgelasse-
nen Plantage südlich von Paramaribo Bauxit entdeckt, als
solcher jedoch nicht erkannt und als Straßenbaumaterial verwendet. Erst 1898 bestätigten genaue Analysen das Vorkommen
von Bauxit. Der Weltverbrauch an Aluminium war zu dieser
Zeit jedoch noch äußerst gering und Surinam lag zu weit von
den großen Verbrauchszentren entfernt. Wie in Guyana war
auch hier der 1. Weltkrieg sowie der erhöhte Aluminiumbedarf
des 2. Weltkriegs ausschlaggebend für den Aufschwung der
Bauxitwirtschaft.
Am 19. Dez. 1916 hatte sich die "Surinaamsche Bauxite
Maatschappij N. V." als Tochtergesellschaft der ALCOA nie-
dergelassen und begann kurz darauf mit dem Abbau der Bauxit-
lagerstätte in Moengo, einem isolierten Buschnegerdorf im E
Surinams ohne Straßenverbindung zu dem ca. 90 km (Luftlinie)
entfernten Paramaribo (siehe Abb. 7).
Der Grund für dieses Engagement des US-amerikanischen Alu-
miniumunternehmens ALCOA in Surinam lag darin, daß es durch
die Ereignisse des 1. Weltkrieges von den Bauxitlieferungen
aus Europa abgeschnitten wurde und nun versuchte, die vertikale Unternehmensstruktur auch auf eigene Bauxitlagerstätten auszudehnen. Experten, die bereits in Britisch-
Guayana mit der Exploration beschäftigt waren, wurden nach
Niederländisch-Guayana entsandt und von der holländischen

---

1) Die Herstellung von kalziniertem Bauxit setzt einen besonders reinen Bauxit voraus. Verwendung findet dieses
   Produkt, das weitaus wertvoller als der zur Aluminiumerzeugung verwendete Bauxit ist, vor allem in der Herstellung feuerfester Schamottesteine für Hochofenaus-
   kleidungen sowie in der Schleifmittelindustrie. Mengen-
   mäßig noch wichtiger ist in Everton die Erzeugung von
   "chemical grade" Bauxit für die chemische Industrie.

Kolonialverwaltung unterstützt.[1] Interne Schwierigkeiten
und ein Nachfragerückgang nach Aluminium unmittelbar nach
dem 1. Weltkrieg führten 1918 jedoch bereits wieder zur Entlassung der Hälfte der Arbeitskräfte in Surinam. 1922 wurde
dann schließlich der Export unverarbeiteten Bauxits (2200 t)
in die USA aufgenommen. Mit der Errichtung erster Verarbeitungsanlagen 1925, die das Brechen, Reinigen und Trocknen
des Bauxits erlaubten, konnte die Bauxitproduktion gesteigert und durch den höheren Reinheitsgrad die Transportkosten gesenkt werden. Mit der darauffolgenden Teilmechani-
sierung des Abbaus konnten im Jahr 1927 bereits über 100 000 t
Trockenbauxit exportiert werden und bereits 1929 wurde Bauxit
zum bedeutendsten Exportprodukt Surinams.

Die Bezahlung der ersten Gewinnsteuern 1928 und die Entwicklung des Bauxits zum führenden Exportprodukt 1929 dokumentieren die Wende in der Wirtschaftsentwicklung der damaligen Kolonie. Surinam hatte aufgehört ein Exporteur fast
ausschließlich agrarischer Rohstoffe zu sein. Die agrarische Rohstoffwirtschaft wurde nun durch den wirtschaftsbe-
herrschenden Export mineralischer Rohstoffe abgelöst.
Nach der Weltwirtschaftskrise und der Krise der 30er Jahre,
die einen Nachfragerückgang und infolgedessen Kurzarbeit
für die Bauxitwirtschaft mit sich brachten und 1934 zu einem
Tiefpunkt führten, wurde 1939 - nach Ausbruch des zweiten
Weltkrieges - die 500 000 t Produktionsmarke überschritten.

Bereits vor Beginn des 2. Weltkrieges bestanden Pläne, das
Konzessionsgebiet im Distrikt Suriname südlich von Paramaribo zu nutzen und dort auch eine entsprechende Weiterverarbeitung vorzunehmen. 1941 begann schließlich die Produktion in Paranam, dem heute wichtigsten Zentrum der Bauxit-
und Aluminiumwirtschaft Surinams, und zusammen mit der Pro-

---

1) Die stark defizitäre Zahlungsbilanz der Kolonie seit dem
   Niedergang der Zuckerwirtschaft hatte dazu geführt, daß
   z. B. zwischen 1900 und 1946 Holland fast 90 Mio Gilder
   zum Zahlungsbilanzausgleich für Surinam zur Verfügung
   stellen mußte (GOSLINGA, C. 1979, S. 178) und so an Investitionen großes Interesse hatte.

duktion Moengos wurden in diesem Jahr über 1 Mio t Bauxit
exportiert.

Surinam war nun ebenso wie Guyana zu einem kriegswichtigen
Rohstofflieferanten für die Alliierten geworden. Die Sta-
tionierung US-amerikanischer Truppen während des 2. Weltkrieges und die Errichtung eines Luftwaffenstützpunktes
dokumentieren die allmähliche Zuordnung Surinams zum amerikanischen Einflußbereich und die Reduzierung der Kolo-
nialverbindungen zu den Niederlanden.

Die Billiton Maatschappij Suriname (BMS), das zweite, je-
doch wesentlich kleinere Bauxitunternehmen Surinams und
Tochterunternehmen der britisch-niederländischen Royal Dutch
Shell, war bereits in den 30er Jahren im Zinnabbau und in
geringem Umfang auch im Bauxitabbau im damals holländischen
Indonesien tätig.

1939 begann das Unternehmen auf Einladung der surinamischen
Kolonialverwaltung seine Aktivitäten in Surinam zu entfal-
ten und konnte nach mühsamen Anfangsjahren, bedingt durch
den Nachfragerückgang nach dem 2. Weltkrieg, langsam seine
Produktion steigern. Der Abbau bei Onverdacht, 7 km westlich von Paranam, ist aufgrund der geologischen Lagerung des
Bauxits nur mit erheblichem Aufwand durchzuführen. Zwischen
der versumpften Landoberfläche, die 1 - 4 m über dem Meeresspiegel liegt, und der im Durchschnitt 7 m mächtigen Bauxit-
schicht befindet sich eine 20 m mächtige Deckschicht aus
Sand und Lehm, die nach Norden in Abbaurichtung auf 30 m
Mächtigkeit ansteigt.

Kostensteigernd macht sich neben der zunehmenden Mächtigkeit
des Deckgebirges vor allem die Lage des Bauxits unter dem
Meeresspiegel bemerkbar. In einem umfangreichen Damm- und
Entwässerungssystem muß die gesamte Mine eingepoldert und
die Sumpfbedeckung mit Schwimmbaggern entfernt werden.

Zusammenfassend läßt sich somit sagen, daß in beiden Ländern
nach anfänglich großen Investitionen die Bauxitgewinnung durch

den Nachfragerückgang während der Weltwirtschaftskrise und
den 30er Jahren nur langsam zunahm. Der gestiegene Aluminiumbedarf während des zweiten Weltkrieges verhalf der
Bauxitwirtschaft Guyanas und Surinams schließlich zum Durch-
bruch.[1] Mit zunehmender wirtschaftlicher, politischer und
auch militärischer Präsenz der USA[2] in beiden Ländern vollzog sich für Guyana und Surinam eine Entwicklung, die in
Mittelamerika Anfang des 19. Jahrhunderts begonnen hatte.[3]

Die Zeit nach dem 2. Weltkrieg ist durch Veränderungen in
drei großen Bereichen charakterisiert:

1. Starker Aufschwung der Bauxitwirtschaft,
2. Strukturveränderungen in der Zuckerwirtschaft Guyanas
   (siehe Kap. 3.4.4.1) und der fast völlige Niedergang
   der Zuckerwirtschaft Surinams (Kap. 3.4.4.2),
3. die Erlangung der Unabhängigkeit Guyanas 1966 und Surinams 1975.

Mit der Unabhängigkeit ergab sich auch auf politischem Gebiet eine völlig neue Situation, die beiden Ländern nunmehr
die Möglichkeit bietet, eigene entwicklungspolitische Vorstellungen stärker zu verfolgen.

---

1) Im Spitzenproduktionsjahr 1943 standen die nach dem Rückgang der Zuckerwirtschaft im 19. Jahrhundert im weltwirtschaftlichen Rahmen relativ bedeutungslosen Kolonien
   Britisch-Guayana und Niederländisch-Guayana nach den USA
   an zweiter bzw. dritter Stelle der Weltförderung des nunmehr kriegswichtig gewordenen Bauxits.

2) Die Sicherung der Bauxitlieferungen aus Guyana und Surinam
   berührten die Sicherheitsinteressen der Alliierten, insbesondere der USA, zu deren Interessensphäre beide Länder
   damit zuzuordnen waren. Vorübergehende U-Boot-Blockaden,
   das Abschneiden der Handelsverbindungen und die Unterbrechung der Güterzufuhr aus den jeweiligen europäischen
   Mutterländern sowie die Errichtung US-amerikanischer
   Militärbasen, die heute als Verkehrsflughäfen genutzt
   werden, dokumentieren nach außen den Abschluß einer
   Epoche für beide Länder.

3) Zur Ausdehnung der US-amerikanischen Interessenssphäre
   in Westindien siehe BLUME, H. 1968, S. 70 - 72.

3.5.3   Divergierende Entwicklungen in der jüngeren Bauxit-
          wirtschaft in Guyana und in Surinam

3.5.3.1   Der Aufbau der Bauxit- und Tonerdewirtschaft in
          Guyana

Die Zeit nach dem Zweiten Weltkrieg war - wie bereits erwähnt - zunächst durch einen weltweiten Rückgang der Bauxitproduktion gekennzeichnet, von dem auch Guyana und Surinam betroffen waren. Mit der Produktionszunahme in den 50er
und 60er Jahren stiegen auch die Bestrebungen beider Länder,
eine Weiterverarbeitung des abgebauten Bauxits im Lande
selbst durchzuführen. Diese Bestrebungen zeigten Anfang der
60er Jahre erstmals in Guyana Erfolg. 1961 wurde mit der
Errichtung eines Tonerdewerks in Linden, dem damaligen
Mackenzie, ein wichtiger Schritt für eine Erweiterung der
Wirtschaftsgrundlage geschaffen. Die von DEMBA erwogene
Errichtung einer Aluminiumhütte in Linden wurde allerdings
nie verwirklicht.[1]

Der erhöhte Arbeitskräftebedarf während der Bauphase und
auch durch den laufenden Betrieb des Tonerdewerkes ließ die
Bevölkerungszahl in Mackenzie weiter ansteigen, auch wenn
die städtische Entwicklung durch die Rassenunruhen der Jahre 1962 - 65 behindert wurde. Der Bau einer Straße nach
Georgetown im Jahr 1968 band schließlich Mackenzie an das
Straßennetz Guyanas an. Die Entwicklung der Bauxitwirtschaft
führte zu einer punkthaften Erschließung der Region um Mackenzie, ohne jedoch weitere wirtschaftliche Aktivitäten in
nennenswertem Umfang nach sich zu ziehen. Allerdings wurde

---

1) Angaben über eine Aluminiumproduktion in Guyana, die in
   der Literatur mehrfach zu finden sind, sind fehlerhaft.
   Guyana verfügt bis heute über keine Aluminiumhütte und
   die entsprechenden Angaben sind auf Übersetzungsfehler
   aus dem Englischen zurückzuführen: Das englische Wort
   "alumina" bedeutet Tonerde (Aluminiumoxid), während Aluminium ebenfalls "aluminium" oder "aluminum" genannt
   wird.

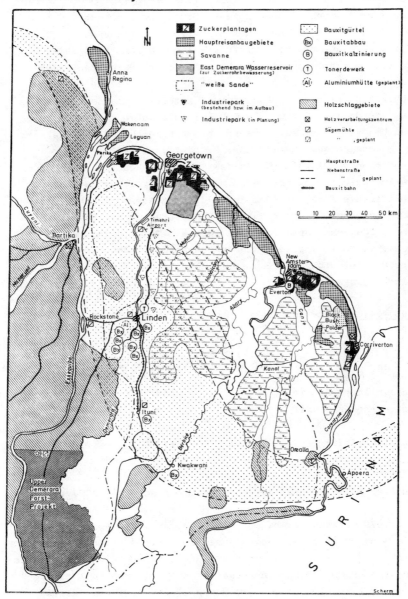

die Stadt nunmehr Ausgangspunkt für die weitere forstwirtschaftliche Erschließung des Hinterlandes (siehe Kap. 7.3).
Die Errichtung der Kalzinierungsanlagen durch Reynolds in
Everton mit anfangs ca. 200 Beschäftigten, deren Zahl sich
im Laufe von 10 Jahren auf rund 1 400 Beschäftigte erhöhte,
führte zu einer wirtschaftlichen Wiederbelebung der Stadt
New Amsterdam (1970 ca. 23 000 EW), die zudem als Handels-
und Umschlagplatz zur Versorgung der Bergbausiedlung Kwakwani
an Bedeutung gewann (HINTZEN, P. o. J., S. 147).
Abgesehen von Erweiterungen des Tonerdewerkes in Linden und
geringfügigen Veränderungen in anderen Bereichen hatte sich
bereits bis Ende der 60er Jahre die mit Ausnahme der Besitzverhältnisse bis heute gültige Grundstruktur der Bauxitwirtschaft Guyanas herausgebildet. Wie aus Tab. 14 und Abb. 6
ersichtlich ist, bildet die Bergbaustadt Linden das bis
heute allein führende Bauxitgewinnungs- und -verarbeitungs-
zentrum Guyanas.

<u>Tab. 14:</u> Bauxit- und Tonerdeproduktion von GUYMINE 1976 und
1977 (in 1000 m. t.)

	LINDEN (Linden und Ituni)		BERBICE (Everton und Kwakwani)	
	1976	1977	1976	1977
kalzinierter Bauxit	674	658	67	62
getrockneter Bauxit	305	307	354	283
Tonerde	251	260	–	–
Tonerdehydrat	194	174	–	–
'chemical grade' Bauxit	–	–	208	301

Quelle: BIDCO, Annual Reports and Group Accounts 1977

Die 1970 verkündete Absicht der Regierung, die Kontrolle über
die Bodenschätze des Landes auszuüben, sowie bei der - ausdrücklich erwünschten - Teilnahme ausländischer Unternehmen bei der
Rohstofferschließung eine staatliche Anteilsmehrheit zur Be-
dingung zu machen, führte zu Verhandlungen zwischen der Regierung Guyanas und DEMBA, die jedoch ergebnislos abgebrochen

wurden. 1971 erfolgte die Verstaatlichung von DEMBA, 1975
die Nationalisierung von Reynolds. Die beiden staatlichen
Nachfolgeunternehmen wurden 1976 zur "Guyana Mining Enter-
prise Ltd." (GUYMINE) zusammengeschlossen.

Mit der Verstaatlichung der Bauxitwirtschaft und der 1976
erfolgten Verstaatlichung der Zuckerwirtschaft einschließlich der umfangreichen sonstigen Besitzungen der Firmengruppe Booker's gewann der guyanische Staat als Unternehmer
eine wirtschaftsbeherrschende Stellung.

3.5.3.2 Die Entwicklung der integrierten Aluminiumindustrie
in Surinam

Nach einem drastischen Produktionsrückgang nach dem 2. Weltkrieg führte in den 50er Jahren die steigende weltweite
Nachfrage nach Aluminium auch in Surinam zu raschen Produktionssteigerungen und zahlreichen technischen Neuerun-
gen. Der Ausbau der Aluminiumindustrie vollzog sich dabei
in zwei regionalen Zentren. Neben Moengo im Osten Surinams,
dem traditionellen Zentrum der Bauxitwirtschaft, das neben
dem Abbau jedoch nur über Einrichtungen zur Bauxittrocknung
verfügt, entwickelte sich in den 60er Jahren als neues und
nunmehr führendes Bauxitzentrum Paranam/Smalkalden, ca. 25 km
südlich von Paramaribo gelegen. Von hier wurde im Oktober
1965 der erste Aluminiumbarren aus Surinam exportiert. Ab
diesem Zeitpunkt verfügte Surinam, das bisher im wesentlichen Bauxit zur Aluminiumproduktion ("metal grade bauxite")
und außerdem geringe Mengen kalzinierten Bauxits exportiert
hatte, über eine kleine integrierte Aluminiumindustrie mit
einer Jahreskapazität von 60 000 t Aluminium. Im Rahmen dieser Produktionserweiterung wurde bereits 1957 die frühere
"Surinaamsche Bauxite Maatschappij N. V." in die "Suriname
Aluminium Company" (SURALCO) umgewandelt.

Die drei wesentlichen Voraussetzungen zum Aufbau dieses Tonerdewerkes und der Aluminiumhütte einschließlich der notwendigen hydroelektrischen Einrichtungen waren:

- die 1950 durchgeführte erste Luftbildkartierung Surinams,
  nach deren Auswertung Prof. v. Blommestein die Errichtung
  eines Stausees zur Elektrizitätsgewinnung vorschlug;

- die äußerst günstigen Bedingungen, die die Kolonialverwaltung SURALCO für die Durchführung des Projektes bot;[1]

- die EG-Assoziierung Surinams 1962, die in Surinam erzeugten Waren günstigere Zugangsmöglichkeiten zum EG-Markt
  gewährte.[2]

Wichtige Schritte im Aufbau der integrierten Aluminiumindustrie waren:

- die 1958 zwischen der Kolonialverwaltung und SURALCO abgeschlossene "Brokopondo Overeenkomst";

---

1) SURALCO konnte äußerst günstige Bedingungen zur Elektri-
   zitätserzeugung erlangen, so daß die Energiekosten für
   die Aluminiumverhüttung mit ca. 0,3 US Cents pro KW sehr
   niedrig liegen. Durch die allmähliche Amortisierung der
   Investitionskosten liegen die Kosten pro KW möglicherweise noch tiefer (Auskunft Mijnbouwkundige Dienst).
   Neben dem günstigen Strompreis sind hier vor allem die
   günstigen Steuerbedingungen zu nennen. SURALCO bezahlte
   35 % Gewinnsteuer auf Bauxitexporte und 30 % Gewinnsteuer auf Tonerde und Aluminiumexporte. Importsteuern
   wurden nur für eine sehr geringe Zahl von Gütern erhoben,
   Exportsteuern fielen keine an (Van der MOLEN, G. 1976,
   S. 63).
   Für die Durchführung des Projektes hat Surinam erhebliche
   Vorleistungen erbracht. Das Land stellte neben den Berg-
   baukonzessionen den Grund für die Aluminiumhütte und den
   entstehenden Stausee zur Verfügung, gewährte die Nutzung
   der Wasserkraft und sorgte für die Umsiedlung von ca.
   5000 Menschen, deren Wohngebiet durch die Errichtung des
   Afobaka Dammes überflutet wurde (POMMERENING u. a. 1977,
   S. 195).

2) Aufgrund des Status als EG-assoziiertes Land besitzen in
   Surinam erzeugte Produkte günstigere Zugangsmöglichkeiten
   zum EG-Markt als Produkte aus nicht-assoziierten Staaten.
   Das von einem US-amerikanischen Unternehmen in Surinam
   produzierte Aluminium hat somit günstigere Absatzmöglichkeiten in der EG als es US-amerikanisches Aluminium besitzt. Die SURALCO-Exporte sind dabei weitgehend konzern-
   interne Lieferungen an weiterverarbeitende Unternehmen
   wie ALCOA Deutschland GmbH, ALCOA France S.A.R.L., ALCOA
   Nederland BV und ALCOA of Great Britain Ltd. (POMMERENING
   u. a. 1977, S. 31).

Der surinamische Wirtschaftsraum

Abb. 7

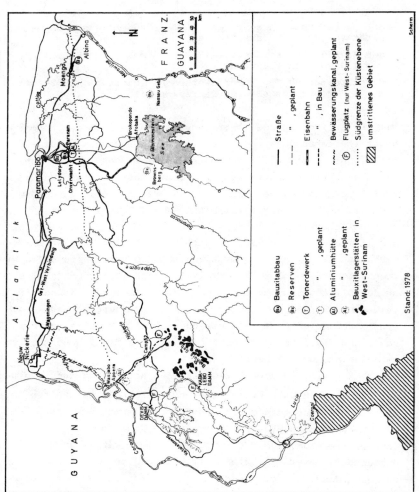

Legend:

Bauxitabbau — Straße

Reserven — " , geplant

Tonerdewerk — Eisenbahn

" , geplant — " , in Bau

Aluminiumhütte — Bewässerungskanal, geplant

" , geplant — Flugplatz (nur West-Surinam)

Bauxitlagerstätten in West-Surinam — Südgrenze der Küstenebene

umstrittenes Gebiet

Stand: 1978

Scherm

- der Bau eines fast 2 km langen Hauptdammes bei Afobaka
  (Fertigstellung 1965) zur Aufstauung des Suriname zum
  1 560 km^2 großen "van Blommestein Meer", sowie die Anlage von 16 Hilfsdämmen, einer 75 km langen Zufahrts-
  straße und einer ebenfalls ca. 75 km langen Hochspan-
  nungsleitung;
- der Bau eines Tonerdewerkes 1963 - 1965 mit einer Kapazität von 600 000 Jahrestonnen;
- der Bau der Aluminiumhütte 1963 - 65 mit einer Kapazität
  von 150 000 Jahrestonnen;
- die Erweiterung des Tonerdewerkes mit einer bis 1969 auf
  ca. 1,0 Mio t ausgebauten Jahreskapazität.

Mit der Errichtung des Tonerdewerkes senkte sich der Export
unverarbeiteten Bauxits bei gleichzeitiger Produktionszunahme. Das ursprünglich für eine Kapazität von 200 000 Jahrestonnen geplante Werk wurde infolge einer sich in den
60er Jahren günstig entwickelnden Nachfrage sowie durch die
Verarbeitung von Bauxit von BILLITON auf Lohnbasis auf
600 000 Jahrestonnen ausgelegt und bis 1969 auf ca. 1,0 Mio
t Jahreskapazität erweitert. Billiton ließ 1977 gegen Ver-
rechnung ca. 1,1 Mio t Bauxit von SURALCO verarbeiten. Die erzeugte Tonerde wird an die niederländische Hütte Delfzijl BV,
an der Billiton zu 50% beteiligt ist, geliefert. Wachsender
Verbrauch führte schließlich 1969 zur Eröffnung der aufwendi-
gere Abbauverfahren voraussetzenden SURALCO-Mine in Lelydorp
sowie zur Einrichtung eines Pendelverkehrs mit Schubeinheiten
zwischen Moengo und Paranam.

Der Raum Paranam-Onverdacht-Smalkalden hatte sich nun zu einem
der führenden Bauxitgewinnungs- und -verarbeitungszentren im
Karibischen Raum entwickelt. Surinam ist somit der erste und
bis heute einzige Staat im Karibischen Raum, der über eine
integrierte Aluminiumindustrie - wenn auch mit kleiner Aluminiumhütte - verfügt. Ziele der Wirtschaftspolitik Guyanas
und auch Jamaikas, die beide Länder noch nicht verwirklichen
konnten, wurden in Surinam bereits Mitte der 60er Jahre erreicht. Damit stellt sich die Frage, welche Vorteile die teilweise Weiterverarbeitung von Rohstoffen zu Metall Surinam
bisher gebracht hat.

Abb. 8: Bauxitexport und Verarbeitung durch SURALCO 1977 (in 1000 m.t.)

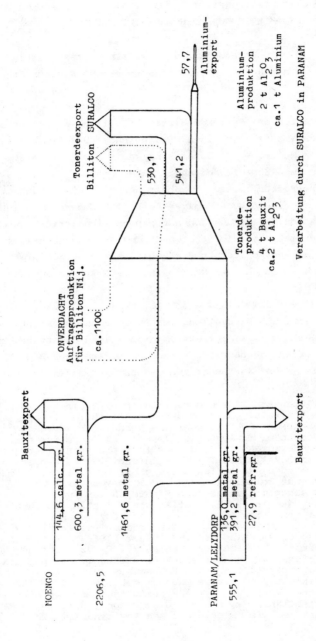

Quelle: SURALCO

4.   DIE WIRTSCHAFTSSTRUKTUR GUYANAS UND SURINAMS VOR
      DEM HINTERGRUND DER BAUXITWIRTSCHAFT

4.1   Die Außenhandelsstrukturen als Charakteristika
       einer "offenen" und "deformierten" Wirtschaft

Das Problem der "offenen Wirtschaft" liegt in der hohen An-
fälligkeit des jeweiligen Staates gegenüber Fluktuationen
auf dem Weltmarkt.[1] Dabei sind wegen der höheren Schwankungen der Rohstoffpreise die Rohstoffexportländer besonders
hart betroffen. Diese Offenheit der Wirtschaft, die z. T.
durch den Importbedarf einer Reihe von Gütern und die Konzentration der Produktion auf exportorientierte Rohstoffe
bedingt ist, hat die "backward" und "forward linkages" zwischen den verschiedenen Wirtschaftssektoren minimiert. Dadurch sind sowohl der Multiplikatoreffekt als auch in Folge
davon die Wachstumsanreize für Wirtschaft und Beschäftigung
gering (vgl. STANDING, G.; SZAL, R. 1979, S. 21).
Die graphische Darstellung der Außenhandelsstrukturen gibt
ein deutliches Bild der extrem einseitigen Exportstrukturen
rohstoffexportabhängiger Länder, mit denen der Begriff der
"deformierten" Wirtschaft untrennbar verbunden ist. Die

---

1) Zur Charakterisierung der "Offenheit" eines Landes kann
   als Indikator entweder das Verhältnis von Export (siehe
   X-Achse der Abb. 1) oder das Verhältnis von gesamtem
   Außenhandel (Export plus Import) zu einem der statistischen Gradmesser für die Wertschöpfung in einer Volkswirtschaft (BSP, BIP) (wie in Tab. 15) verwendet werden.
   Bei beiden Darstellungen zeigt sich deutlich, welche bedeutende Rolle der Außenhandel im Vergleich zur gesamten
   Wertschöpfung der beiden Staaten Guyana und Surinam spielt.
   Unter den in den UN-Statistiken aufgeführten lateinamerikanischen Staaten wiesen 1975/76 Guyana und Surinam den
   höchsten bzw. vierthöchsten Grad an "Offenheit" auf. Am
   Beispiel Nigerias nennt P. KILBY (1969, S. 1 f) als Einflußmöglichkeiten des Staates zur Reduzierung der "Offenheit" der Wirtschaft eine entsprechende Zollpolitik,
   Importrestriktionen und Devisenbeschränkungen. Während
   Surinam auf derartige Maßnahmen bisher weitgehend ver-
   zichtet hat, war Guyana angesichts seiner wachsenden Zahlungsbilanzschwierigkeiten gezwungen, durch eine Reihe von
   Maßnahmen die Importe und den Devisenabfluß zu drosseln.

Tab. 15 : Verhältnis von Außenhandel zu BSP ausgewählter
lateinamerikanischer Staaten 1976

	BSP in Mio. US $	Import Mio US$	Export Mio US$	Import + Export Mio US$	in % des BSP
1. Guyana[1]	503	344	362	706	140,4
2. Trinidad und Tobago[1]	2 379	1 471	1 757	3 228	135,7
3. Belize[1]	107	79	51	130	121,5
4. Surinam[1]	502	262	277	539	107,4
5. Barbados	379	237	104	341	90,9
6. Honduras	1 201	453	392	845	70,4
7. El Salvador	2 186	705	721	1 426	65,2
8. Nicaragua	1 835	532	542	1 074	58,5
9. Costa Rica	2 345	774	584	1 358	57,9
10. Jamaika	3 045	913	633	1 546	50,8
11. Venezuela	31 019	6 023	9 149	15 172	48,9
12. Chile	8 088	1 684	2 083	3 767	46,6
13. Bolivien[1]	2 154	558	443	1 001	46,5
14. Ekuador	4 955	993	1 127	2 120	42,8
15. Peru	9 872	2 183	1 365	3 548	35,9
16. Guatemala	4 363	808	760	1 568	35,9
17. Uruguay	3 693	599	536	1 135	30,7
18. Haiti[2]	733	111	71	182	24,8
19. Paraguay	1 699	220	199	419	24,7
20. Kolumbien[1]	13 574	1 495	1 465	2 960	21,8
21. Brasilien	144 615	13 622	10 128	23 750	16,4
22. Argentinien[1]	49 106	3 947	2 961	6 908	14,1
23. Mexiko	79 139	6 030	3 298	9 328	11,8

1) 1975
2) 1974

Quelle: United Nations Statistical Yearbook 1977, Tab. 151
und 193

Exportentwicklung ausgewählter Güter (Abb. 9) sowie Guyanas
Handelsbilanz nach Industriegruppen seit 1949 (Abb. 10) verdeutlicht die Bedeutung der Rohstoffexporte zur Deckung der
hohen Importe an Industriegütern.[1]

Abb. 9

Guyana – Exportentwicklung ausgewählter Güter 1954-1978

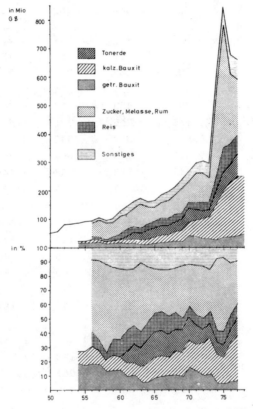

Quelle: External Trade Reports, versch.Jg.; Annual Statistical Abstract 1974

Scherm

---

1) Ähnliche Exportstrukturen im Karibischen Raum finden sich
   in der Erdölwirtschaft Trinidads (siehe HAAS, H.-D. 1976,
   Abb. 31 und 34), in der Bauxitwirtschaft Jamaikas (siehe
   HAAS, H.-D. 1976, Tab. 16 und 19) und in der Zuckerwirtschaft von Barbados.

Der Exportwert der wichtigsten agrarischen und mineralischen
Produkte von den 50er Jahren bis heute zeigt mit Anteilen am
Gesamtexportwert zwischen 84,1 % (1973) und 92,1 % (1956 und
1974) dieselbe Rohstoffexportabhängigkeit wie sie bereits im
19. Jahrhundert bestand. Zwischen 1838 und 1885 betrug der
Exportanteil von Zucker, Rum und Melasse zwischen 88,2 %
(3-Jahresmittel 1862 - 64) und 95,2 % (3-Jahresmittel 1844 -
46) und reduzierte sich dann Ende des 19. Jahrhunderts wegen
der in großem Umfang einsetzenden Suche nach Gold und Diamanten, die bis 25 % (1895 - 97) des Exporterlöses einbrach-
ten (siehe ADAMSON, A. H. 1972, S. 215).

Zwei Rohstoffgruppen - Zucker, Melasse, Rum und zu kleinen
Anteilen Reis (siehe SITC 0,1,4) sowie Bauxit und Tonerde
(siehe SITC 2,3) - ermöglichen die Finanzierung der gewaltigen Importüberschüsse bei Produkten

- der Grundstoff- und Produktionsgüterindustrie (SITC 5,6),
- der Investitionsgüterindustrie (SITC 7) und
- der Verbrauchsgüterindustrie (SITC 8).

Deutlich zum Ausdruck kommen auch die drastischen Ölpreiserhöhungen der 70er Jahre, deren Folgen die ärmeren Entwicklungsländer am empfindlichsten treffen.
Nachdem in der Gruppe der mineralischen Rohstoffe (SITC 2,3)
bei niedrigen Ölpreisen durch steigende Bauxit- und Tonerde-
erlöse bis 1972 der Exportüberschuß beständig erhöht werden
konnte, reduzierte dieser sich infolge der Ölpreiserhöhungen
drastisch:
Der Exportwert dieser Gruppe im Jahr 1977 belief sich auf
341,6 Mio G$. Davon entfielen 331,3 Mio G$ oder 97 % auf
Bauxit und Tonerde.
Der Importwert in der SITC-Gruppe 2 und 3 in Höhe von
169,7 Mio G$ bestand zu 93 % (157,7 Mio G$) aus Erdölpro-
dukten.
Dies bedeutet, daß im Jahr 1977 47,6 % der durch die Bauxitwirtschaft erarbeiteten Devisen für die Einfuhr von Öl-

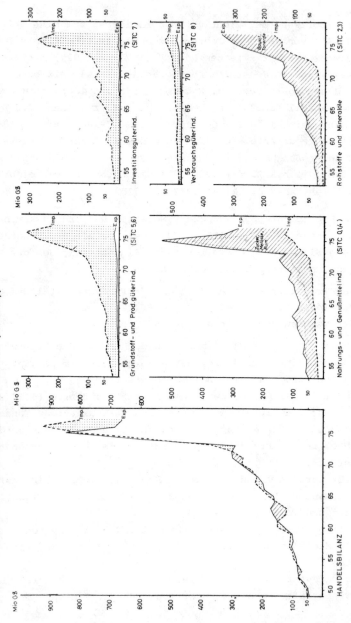

Abb. 10

Guyanas Handelsbilanz nach Industriegruppen 1949-1977 (in Mio. G$)

Quelle External Trade Report 1957, Annual Statistical Abstract 1974, External Trade Report Dez. 76, Dez. 77,

Scharm

produkten verwendet werden mußten.[1] Dadurch wies die bis
1975 noch sehr ausgeglichene Handelsbilanz 1976 erstmals
seit dem Zweiten Weltkrieg ein deutliches Defizit auf.[2]
Gravierende Auswirkungen hat auch der Rückgang der Export-
erlöse bei Zucker, Melasse und Rum. Nach Rekorderlösen 1975
mit 435,3 Mio G$ sank der Exportwert 1977 um 54 % auf 199,9
Mio G$.
Es zeigt sich auch die relative und absolute Zunahme der
Bauxit- und Tonerdeexporte gegenüber den Zuckerexporten bis
1970. Die kurzfristige rasche Steigerung des Zuckerexport-
wertes Mitte der 70er Jahre ist auf eine vorübergehende Erhöhung der Zuckerpreise auf dem Weltmarkt zurückzuführen.[3]
Insgesamt werden die Probleme zuckerexportierender Länder
in Zukunft infolge mangelnder Nachfrage durch die Konkurrenz
des Rübenzuckers eher zunehmen, während für Bauxit weltweit
weiterhin eine große Nachfrage bestehen wird.
Ein Teil des Defizits konnte durch drastische Einfuhrbe-
schränkungen aufgefangen werden. Ermöglicht wurde dies durch
die Errichtung einer staatlichen Importkontrollbehörde, welche für eine wachsende Anzahl unterschiedlichster Produkte
die notwendigen Importgenehmigungen erteilt.[4] Als weitere
Einsparungsmaßnahme wurde ein Ausfuhrverbot über einheimische Währung und Devisen bei Auslandsreisen verhängt sowie

---

1) Insgesamt entfielen 1977 19,6 % der Gesamtimporte auf
   Ölprodukte. Während die Höhe des Gesamtimports von 927
   Mio G$ 1976 um 13,3 % auf 804 Mio G$ 1977 reduziert werden konnte, erhöhte sich der Import von Ölprodukten von
   138 Mio G$ 1976 um 16,7 % auf 161 Mio G$ 1977.

2) Folgerichtig wird Guyana zur Gruppe der MSAC-Länder (Most
   Seriously Affected Countries), d. h. zu den von Preis-
   steigerungen an den Weltmärkten besonders hart betroffenen Ländern gerechnet (siehe BMZ 1980, S. 56).

3) Eine gewisse Rolle im Bedeutungsrückgang des Bauxit- und
   Tonerdeexports nach 1970 spielte die Verstaatlichung der
   Bauxitwirtschaft 1971 und 1975 (siehe Kap. 6.3).

4) Die bestehende Importabhängigkeit bei Nahrungsmitteln und
   Gütern des täglichen Bedarfs zeigte sich darauf in teilweise massiven Versorgungsengpässen.

Flugreisen ins Ausland mit einer Sondersteuer belegt. Die
notwendigen Importbeschränkungen haben bereits Ende der 70er
Jahre zu Auseinandersetzungen innerhalb des Caribbean Common
Market CARICOM, der wichtigsten karibischen Wirtschaftsvereinigung, geführt, da von den Importrestriktionen vor allem
auch Waren des Mitgliedslandes Trinidad betroffen waren.
Dieser Streit innerhalb der Karibischen Wirtschaftsgemein-
schaft, deren Wirksamkeit ohnehin umstritten und deren Zu-
sammenhalt nicht ungefährdet ist, wurde inzwischen jedoch
weitgehend beigelegt. Im Januar 1981 wurde eine Vereinbarung
zwischen Guyana und Trinidad bekanntgegeben, derzufolge Trinidad Öllieferungen in Höhe von US$ 40 Mio an Guyana zuge-
sagt hat. Die Rückzahlung erfolgt durch die Lieferung von in
Trinidad benötigten Waren. Eine erste Vereinbarung wurde bereits über die Lieferung von 15 Mio Ziegeln an Trinidad getroffen und trägt somit zum industriellen Aufbau Guyanas unter Nutzung der heimischen Rohstoffe bei.

Wichtig im Rahmen der Bauxitwirtschaft Guyanas ist - wie
bereits erwähnt - das Vorhandensein eines besonders reinen
Bauxittyps mit bis zu ca. 61 % gewinnbarem Tonerdegehalt.
Dieser Bauxit, für den Guyana derzeit fast ein Weltmonopol
besitzt, ermöglicht die Erzeugung von kalziniertem Bauxit,
dessen Bedeutung für die Exportwirtschaft durch den raschen
Preisanstieg für kalzinierten Bauxit (Tab. 16) fast ständig
zugenommen hat. So stellt er seit 1972 mehr als 50 % des
Bauxit- und Tonerdeexportwertes. Bedeutung erlangte der kalzinierte Bauxit vor allem nach der Verstaatlichung von DEMBA,
der Tochterfirma von ALCAN, im Jahre 1971. Der Exportwert-
rückgang bei Tonerde und getrocknetem Bauxit 1972 sowie der
starke Exportmengenrückgang bei getrocknetem Bauxit auch in
den darauffolgenden Jahren wurde durch in etwa konstante
Exportmengen und einen rasch gestiegenen Exportwert für kalzinierten Bauxit gedämpft (siehe Abb. 9, 10 und 11, SITC 2,3).
Auf diese Weise konnten die mit der Verstaatlichung einher-
gehenden Exporteinbußen infolge technisch-wirtschaftlicher
Probleme und Boykottmaßnahmen durch westliche Abnehmer ge-

Tab. 16: Guyana: Durchschnittlicher Exportpreis von Bauxit und Tonerde 1960 - 1978

Jahr	Trockenbauxit in 1000 m.t.	Mio. G$	G$ pro t	Kalzinierter Bauxit in 1000 m.t.	Mio. G$	G$ pro t	Tonerde in 1000 m.t.	Mio. G$	G$ pro t
1960	1 788,0	17,9	10,0	307,0	11,6	37,8	-	-	-
1961	1 255,3	14,2	11,5	376,9	14,3	37,9	122,1	12,1	99,1
1962	1 488,7	17,0	11,4	372,1	14,1	37,9	218,1	22,7	104,1
1963	749,3	10,5	14,0	635,4	18,0	28,3	219,8	22,2	101,0
1964	600,1	9,7	16,2	745,6	21,0	28,2	292,7	31,4	107,3
1965	1 283,7	15,0	11,7	502,3	22,4	44,6	279,1	30,5	109,3
1966	1 555,4	18,5	11,9	500,4	26,1	52,2	301,7	33,0	109,4
1967	1 852,9	20,5	11,1	466,1	25,1	53,9	273,2	31,4	114,9
1968	1 806,2	23,2	12,8	596,6	35,0	58,7	248,1	33,1	133,4
1969	1 761,4	23,6	13,4	874,0	39,0	44,6	300,9	38,9	140,0
1970	2 339,7	43,8	18,7	712,8	48,3	67,8	328,7	46,4	141,2
1971	2 090,6	40,1	19,2	699,7	56,0	80,0	306,8	40,5	132,0
1972	1 611,6	31,2	19,4	661,6	71,0	107,3	261,5	28,3	108,2
1973	1 688,7	31,3	18,5	674,6	76,1	112,8	237,6	26,9	113,2
1974	1 359,8	26,8	19,7	779,7	125,8	161,3	315,1	46,4	147,3
1975	1 370,4	36,1	26,3	784,0	160,9	205,2	325,1	65,3	200,9
1976	934,2			702,4			250,9		
1977	895,6	41,2	46,0	704,6	211,5	300,2	267,4	75,4	282,0
1978	1 015,4	48,5	47,8	587,6	201,8	343,4	237,9	75,2	316,1

Primärstatistik: External Trade Reports, versch. Jahrgänge

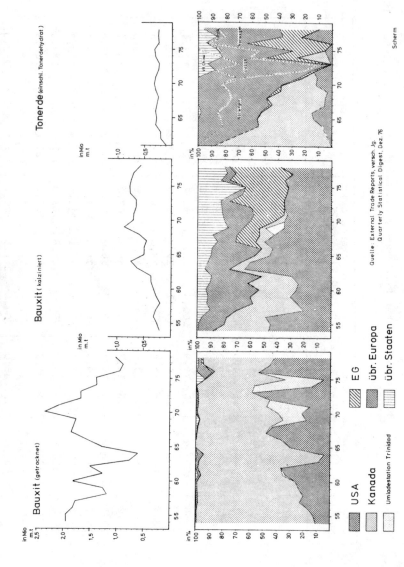

Guyana - Produktion und Exportorientierung von Bauxit und Tonerde 1954-1978   Abb. 11

Tonerde (einschl. Tonerdehydrat)

Bauxit (kalziniert)

Bauxit (getrocknet)

in Mio m.t

Quelle External Trade Reports, versch. Jg.
Quarterly Statistical Digest, Dez. 76

USA   Kanada   Umladestation Trinidad   EG   übr. Europa   übr. Staaten

Scherm

mildert werden. Charakteristisch für die Exportstrukturen
in der Bauxitwirtschaft ist die unterschiedliche Exportorientierung bei getrocknetem Bauxit, kalziniertem Bauxit
und bei Tonerde (Abb. 11). Während getrockneter Bauxit
(metal grade) als Ausgangspunkt der Aluminiumerzeugung
fast ausschließlich zu nordamerikanischen Tonerdewerken
exportiert wird, weist der kalzinierte Bauxit weitaus dif-
ferenziertere Exportstrukturen auf. Tonerde als bereits
teilweise verarbeitetes Zwischenprodukt zur Aluminiumerzeugung wird fast ausschließlich auf den europäischen Markt
exportiert.[1]

Wie Abb. 2 gezeigt hatte, ist <u>Surinam</u> noch stärker von Exporten der Bauxitwirtschaft abhängig als Guyana. Die Bauxitproduktion Surinams hatte 1973 ihren Höhepunkt erreicht und
war anschließend stark zurückgegangen, bis sie 1976 einen
vorübergehenden Tiefstand erreichte. Der Bauxitexport verzeichnete bereits 1966 seinen Höchststand und war infolge
der seit 1965 anlaufenden Tonerdeproduktion und der ebenfalls seit 1965 betriebenen Aluminiumverhüttung trotz einer
raschen Abbausteigerung zwischen 1962 und 1976 seit 1966
meist rückläufig. Seinen vorläufigen Tiefststand erreichte
der Export 1976 mit nur knapp über 2 Mio t. Nach einem kontinuierlichen Produktions- und Exportanstieg seit Fertigstellung des Tonerdewerkes erreichte die Tonerdeproduktion
1972 ihren Höchststand. Etwas stärkere Schwankungen weist
die Aluminiumproduktion auf.

Die Darstellung der Exportorientierung, aufgeschlüsselt
nach Bauxit, Tonerde und Aluminium, zeigt äußerst unterschiedliche Exportstrukturen. Während der unverarbeitete
Bauxit, wie auch in Guyana, fast ausschließlich in die nordamerikanischen Tonerdewerke gelangt, zeigt der Tonerdeexport
ein weitaus differenzierteres Bild. Die USA, die EG-Staaten
und die übrigen europäischen Länder waren, mit hohen Schwan-

---

1) Zur näheren Erläuterung der Entwicklung der Exportstrukturen nach der Verstaatlichung in Guyana siehe Kap. 6.3.

kungen, zu etwa gleichen Teilen als Abnehmer aufgetreten.
Erst seit 1975 spielen auch andere außereuropäische Länder
eine gewisse Rolle. Deutlich auf den EG-Markt orientiert
war dagegen der Aluminiumexport. Hier gingen zeitweise
(1969/70) fast alle Lieferungen in Länder der EG. 1971 erlangten die übrigen außereuropäischen Staaten mit ca. 45 %
Anteil kurzfristig eine hohe Bedeutung, ihr Importanteil
war jedoch bis 1975 wieder auf unter 10 % abgesunken. In
den 70er Jahren stieg auch die Bedeutung der USA als Abnehmer. Mit der Abnahme von ca. 45 % der surinamischen Aluminiumproduktion erreichte sie 1976 einen vorübergehenden
Höchststand.

Im großen und ganzen läßt sich jedoch als Exportorientierung
festhalten, daß die unverarbeiteten Rohstoffe fast ausschließlich zur Deckung des Bauxitbedarfs nordamerikanischer,
im wesentlichen US-amerikanischer Tonerdewerke dienen, das
Zwischenprodukt Tonerde einen weiter gestreuten Markt aufweist und das vorläufige Endprodukt Aluminium überwiegend
in die EG exportiert wird. Der Hauptgrund dafür liegt in
der Zollpräferenz, die die EG-Staaten für Güter gewähren,
die in den AKP-Staaten produziert wurden. Diese Zollpräferenz war auch, wie bereits erwähnt, ausschlaggebend für
die Errichtung einer Aluminiumhütte in Surinam gewesen. Internationale Handelsbeziehungen und Exportstrategien, wie
sie in der verarbeitenden Industrie vorkommen, finden somit
auch in der Rohstoffwirtschaft Anwendung.

Ein Problem Surinams und Guyanas, international auf dem
Bauxitsektor wettbewerbsfähig zu bleiben bzw. die Produktionskosten nicht steigen zu lassen, liegt in den relativ
hohen Transportkosten. Durch den Einsatz günstigerer Verschiffungsmöglichkeiten könnten die Kosten pro Tonne Bauxit
für den Transport von Guyana nach Rotterdam von 7,50 G$
(1972) auf etwa 5,60 G$ gesenkt werden (UNDP 1972). Beide
Länder verfügen über zahlreiche wasserreiche Flüsse, die
zudem in der verkehrsgünstigen S-N-Richtung verlaufen und
wichtige Verkehrswege ins Landesinnere darstellen. Diese

Abb. 12

Surinam – Produktion und Exportorientierung von Bauxit, Tonerde und Aluminium 1956-1977

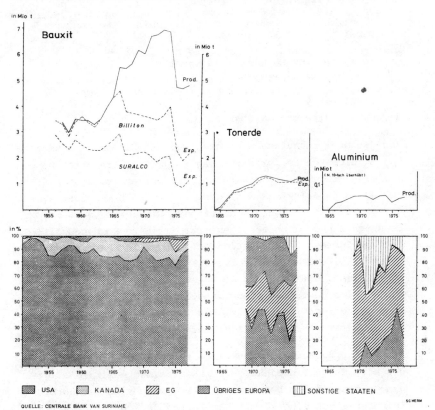

USA   KANADA   EG   ÜBRIGES EUROPA   SONSTIGE STAATEN

QUELLE: CENTRALE BANK VAN SURINAME

Flüsse sind jedoch nur bedingt schiffbar durch:

a) Schlammablagerungen unmittelbar vor der Mündung, die
   großenteils durch den vor der Küste der Guayana-Länder
   vorbeiziehenden Amazonasstrom mit seiner Sedimentver-
   frachtung aufgebaut werden,

b) durch den Wechsel von Ebbe und Flut, der ein natürliches
   Freispülen der Mündung verhindert,

c) durch Stromschnellen, die z. T. bereits nach 100 km landeinwärts jeden Schiffsverkehr, mit Ausnahme von Kanus,
   unterbinden,

d) durch zahlreiche Sandbänke.

Von den drei bedeutenden Flüssen Guyanas Essequibo, Demerara
und Berbice könnte nur der Essequibo mit vertretbaren Kosten
auf eine Tiefe von 10 m ausgebaggert werden, so daß der Fluß
ca. 40 km landeinwärts mit Hochseeschiffen befahrbar wäre.
Der Bauxitexport könnte konzentriert über einen dort neu zu
bauenden Binnenhafen erfolgen. Für kleinere Hochseeschiffe
ist der Essequibo bis Bartica schiffbar. Der Ausbau des
Demerara wird durch eine etwa 7 km vor der Mündung liegende
Schlickbank, die bei Flut einen maximalen Tiefgang von lediglich 6 m gestattet, fast unmöglich gemacht. Ein Ausbag-
gern des eigentlichen Flußlaufes würde jedoch zu massiven
Erosionserscheinungen an den Ufern führen.

Der Zugang zu New Amsterdam, dem zweitgrößten Hafen des Landes wird durch Sandbänke derzeit auf einen maximalen Tiefgang von ca. 5,5 m beschränkt. Zwar ließe sich der Berbice
leichter durch eine künstliche Fahrrinne schiffbar machen,
doch liegt er außerhalb der wichtigsten Güterströme.

Als Alternative zur Schaffung künstlicher Fahrrinnen wurde
ein Versuch durchgeführt, Bauxit und Tonerde auf offener
Reede von den im Flußverkehr verwendeten Schubeinheiten auf
Hochseeschiffe umzuladen. Wegen zu hoher Verluste beim Um-
laden wurde der Versuch jedoch nicht wiederholt.
Als weitere Alternative, deren Durchführbarkeit jedoch noch
nicht überprüft wurde, steht noch der Bau einer schwimmenden
Plattform zum Bauxitumschlag vor der Küste zur Diskussion.
Bis auf weiteres wird somit in Guyana das bisherige Verfah-

ren, Teile des Bauxitexports mit Schubeinheiten oder kleinen
Schiffen zur Umladestation in Chaguaramas, Trinidad zu transportieren, beibehalten werden. Von Chaguaramas bezieht Guyana
seine Ölimporte, so daß dieser Hafen eine hohe Bedeutung für
Guyana erlangt hat. Als Umschlagstation für Tonerde boten
sich ferner Möglichkeiten in Jamaika.

Für Surinam ergeben sich ähnliche Transportprobleme aufgrund
der physischgeographischen Gemeinsamkeiten beider Länder.
Eine hier vor allem angewandte Methode besteht in der Verwendung doppelwandiger Schiffe, die sich selbst eine Fahrrinne durch die Schlickbänke vor der Küste bahnen können und
somit einen mehr oder weniger "natürlichen" Kanal entstehen
lassen. Die früher ebenfalls notwendige Umladung des Bauxits
auf Hochseeschiffe in Trinidad entfällt somit.

4.2   Der Beitrag der Rohstoffwirtschaft zum Bruttoinlands-
       produkt

Gesamtwirtschaftlich bedeutsam ist neben dem Anteil der
Rohstoffe am Export der Beitrag des Rohstoffsektors zum
Bruttoinlandsprodukt bzw. zum Bruttosozialprodukt.
Der Beitrag des Bergbausektors zum BSP wird für die Welt
insgesamt mit rund 1 % angegeben (KEBSCHULL; SCHOOP 1975,
S. 13). Er wird für Industriestaaten auf rund 0,7 %, für
Entwicklungsländer auf etwa 1,2 bis 1,5 % geschätzt. Die
Staaten mit beträchtlichen Abweichungen von diesem Mittel-
wert sind jedoch zahlreich. Einen hohen Anteil des Bergbaus
am BSP weisen z. B. folgende Staaten auf:

über 40 %	Sambia
25 - 30 %	Bolivien, Gabon, Liberia, Mauretanien, Surinam
15 - 20 %	Guinea, Guyana, Sierra Leone
unter 10 %	Chile, Indonesien, Jamaika, Mexiko, Zaire.

Die Zunahme des Bergbauanteils am BIP Guyanas in den 60er
Jahren deckt sich mit einer deutlichen Produktionssteigerung. Der Beitrag des Bauxitbergbaus zum BIP lag im Zeitraum 1951 - 1961 bei ca. 10 % (JAINARAIN, I. 1970, S. 260).
Nachdem jedoch 1961 die Tonerdefabrik die Produktion auf-
nahm, stieg die Bedeutung der Bauxitwirtschaft - nach einem
vorübergehenden Rückgang 1963 - fast kontinuierlich bis zur
Verstaatlichung 1971 und übertraf ab Mitte der 60er Jahre
bis einschließlich 1973 die Zuckerwirtschaft.
Der Produktionsrückgang infolge der sich aus der Nationalisierung ergebenden Probleme Anfang der 70er Jahre (siehe
Kap. 6.3.3)zeigt sich wiederum deutlich im Rückgang des
Bergbauanteils am BIP von 20,4 % 1970 auf 13,0 % 1975. Zu
berücksichtigen ist jedoch an dieser Entwicklung auch die
rückläufige Bedeutung nicht-bauxitischer mineralischer Rohstoffe durch den Rückgang der Gold- und Diamantenfunde, da
die am leichtesten auszubeutenden Lagerstätten weitgehend
erschöpft sind.
Ein weiterer Grund für diesen relativen Rückgang der Bauxitwirtschaft Guyanas war auch die Erhöhung des Zuckerpreises
1975, die vorübergehend zu einer Steigerung des Anteils der
Zuckerwirtschaft führte und die Folgen der Bauxitverstaat-
lichung milderte. 1973 lag der Beitrag der Zuckerwirtschaft
zum BIP bei ca. 12 %, in dem - allerdings besonders günstigen - Jahr 1975 bei 30 % und sank 1976 wieder auf 20 % ab.
Insgesamt ist jedoch seit dem 2. Weltkrieg ein deutlicher
Wachstumseffekt für die Zuckerwirtschaft festzustellen, der
teilweise eine Produktionsverdoppelung gegenüber der unmittelbaren Nachkriegszeit brachte (siehe auch Tab. 9).

Ein Kennzeichen für den zunehmenden Aufbau der staatlichen
Verwaltung seit der Unabhängigkeit, aber auch für die wachsende Bedeutung des Staates als Unternehmer ist der steigende Anteil des öffentlichen Dienstes. Dieser erhöhte sich
von 9,8 % 1960 auf 18 % im Jahr 1976 nach einem vorübergehenden Höchststand von 21 % 1973.
Die Wirtschaftszweige Bergbau, Zucker und Reis trugen somit

Abb. 13

Guyana – BIP nach Sektoren 1960-1976 (in Mio. G$, zu Faktorkosten)

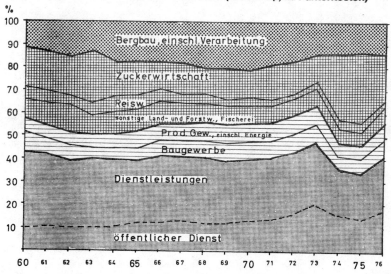

Quelle: Economic Survey, versch.Jg. ; Bank of Guyana, Annual Rep. 1976

Scherm

im Zeitraum 1960 bis 1976 mit Anteilen zwischen 28,3 % im
Jahre 1973 und 47,4 % 1975 zum BIP bei und bildeten damit
die Stützen der Gesamtwirtschaft Guyanas. Die Bedeutung der
übrigen Land- und Forstwirtschaft und Fischerei erreichte
in diesem Zeitraum lediglich Anteile zwischen 5,5 % (1975)
und 11,5 % (1962), das Produzierende Gewerbe (einschließlich Energie) 5,2 % (1961) bis 8,1 % (1970).

Die Zusammensetzung des BIP in Surinam zeigt eine insgesamt
ähnliche Struktur wie das Guyanas. Der Anteil mineralischer
und agrarischer Rohstoffe weist mit ca. 30 % bis 40 % ähnliche Werte wie in Guyana auf. Innerhalb des Rohstoffsektors
ist hier jedoch der Anteil der Bauxit-, Tonerde- und Aluminiumwirtschaft aufgrund der höheren Verarbeitungsstufen
deutlich höher und erreicht Anteile zwischen 26,8 % (1976)
und 35,0 % (1973). Demgegenüber ist der Anteil der Industrie
mit Werten zwischen 7,4 % und 8,1 % wie auch der Anteil der

Tab. 17: Guyana: Bruttoinlandsprodukt nach Sektoren 1960 - 1976 (in Mio G$, zu Faktorkosten)

	1960	%	1961	%	1962	%	1963	%	1964	%	1965	%	1966	%	1967	%	1968	%	1969	%	1970	%	1971	%	1972	%	1973	%	1974	%	1975 [1]	%	1976 [1]	%
Insgesamt	262,4		289,8		307,2		275,4		302,9		332,8		347,0		378,5		406,8		438,0		467,4		495,2		530,7		576,4		869,8		1096,4		1056,0	
Bergbau	29,1	11,1	37,3	12,9	49,9	16,3	35,5	13,0	53,5	17,6	54,0	16,4	58,9	17,0	66,5	17,6	79,4	19,6	86,0	19,6	95,5	20,4	90,7	18,3	89,7	16,9	80,4	13,9	117,0	13,5	142,2	13,0	145,0	13,7
Zuckerwirtschaft	46,3	17,6	50,0	17,2	52,2	17,0	62,3	22,6	45,4	14,7	48,1	14,4	42,8	12,3	52,3	13,8	47,8	11,8	60,3	13,8	57,8	12,4	73,3	14,8	76,6	14,4	67,2	11,7	250,0	28,7	334,5	30,5	215,0	20,4
- Zuckerrohranbau	35,2	13,4	36,1	12,4	35,3	11,5	41,9	15,2	32,3	10,7	35,1	10,5	31,2	9,0	38,2	10,1	35,4	8,7	44,7	10,2	42,8	9,2	54,3	11,0	56,7	10,7	49,7	8,6	184,7	21,2	247,5	22,6		
- Zuckerverarb.	11,1	4,2	13,9	4,8	16,9	5,5	20,4	7,4	12,1	4,0	13,0	3,9	11,6	3,3	14,1	3,7	12,4	3,1	15,7	3,6	15,0	3,2	19,1	3,8	19,9	3,7	17,5	3,0	64,9	7,5	87,0	7,9		
Reiswirtschaft insgesamt	13,9	5,3	15,7	5,4	15,1	5,0	13,1	4,8	20,4	6,7	20,2	6,1	19,5	5,6	15,9	4,2	16,9	4,1	13,0	2,9	17,1	3,7	14,4	2,8	11,1	2,1	15,7	2,7	31,3	3,6	42,2	3,8	31,0	2,9
- Reisanbau	11,7	4,5	13,0	4,5	13,1	4,3	9,9	3,6	15,5	5,1	15,9	4,8	14,8	4,3	11,9	3,2	12,7	3,1	10,3	2,3	13,2	2,9	11,2	2,2	9,0	1,7	12,8	2,2	25,4	2,9	35,9	3,3		
- Reisverarbeitung	2,2	0,8	2,7	0,9	2,0	0,7	3,2	1,2	4,9	1,6	4,3	1,3	4,7	1,3	4,0	1,0	4,2	1,0	2,7	0,6	3,9	0,8	3,2	0,6	2,1	0,4	2,9	0,5	5,9	0,7	6,3	0,6		
Sonstige Land- und Forstwirtschaft und Fischerei	21,9	8,3	28,8	10,0	32,1	11,5	24,3	8,9	28,2	9,4	31,5	9,4	33,1	9,6	33,6	8,9	31,2	7,8	33,8	7,8	34,1	7,3	36,2	7,2	38,4	7,3	43,8	7,6	54,0	6,2	60,5	5,5	67,0	6,3
- sonst. Landw.	8,8	3,4	9,2	3,2	9,7	3,2	7,3	2,7	8,4	2,8	8,8	2,6	10,0	2,9	10,7	2,8	11,5	2,8	13,5	3,1	13,7	2,9	14,5	2,9	15,2	2,9	17,7	3,1	19,7	2,3	22,0	2,0	25,0	2,4
- Viehzucht	3,4	1,3	6,9	2,4	9,8	3,2	6,9	2,5	8,4	2,8	8,8	2,6	7,5	2,2	9,0	2,3	9,2	2,3	9,9	2,3	10,1	2,2	11,3	2,3	11,7	2,2	13,3	2,3	18,1	2,1	20,0	1,8	22,0	2,1
- Fischerei	6,6	2,5	5,8	2,0	6,2	2,0	5,8	2,1	6,5	2,2	7,2	2,2	8,8	2,5	9,0	2,4	5,0	1,2	4,9	1,1	5,1	1,1	5,4	1,1	5,9	1,1	6,8	1,2	8,6	1,0	10,0	0,9	10,0	0,9
- Forstwirtschaft	3,1	1,2	6,9	2,4	6,4	2,1	4,3	1,6	4,9	1,6	6,7	2,0	6,8	2,0	5,4	1,4	5,5	1,4	5,5	1,3	5,1	1,1	5,0	1,0	5,6	1,1	6,0	1,0	7,6	0,9	8,5	0,8	10,0	0,9
Produzierendes Gewerbe, einschließlich Energie	13,9	5,3	14,9	5,2	16,7	5,4	16,1	5,8	20,0	6,6	24,9	7,5	26,2	7,6	28,5	7,5	32,4	8,0	34,1	7,8	38,1	8,1	39,0	7,9	41,9	7,9	43,9	7,6	49,5	5,7	69,0	6,3	78,0	7,4
- Nahrungsmittel, Getränke, Tabak			6,6	2,3	7,1	2,3	8,3	3,0	11,1	3,6	12,8	3,8	13,5	3,9	14,4	3,8	16,1	4,0	17,4	4,0	18,4	3,9	18,1	3,7	19,5	3,7	20,0	3,5	22,2	2,6	27,0	2,5	30,0	2,8
- sonstige			8,3	2,9	9,5	3,1	7,8	2,8	8,9	2,9	12,1	3,6	12,7	3,7	14,1	3,7	16,3	4,0	16,8	3,8	19,7	4,2	20,9	4,2	22,4	4,2	23,9	4,1	27,3	3,1	42,0	3,8	48,0	4,5
Sonstiges	137,3	52,3	143,1	49,4	141,3	46,0	124,2	45,1	136,4	45,0	150,2	45,1	166,6	48,0	181,8	48,0	197,0	48,4	210,0	47,9	224,8	48,1	241,6	48,8	272,2	51,4	325,2	56,4	367,7	42,3	448,0	40,9	520,0	49,2
- öffentl. Dienst	25,6	9,8	30,5	10,5	30,5	9,9	28,4	10,3	32,3	10,7	40,2	12,1	43,7	12,6	50,1	13,2	51,9	12,8	55,2	12,6	61,9	13,2	70,0	14,1	87,8	16,5	121,2	21,0	126,6	14,6	160,0	14,6	190,0	18,0
- Bauwirtschaft	25,0	9,5	20,8	7,2	20,8	6,8	13,8	5,0	15,1	5,0	17,1	5,0	21,8	6,3	25,3	6,7	30,0	7,4	35,4	8,1	36,8	7,9	38,6	7,8	42,7	8,0	47,0	8,2	52,7	6,1	68,0	6,2	80,0	7,6
- sonstige Dienst.	86,7	33,0	91,8	31,7	90,0	29,3	82,0	29,8	89,0	29,3	92,9	27,8	101,1	29,1	106,4	28,1	115,1	28,2	119,4	27,2	126,1	27,0	133,0	26,9	142,2	26,9	157,0	27,2	188,4	21,7	220,0	20,1	250,0	23,7

Quelle: Economic Survey, verschiedene Jahrgänge; Bank of Guyana, Annual Report 1976

Abweichungen ergeben sich durch Rundung sowie durch die Verwendung unterschiedlicher Quellen.

1) vorläufig

Abb. 14

Surinam – BIP nach Sektoren 1972-1976
(zu Faktorkosten, zu Preisen von 1970)

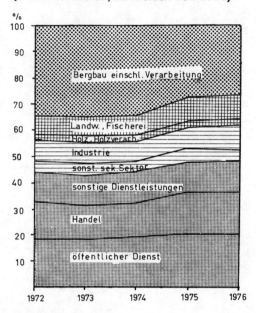

Quelle: Republiek Suriname, Financiële Nota 1979

Landwirtschaft, Forstwirtschaft und Fischerei mit Werten
zwischen ca. 9 % und 11 % aufgrund der Bedeutungslosigkeit
der Zuckerwirtschaft gering.[1]
Charakteristisch ist ebenfalls der hohe Anteil des öffentlichen Dienstes mit bis zu 20,7 % 1975 und ein ebenfalls
steigender Anteil des gesamten Tertiären Sektors auf bis
zu 48,7 % 1976. Sowohl hinsichtlich des Anteils des Rohstoffsektors am BIP als auch hinsichtlich der Exportstruktur ergibt sich somit für beide Staaten eine enorme Abhän-

---

1) Guyana wies hier im selben Zeitraum Werte zwischen ca.
   22 % und 40 % auf.

Tab. 18: Surinam: Bruttoinlandsprodukt nach Sektoren 1972 - 1976
(in Mio Sf, zu Faktorkosten, zu Preisen von 1970)

	1972 abs.	1972 %	1973 abs.	1973 %	1974 abs.	1974 %	1975 abs.	1975 %	1976[1] abs.	1976[1] %
Insgesamt	531,1		552,3		542,9		527,9		549,9	
I. Primärer Sektor	232,1	43,7	246,0	44,5	239,5	44,1	205,7	39,0	210,6	38,3
Landwirtschaft, Fischerei	37,5	7,1	40,1	7,3	40,1	7,4	46,2	8,8	47,9	8,7
Holz, Holzverarb.	11,2	2,1	12,6	2,3	12,4	2,3	13,8	2,6	15,5	2,8
Bergbau einschl. Bauxitverarb.	183,4	34,5	193,3	35,0	187,0	34,4	145,7	27,6	147,2	26,8
II. Sekundärer Sektor	65,3	12,3	69,3	12,5	61,5	11,3	64,2	12,2	71,5	13,0
Industrie	43,2	8,1	43,3	7,8	40,3	7,4	42,9	8,1	50,2	9,1
Gas, Wasser Elektrizität	13,3	2,5	15,7	2,8	12,1	2,2	15,2	2,9	11,5	2,1
Baugewerbe	8,8	1,7	10,3	1,9	9,1	1,7	6,1	1,2	9,8	1,8
III. Tertiärer Sektor	233,7	44,0	237,0	42,9	241,9	44,6	258,0	48,8	267,8	48,7
Handel	76,1	14,3	69,8	12,6	71,3	13,1	84,3	16,0	89,0	16,2
Banken	7,9	1,5	7,9	1,4	9,7	1,8	9,4	1,8	9,5	1,7
Transport	15,6	2,9	17,0	3,1	15,3	2,8	15,2	2,9	15,7	2,9
Regierung	100,0	18,8	103,0	18,6	106,1	19,5	109,3	20,7	112,6	20,5
übrige Dienstleistung	34,1	6,4	39,3	7,1	39,5	7,3	39,8	7,5	41,0	7,5

1) Vorläufig

2) Es wird die in surinamischen Statistiken übliche Zuordnung des Bergbaus einschließlich Verarbeitung zum primären Sektor übernommen

Quelle: Republik Suriname, Financiele Nota 1979

gigkeit von der Bauxitwirtschaft und im Falle Guyanas auch
von der Zuckerwirtschaft. Die sonstigen mineralischen Rohstoffvorkommen in Guyana und Surinam spielen derzeit eine
völlig untergeordnete Rolle. Ihr Anteil am BIP wird in der
Regel in der Statistik nicht ausgewiesen. Eine Möglichkeit
zur Diversifizierung der Monostruktur bieten diese nicht-
bauxitischen mineralischen Rohstoffe in naher Zukunft zumindest in Surinam nur in geringem Maß, während in Guyana
gewisse Ansätze zu einer Diversifizierung zu verzeichnen
sind (siehe Kap. 4.5.3).

4.3   Die Arbeitsplatzentwicklung vor dem Hintergrund
        einer arbeitsextensiven Rohstoffwirtschaft

Eines der drängendsten Probleme in Entwicklungsländern stellt
die hohe und meist noch anwachsende Arbeitslosigkeit und Un-
terbeschäftigung dar. Entwicklungsrelevante Maßnahmen sind
aus diesem Grund auch immer unter dem Gesichtspunkt der direkten oder indirekten Arbeitsplatzbeschaffung zu beurteilen.[1] Die Entwicklung der Zahl der Erwerbspersonen und der
Arbeitslosigkeit in Guyana in der Nachkriegszeit weist ana-
log zum Bevölkerungswachstum eine fast stetige Zunahme der
Zahl der Erwerbspersonen auf. Die Arbeitslosigkeit in diesem
Zeitraum schwankt je nach Zeitpunkt der Zählung und zugrunde-

---

1) Bei der Entwicklung der Arbeitslosenzahlen ist zu beachten,
   daß die Angaben für beide Staaten in der Regel äußerst un-
   genau sind und bestenfalls Anhaltspunkte liefern. Außerdem
   ergeben sich bei allen Entwicklungsländern Schwierigkeiten
   in der Übertragung der in Industrieländern geprägten Definition von "Arbeitslosigkeit" auf Entwicklungsländer, in
   denen durch das häufige Fehlen von Arbeitslosenunterstüt-
   zung und Sozialversicherungen eine völlige Arbeitslosigkeit im Sinne wirtschaftlicher Untätigkeit selten ist. Aus-
   sagekräftiger als Arbeitslosenzahlen sind aus diesem Grund
   Angaben über das Anwachsen des - allerdings sehr schwer
   erfaßbaren - informellen Sektors.

gelegter Definition[1] zwischen 10,9 % (Volkszählung 1960)
und 20,9 % (Manpower Survey 1965). Die Volkszählung 1946
ist mit einer angegebenen Arbeitslosigkeit von 0,9 % wegen
der Einflüsse des Zweiten Weltkrieges nicht repräsentativ.
Die Beschäftigungssituation Guyanas im langjährigen Vergleich
ist durch einen deutlichen Rückgang der Arbeitsplätze in der
Landwirtschaft gekennzeichnet, von dem vor allem Frauen infolge einer umfangreichen Mechanisierung betroffen sind
(siehe Tab. 19).

Tab. 19: Landwirtschaftlich Erwerbstätige in Guyana 1946
bis 1970

	männlich	weiblich	insgesamt
1946	50 700	15 600	66 300
1960	50 400	9 500	59 800
1970	42 300	3 900	46 200

Quelle: Census Reports, nach STANDING, G. o. J., S. 52

Dieser Rückgang wurde bei einer etwa gleichbleibenden relativen Bedeutung des sekundären Sektors durch eine rasche Be-
schäftigungszunahme des tertiären Sektors teilweise aufgefangen. Die hohe relative Zunahme des Bergbausektors spielt
für die direkte Beschäftigung bei einem Anteil von 4,9 % der
Beschäftigten 1970 nur eine untergeordnete Rolle. Es ist
anzumerken, daß die Arbeitslosigkeit durch ihre Abhängigkeit von saisonalen Schwankungen teilweise weitaus höher
liegt als in Tab. 20 zum Ausdruck kommt.[2] Die tatsächliche

---

1) Aufgrund der zugrundegelegten unterschiedlichen Defini-
tionen und Zeiträume, auf die sich die verschiedenen Erhebungen beziehen, ist ein exakter Vergleich nicht möglich. Eine konsistente Datenerhebung und -aufbereitung
ist noch am ehesten zwischen den Volkszählungen im April
1960 und April 1970 gegeben. Jahreszeitliche Einflüsse
sind wegen des hohen saisonalen Arbeitsanfalls in der Zuk-
kerwirtschaft zu berücksichtigen.

2) Eine hohe Fluktuation weist vor allem die Zuckerwirtschaft
auf. Während des Beschäftigungshöchststandes im Oktober arbeiten mehr als doppelt so viele Arbeitskräfte auf den Feldern wie im Januar; der Beschäftigungsstand in den Zucker-
mühlen ist zur Erntezeit im Oktober um 70 % erhöht; die Fluktuation in der Reiswirtschaft beträgt 30 und mehr Prozent.

Tab. 20: Entwicklung der Beschäftigung in Guyana 1946 - 71 (in 1000)

	Census 1946	1956 Juli a)	Census 1960	1965 März b)	Census 1970	1971
Bevölkerung	375,7[1]	236,4[2]	560,3[1]	647,0[1]	714,0[1]	730[1]
davon 14 u. mehr Jahre (ohne EW in Ausbildung)	234,0[3]			318,2		
Erwerbspersonen	147,5[1]	164,2[2]	175,0[1]	193,0[1]	210,0[1]	214[1]
in % der 14 und mehr Jahre alten Bevölkerung	63,0*)	69,6[2]				
Erwerbstätige	146,2[1]	135,0[2]	161,2[1]	166,0[1]	178,0[1]	182[1]
Arbeitslose	1,3[1]	29,6[2]	13,8[1]	27,0[1]	32,0[1]	32*)
in % der Erwerbspersonen	0,9*)	18,0[2]c)	7,9*)d)	14,0*)e)	15,2*)	15,0[1]

Quelle: 1) Sec. Dev. Plan 72 - 76

2) British Guiana (Guyana) Dev. Progr. 1966 - 72

3) KUNDU 1963

a) ILO-Report on Employment, Unemployment and Underemployment 1956

b) Manpower Survey 1965

c) bezogen auf die Erhebungswoche

d) STANDING, G. (o. J., S. 50) gibt hier 10,9 % an

e) bezogen auf die Erhebungswoche erhöht sich die Ar- beitslosigkeit auf 20,9 %

*) aus den vorliegenden Daten selbst berechnet

Arbeitslosigkeit für Guyana dürfte in den letzten Jahren beständig Werte um ca. 20 % erreicht haben. Im Manpower Survey 1965, in dem nur städtische Gebiete berücksichtigt wurden, ergab sich eine Arbeitslosigkeit der 15 - 24 Jahre alten Bevölkerung in Höhe von 40,4 %. Guyana gehört somit zu den Ländern mit der höchsten städtischen Jugendarbeitslosigkeit. Andererseits konnten 1970 etwa 1 500 freie Stellen aufgrund mangelnder Qualifikationen nicht besetzt werden.

Ebenso wie für Guyana ist auch für Surinam bei der Entwicklung der Zahl der Erwerbspersonen sowie der Arbeitslosigkeit festzuhalten, daß es sich bei den angegebenen Daten um grobe Schätzwerte handelt, die Entwicklungstrends nur annähernd wiedergeben. Auffallend ist die Reduzierung der Arbeitslosenquote von ca. 34 % Ende 1974 auf ca. 26 % Ende 1975. Ausschlaggebend dafür ist vor allem die hohe Emigration nach Holland im Zusammenhang mit der Erlangung der Unabhängigkeit 1975.

Tab. 21: Beschäftigungsentwicklung in Surinam 1961 - 1975

	1961[2]	1973[1]	1974[1]	1975[1]
Erwerbspersonen	90.000	130.000	128.500	117.500
Arbeitsplätze		92.400	95.500	97.200
Erwerbstätige		82.200	85.500	86.900
Arbeitslose	10.000	47.800	43.500	30.600
Arbeitslosigkeit in %	11	ca. 37	ca. 34	ca. 26

Die Diskrepanz zwischen der Zahl der Arbeitsplätze und der Erwerbstätigen ist darauf zurückzuführen, daß viele Arbeitnehmer mehreren Tätigkeiten nachgehen.

Quelle: 1) Nationale Rekeningen 1975, Angabe jeweils zum Jahresende, ohne im Stammesverband lebende Einwohner

2) Jaarplan 1977, I, S. 42, Jahresmitte

Bis Anfang der 80er Jahre wird die Zahl der Erwerbspersonen auf ca. 140 000 geschätzt. Unter der Voraussetzung, daß die geplanten Projekte der verschiedenen Entwicklungspläne verwirklicht werden, ist bei einer Zunahme der Erwerbstätigen

auf ca. 103 000 Anfang der 80er Jahre mit ca. 38 000 Arbeitslosen zu rechnen (Jaarplan 1978, S. 265). Die Arbeitslosenquote würde sich dabei zwischen ca. 25 % und 27 % bewegen,
d. h. sie würde den Wert von 1975 nur minimal übersteigen.
Da die oben genannten Voraussetzungen jedoch nach dem bisherigen Fortschreiten einer Reihe von Projekten nicht gegeben sein wird, ist mit deutlich höheren Arbeitslosenzif-
fern zu rechnen. Eine besondere Bedeutung kommt dabei ebenfalls der Entwicklung der Jugendarbeitslosigkeit zu. Eine
Untersuchung (CESWO 1978) ergab, daß die im Juli 1977 er-
faßten Arbeitslosen zu 70 % der Altersgruppe der 15 - 29jäh-
rigen angehören. Vor allem Schulabgänger haben Schwierigkeiten, einen geeigneten Arbeitsplatz zu finden und wandern
häufig auf marginale Arbeitsplätze im Handel, Restaurant-
und Hotelsektor ab. Die Entwicklung der Zahl der Arbeitsplätze in den 70er Jahren stellte Surinam bereits vor steigende Probleme. Einer Entwicklungspolitik, die geeignet ist,
eine große Zahl neuer Arbeitsplätze zu schaffen, kommt somit gerade in Surinam Priorität zu. Es stellt sich sowohl
für Guyana als auch für Surinam die Frage, wieweit der wirtschaftlich dominierende mineralische Rohstoffsektor in der
Lage sein wird, die dringend benötigten Arbeitsplätze zur
Verfügung zu stellen. Mit ca. 6 350 Beschäftigten 1979 im
Bergbau und in der Bauxitverarbeitung in Surinam und ca.
7 850 Beschäftigten in Guyana 1978 spielt die mineralische
Rohstoffwirtschaft in beiden Staaten für die Schaffung von
direkten Arbeitsplätzen erwartungsgemäß eine untergeordnete
Rolle.[1)]

Wegen ihres hohen und weiter steigenden Mechanisierungsgrades
sind Projekte mineralischer Rohstoffgewinnung naturgemäß sehr
kapitalintensiv.
Aufgrund grober Schätzungen wird die Zahl der weltweit im
Bergbau in irgendeiner Form Beschäftigten mit ca. 1 % aller
Erwerbstätigen angegeben. Während die Mehrzahl der Industrieländer knapp unter dieser Schätzung liegt, gibt es unter den

---

1) Für Jamaika siehe HAAS, H.-D. 1976, S. 71.

Entwicklungsländern einige wenige Staaten mit einem deutlich
höheren Anteil:[1]

      Zaire   16,0 %
      Zambia   15,5 %
      Liberia   13,5 %
noch über 1 % liegen:

      Jamaika   3,7 %
      Bolivien   3,5 %
      Chile   3,2 %
      Tunesien   2,6 %
      Peru   2,4 %
      Tansania   1,6 %

Guyana mit ca. 5 % in Bergbau und Weiterverarbeitung Beschäftigten und Surinam mit einem entsprechendn Anteil von
sogar 7 % liegen somit noch deutlich über dem weltweiten
Durchschnitt von 1 %.

Tab. 22: Beschäftigungsentwicklung in Guyana nach Wirtschaftszweigen 1946 - 1970

	1946	1956	in % 1960	1965	1970
Land- und Forstwirtschaft, Fischerei	46,2	42,0	37,1	32,0	29,0
Bergbau, einschließlich Verarbeitung	2,8	2,2	3,8	3,3	4,9
Verarbeitendes Gewerbe, Bauwirtschaft, Energie- wirtschaft	20,8	19,5	24,9	24,0	20,2
Transport, Verkehr, Nachrichten, Handel	12,5	18,0	16,1	20,0	15,7
sonstige Dienstleistungen	16,9	18,3	18,0	19,9	28,1
sonstige oder nicht an- gegeben	0,8	-	0,1	0,8	2,1
	100	100	100	100	100

Quelle: BACCHUS, M. K., nach BAKSH 1978, S. 157

---

1) KEBSCHULL, D.; SCHOOP, H. G. 1975, S. 13, leider ohne
   Quellen- und Jahresangaben für die Daten.

Tab. 23: Beschäftigungsentwicklung in der Bauxitwirtschaft
Guyanas 1926 bis 1975

	Linden	Bauxitwirtschaft insg.
1926	899	
36	591	
46	1 427	
56	2 191	2 769
57		2 601
58		2 260
59		1 797
60		2 393
62	3 548	
66	4 712	5 575
67	4 606	5 624
68	4 487	5 370
69		5 666
70		5 967
71	4 714[1]	5 847
72	5 217[1]	5 732
73	∗5 384[1]	6 189
74	5 676[1]	6 189
75	6 513[1]	n. a.
78	6 522[1]	7 855[2]

1) einschließlich Ituni

2) ohne 690 in der Bauabteilung Guyconstruct Beschäftigte

Quelle: Linden 1926 - 68   P. ROSANE o. O., o. J.
1971 - 75   GUYBAU Reports, versch. Jg.

insg. 1956 - 60   KUNDU 1963, S. 320
1966 - 75   ASA 1974, S. 177
1978   unveröffentlichte Daten des Manpower Survey
1978

In Guyana steigt die Gesamtzahl der im Bauxitbergbau einschließlich Verarbeitung Beschäftigten vor allem seit der
Verstaatlichung der Bauxitwirtschaft wieder an. Trotzdem
zeigt sich auch hier das Problem einer notwendigerweise
kapitalintensiven Rohstoffwirtschaft innerhalb einer Volkswirtschaft, die von einer hohen Arbeitslosigkeit betroffen
ist. Hinzu kommt, daß 1978 65 % der in der Bauxitwirtschaft
Beschäftigten unter 40 Jahre alt waren, so daß nur mit einem
geringen altersbedingten Ausscheiden in den nächsten Jahren
gerechnet werden kann.

Tab. 24: Beschäftigung in der Bauxitwirtschaft Guyanas am
14.3.1978

	Linden (Linden, Ituni)		Berbice (Kwa- kwani, Everton)		Guycon- struct[1]		Summe	
	abs.	%	abs.	%	abs.	%	abs.	%
Management	280	4,3	23	1,7	17	2,5	320	3,7
Vorarbeiter, Sekretärinnen	762	11,7	144	10,8	8	1,2	914	10,7
qual. Beschäf- tigte in Ver- waltung und Produktion	672	10,3	108	8,1	38	5,5	818	9,6
angelernte Arbeiter	3924	60,2	803	60,2	135	19,6	4862	56,9
Hilfskräfte	366	5,6	90	6,8	20	2,9	476	5,6
Gelegenheits- arbeiter	309	4,7	72	5,4	472	68,4	853	10,0
sonstige	209	3,2	93	7,0	n.a.		302	3,5
Summe	6522	100	1333	100	690	100	8545	100

1) Stichtag 31.12.77

Quelle: Unveröffentlichte Daten des "Manpower Survey 1978"

Im Rahmen der weitgehend verstaatlichten Wirtschaft Guyanas
wird die technisch versierte Bau- und Konstruktionsabteilung
Guyconstruct, die ursprünglich für Bauvorhaben im Rahmen der
Bauxitwirtschaft eingesetzt war, nunmehr landesweit für den
infrastrukturellen Aufbau des Landes sowie auch für Industrie-
projekte herangezogen. Die Zahl dieser Beschäftigten stieg
bis 1978 auf 690 Arbeitskräfte an. Mit dieser Praxis dokumen-
tiert sich der Willen der Regierung, die Bauxitwirtschaft aus
ihrer Isolation herauszulösen und zur Förderung der Gesamtwirtschaft einzusetzen.[1]

---

1) N. GIRVAN, der von den Dependenztheorien nachhaltig beeinflußt wurde, sieht in der kapitalintensiven Produktionsweise und im Fremdbesitz die Ursache für den Enklavecharakter der Bauxitwirtschaft Jamaikas (vgl. R. M. AUTY,
1980, S. 169). Der Enklavecharakter ist auch ein charak-

Tab. 25: Altersaufbau der Beschäftigten in der Bauxitwirtschaft Guyanas 1978

	Linden, Ituni	in % Kwakwani, Everton	insgesamt
unter 20 Jahre	3,5	3,0	3,5
20 - 24 Jahre	20,0	18,2	19,8
25 - 29	15,6	22,2	16,6
30 - 34	13,3	4,0	11,9
35 - 39	12,8	17,2	13,4
40 - 44	10,5	4,0	9,5
45 - 49	6,7	8,1	6,9
50 - 54	7,3	15,2	8,4
55 - 59	5,3	5,1	5,3
60 - 64	5,0	3,0	4,7
Summe	100	100	100

Quelle: Stichprobenerhebung aus Unterlagen der unveröffent-
lichten Manpower Survey 1978

Abb. 15

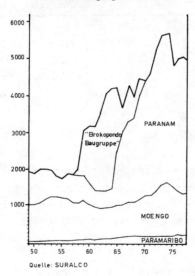

**Beschäftigtenentwicklung von SURALCO
nach Beschäftigungsort 1949-1978**

Quelle: SURALCO

teristisches Merkmal der Bauxitwirtschaft Guyanas. Seit
der Nationalisierung der Bauxitwirtschaft hat sich jedoch
zumindest in diesem Teilbereich des Arbeitskräfteeinsatzes
eine geringfügige Zunahme der Integration der Bauxitwirtschaft ergeben.

Eine rasche Steigerung der Beschäftigtenzahlen ließ sich in
der Vergangenheit am ehesten durch bedeutende Erweiterungs-
und Ausbauprojekte in der Bauxitwirtschaft erreichen. Allerdings hatten diese Projekte neben gesamtwirtschaftlichen
Auswirkungen häufig nur eine vorübergehende Erhöhung der
Beschäftigtenzahlen zur Folge. Der Einfluß einzelner Großprojekte auf die Arbeitsmarktsituation wird an der Entwicklung der Beschäftigtenzahlen von SURALCO in Surinam besonders deutlich. Hier handelt es sich gleichzeitig um ein Beispiel einer gelungenen Übernahme der während der Bauphase
benötigten Arbeitskräfte in den laufenden Produktionsprozeß.
Die für den Aufbau der integrierten Aluminiumverhüttung in
den 60er Jahren benötigten Arbeitskräfte[1] wurden unmittelbar in die ab 1965 anlaufende Tonerde- und Aluminiumproduktion in Paranam übernommen (siehe Abb. 15).

Tab. 26: Beschäftigte in der Bauxitwirtschaft Surinams
1972 - 76*)

	SURALCO	Billiton	Grassalco	Summe
1972	5 284	1 487	-	6 771
1973	5 590	1 484	182	7 256
1974	5 697	1 535	182	7 414
1975	5 267	1 355	154	6 776
1976	5 009	1 292	154	6 455

*) jeweils 31. Dez.

Quelle: Jaarplan 78, S. 94

Im Vergleich zur gesamtwirtschaftlichen Bedeutung des Rohstoffsektors ist somit in beiden Ländern die Zahl der direkten Arbeitsplätze sehr gering. Wie in Guyana spielt auch in
Surinam der mit Abstand wichtigste Wirtschaftszweig Bauxitgewinnung und -verarbeitung als Arbeitgeber eine relativ

---

1) Bau der Erschließungsstraße Paranam-Afobaka 1959 - 60;
Bau des Staudammes für den van Blommestein See ab 1960;
Bau des Tonerdewerkes 1963 - 69 (einschließlich Erweite-
rungen); Bau der Aluminiumhütte 1963 - 65.

bescheidene Rolle. Die Zahl der in der Bauxitwirtschaft Beschäftigten ist hier sogar noch leicht rückläufig und sank
nach einem vorübergehenden Höchststand von ca. 7 400 Beschäftigten 1974 auf ca. 6 450 Beschäftigte im Jahr 1976 ab. Wieweit durch das West-Surinam-Projekt Arbeitsplätze geschaffen
werden, kann noch nicht abgesehen werden (vgl. Kap. 7.1).

Abb. 16

Altersaufbau der in der Bauxitwirtschaft Beschäftigten in Surinam

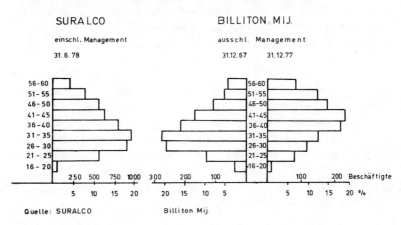

Quelle: SURALCO   Billiton Mij.

Die in den nächsten 15 - 20 Jahren mit Sicherheit eintreten-
de Erschöpfung der Lagerstätten der Billiton Mij. bei Onverdacht wird jedoch keine plötzliche Entlassung der 1 268 Beschäftigten (Stand 1.1.78) zur Folge haben und damit die
Probleme auf dem Arbeitsmarkt verstärken. Vielmehr zeichnet
sich bereits jetzt die Belegschaft durch eine hohe Überal-
terung infolge geringer Neueinstellungen aus (siehe Abb. 16).
Eine allmähliche Übernahme der jüngeren Arbeitskräfte in
Onverdacht wird voraussichtlich in West-Surinam angestrebt
werden. Um die Zahl der übernommenen Arbeitskräfte wird sich
jedoch die Zahl der effektiv neu geschaffenen Stellen in
West-Surinam reduzieren. Fraglich ist noch, wieweit die Beschäftigten zur Abwanderung aus dem weiteren Umland Paramaribos bereit sind.

Für Surinam läßt sich somit feststellen:
Der "produktive" Sektor Bergbau verzeichnet einen Beschäf-
tigungsrückgang aufgrund einer rückläufigen Produktion bei
weiter steigender Mechanisierung.
Im Bereich der Industrie war trotz einer beachtenswerten
Zunahme der Produktion nach Erlangung der Unabhängigkeit
1975 die Zahl der Industriebeschäftigten 1979 mit rund 5 400
auf dem Niveau des Jahres 1972 stehen geblieben. Nachteilig
wirkt sich vor allem auch die fortgesetzte massive Emigration von Fachkräften aus. Dieser Vorgang führte bereits bei
der Bauxitgesellschaft SURALCO zur Bezeichnung ihrer Trai-
ningskurse als "education for emigration".[1]

Dem gegenüber steht eine nach der Erlangung der Unabhängigkeit rasche Zunahme der Zahl der Arbeitsplätze im tertiären
Sektor, vor allem in den Bereichen "Handel", "Banken und
Versicherungen", "übrige Dienstleistungen" und eine sehr
rasche Zunahme der Zahl der im öffentlichen Dienst Beschäftigten. Zwischen 1972 und 1979 erhöhte sich die Zahl der im
öffentlichen Dienst Beschäftigten um 84 % von 20 598 auf
37 900 Arbeitskräfte mit maximalen jährlichen Zuwachsraten
von 14,4 % (1974 auf 1975).[2]

Der Altersaufbau der Bevölkerung mit einem Anteil der unter
16jährigen von rund 50 % - die "Bevölkerungspyramide" entspricht in Surinam noch einer echten Pyramide - läßt eine

1) Die Übergangsregelung, die Surinamesen freien Zugang zu
Holland auch nach Erlangung der Unabhängigkeit garantierte,
lief erst am 25.11.80 aus. Außerdem werden für Fachkräfte
die Einwanderungsrestriktionen der Industrieländer in der
Regel weit weniger scharf angewandt als für ungelernte
Arbeitskräfte.

2) Bis 1975 wurden nicht fest angestellte Arbeitskräfte
("kontraktarbeiders") im öffentlichen Dienst in der Statistik nicht berücksichtigt. Die Indexzahlen für den
öffentlichen Dienst sind somit für den Zeitraum von 1976
bis 1979 etwas überhöht, ändern jedoch nichts an der Grund-
tendenz. Die Daten werden durch eine schriftliche Anfrage
bei den Unternehmen gesammelt und je nach Rücklauf auf die
gesamte Branche hochgerechnet. Sie stellen somit nur Nähe-
rungswerte dar.

Tab. 27: Entwicklung der Arbeitsplätze in Surinam 1972 bis 1979 in ausgewählten Branchen (in Klammern Indexwerte, 1972 = 100)

	Rohstoffg. u. Bauxit-verarb.	Indu-strie[1]	Gas, Wasser, Elektr.	Handel	Banken u. Ver-sicher.	Öffentl. Dienst	sonst. Dienst-leistg.	Insges.
1972	7 130 (100)	5 433 (100)	987 (100)	6 302 (100)	969 (100)	20 598 (100)	4 859 (100)	(100)
1973	7 344 (103)	5 216 (96)	1 036 (105)	6 302 (100)	959 (99)	21 628 (105)	5 151 (106)	(103)
1974	7 487 (105)	5 270 (97)	1 046 (106)	6 239 (99)	969 (100)	22 040 (107)	5 345 (110)	(105)
1975	7 130 (100)	5 107 (94)	1 076 (109)	6 806 (108)	998 (103)	25 748 (125)	5 491 (113)	(114)
1976[2]	6 774 (95)	5 107 (94)	1 066 (108)	6 680 (106)	1 027 (106)	29 249 (142)	5 879 (121)	(121)
1977[2]	6 702 (94)	5 270 (97)	1 086 (110)	7 247 (115)	1 076 (111)	32 545 (158)	5 782 (119)	(130)
1978[2]	6 560 (92)	5 487 (101)	1 096 (111)	7 373 (117)	1 143 (118)	37 282 (181)	6 025 (124)	(142)
1979[2]	6 346 (89)	5 433 (100)	1 115 (113)	7 184 (114)	1 202 (124)	37 900 (184)	6 074 (125)	(142)

Die Daten beruhen in hohem Maß auf Schätzungen und Hochrechnungen. Die Zahl der in der Landwirtschaft und Fischerei Beschäftigten betrug Anfang 1976 15 250 Personen.

1) Ohne Baugewerbe, das 1977 ca. 5 200, 1978 ca. 4 200 Arbeitsplätze bot

2) Im Öffentlichen Dienst werden ab 1976 Vertragsarbeiter mitgerechnet

Quelle: Ekonomische Kwartaalstatistieken, Juni 1980

Bevölkerungszunahme von mindestens 3,7 % jährlich in den
nächsten Jahren erwarten, die von einem Anwachsen der Erwerbspersonen von 4 % bis 4,5 % jährlich begleitet wird
(Jaarplan 77, I, S. 38). Die durch weltweite Immigrationsbeschränkungen und durch den Wegfall des Sonderstatus für
das traditionelle Immigrationsgebiet Niederlande sich stark
erhöhende Zahl von Arbeitssuchenden läßt sich nicht durch
eine ständige Schaffung neuer, überflüssiger und unproduk-
tiver Arbeitsplätze im öffentlichen Dienst beschäftigen.[1]

Als Kriterium zur Beurteilung einer bestimmten wirtschaftlichen Entwicklung wird u. a. auch die Lohnentwicklung in
den verschiedenen Sektoren herangezogen.
Problematisch sind vor allem die in dualistischen Wirtschafts-
systemen üblicherweise vorzufindenden Lohnunterschiede zwischen einzelnen außenorientierten Sektoren und den durch
marginale Arbeitsplätze häufig überlasteten, binnenorien-
tierten Sektoren. Negative Effekte dieses Lohngefälles sind
einmal die Abwerbung qualifizierter Arbeitskräfte aus den
nationalen Wirtschaftsbereichen und zum anderen das Entstehen
sozialer Spannungen. In Surinam zeigt sich das zu erwartende
Bild mit einer von Bauxitbergbau und -verarbeitung und von
Banken und Versicherungen sowie von Gas-, Wasser- und Elek-
trizitätsversorgung angeführten Lohnskala. Handel und Industrie weisen zwar zusammen mit Banken und Versicherungen den
höchsten Indexwert für 1978 auf, haben jedoch weitaus geringere Bruttolohnkosten als die führenden Branchen zu verzeichnen. Der öffentliche Dienst rangiert 1978 sowohl absolut
(Sf 6011,--) als auch nach Indexwerten (154, 1972 = 100) am
unteren Ende der Skala.[2] Die statistisch ohnehin schwer zu

---

1) Surinam pflegt angesichts der zu erwartenden wirtschaftlichen Schwierigkeiten gute Kontakte mit dem Weltwährungsfonds. Sollte es zur Kreditaufnahme kommen, wird Surinam
   jedoch größte Probleme mit der Erfüllung einer der Haupt-
   forderungen des IMF haben, nämlich der drastischen Reduzierung der Staatsausgaben. Dies würde mit Sicherheit zu
   einer Massenarbeitslosigkeit führen.

2) Wegen der unterschiedlich geforderten Qualifikationen in
   den einzelnen Wirtschaftszweigen können die durchschnittlichen Lohnkosten pro Beschäftigten allerdings nur grobe

erfassende Einkommenssituation in den kleinbäuerlichen Betrieben Surinams mit ihren ca. 13 000 bis 14 000 Erwerbstätigen ist in Abb. 17 nicht berücksichtigt. Ihr Einkommen
liegt jedoch noch erheblich unter dem der übrigen Sektoren.

Abb. 17

Surinam: Jährliche Bruttolohnkosten pro Arbeitnehmer 1972-1978

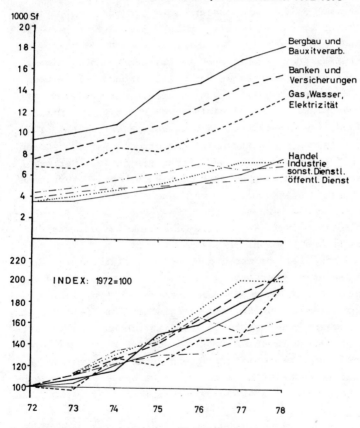

Quelle: Ekonomische Kwartaalstatistieken, Dez. 1979

Anhaltspunkte liefern. So betrug der durchschnittliche
Stundenlohn 1978 im Handel Sf 1,67, in der Industrie
Sf 1,82, bei Banken und Versicherungen Sf 2,51 und in
der Bauxitwirtschaft Sf 4,21.

In den 70er Jahren zeigte sich ein deutliches jährliches Ansteigen der Lebenshaltungskosten. Zusätzliche Nebenbeschäf-
tigungen sind deshalb gerade im öffentlichen Dienst sehr
häufig anzutreffen. Bei der statistischen Ermittlung der
Gesamtbeschäftigtenzahlen in Surinam werden deshalb zwischen
10 und 40 % der Beschäftigten als Doppelberufstätige berücksichtigt. Entsprechend qualifiziertes Personal im öffentlichen Dienst wird vielfach mit einem um 100 % höheren Ge-
haltsangebot z. B. durch ausländische, in Surinam operierende Unternehmen abgeworben, während der Unternehmerverband
die Abwanderung potentieller einheimischer Unternehmer in
Arbeitsplätze der öffentlichen Verwaltung beklagt. Dieses
etwas einseitige Bild eines von ausländischen Unternehmen
über die Lohnpolitik beherrschten Arbeitsmarktes wird allerdings durch zwei Gegenbeispiele etwas relativiert: Die nationale Wirtschaftsgruppe "Gas, Wasser, Elektrizität" liegt
im Bruttolohnkostendurchschnitt nur etwa 15 % (1978) unter
dem von "Banken und Versicherungen". Das in West-Surinam
im staatlichen Auftrag arbeitende Eisenbahnbau-Unternehmen
EMKAY bezahlt aus Mangel an ausreichend qualifizierten Arbeitskräften die höchsten Löhne für vergleichbare Tätigkeiten in Surinam (vgl. Kap. 7.1). Allerdings sind im Bereich der
Bauxitwirtschaft sowohl in Guyana als auch in Surinam die
erhöhten sozialen Absicherungen und Sonderleistungen, wie
kostenlose Krankenversorgung oder in Surinam die Koppelung
der Löhne an den Index der Lebenshaltungskosten, anzurech-
nen. Vor allem in Guyana, das energischer das Ziel verfolgt,
die Lohnschere zwischen der - verstaatlichten - Bauxitwirtschaft und den übrigen Sektoren zu schließen oder zumindest
den Einkommensunterschied durch eine stark progressive Besteuerung zu reduzieren, gewinnen diese Sondervergünstigungen an Bedeutung.[1] Ziel der Lohnpolitik muß es sein, zukünf-

---

1) Als Richtwert kann angegeben werden, daß die Löhne in der
   Bauxitwirtschaft Guyanas bisher etwa doppelt so hoch waren
   wie für vergleichbare Tätigkeiten in anderen Sektoren. In
   Surinam betrugen sie etwa das Doppelte der in der Industrie
   üblichen Löhne und das Vierfache der landwirtschaftlichen
   Einkommen, ohne allerdings die unterschiedliche Qualifi-
   kation zu berücksichtigen.

tige Lohnerhöhungen im Bergbausektor geringer ausfallen zu
lassen. Außerdem soll die Lohnentwicklung in den anderen mo-
dernen Wirtschaftszweigen die dort erzielten Produktivitäts-
fortschritte widerspiegeln und nur sehr begrenzt von Lohn-
entwicklungen im Bergbausektor beeinflußt werden. Daß die
Verwirklichung dieser Ziele sehr schwer durchzusetzen ist,
zeigen die Beispiele Bolivien, Jamaika, Sambia sowie Trinidad und Tobago (siehe Weltbank 1979, S. 120).

4.4   Importabhängigkeit als Folge einer unzureichenden
        nationalen Produktion

Guyana zwang ein ausgeprägte Defizit in der Handelsbilanz,[1]
wie bereits erwähnt, zur Einrichtung drastischer Importrestriktionen. Der Grad der "Offenheit" der Wirtschaft konnte auf diese Weise etwas reduziert werden. Die Höhe der Importe wurde dadurch von 1976 auf 1977 in allen wesentlichen
Bereichen reduziert - mit Ausnahme der Ölimporte (siehe
Kap. 4.1).
Die Verfügung von Importbeschränkungen geschah somit in
Guyana vor allem vor dem Hintergrund einer drohenden Zah-
lungsunfähigkeit; die Verfolgung einer Strategie der Importsubstitution war in diesem Zusammenhang zweitrangig.
Problematisch für Guyana ist dabei vor allem auch, daß nur
bescheidene Möglichkeiten bestehen, eine rentable heimische
industrielle Produktion in den Bereichen der Grundstoff-
und Produktionsgüterindustrie sowie der Investitionsgüterindustrie, auf die der Hauptteil der Importe entfällt, aufzubauen.
Durch den Zwang zur erhöhten Selbstversorgung des Landes mit
Nahrungsmitteln ergibt sich jedoch ein - wenn auch beschei-
dener - stimulierender Effekt für die Agrarwirtschaft.[2]

---

1) Zur Außenhandelsstruktur Guyanas siehe Abb. 10.
2) Zu Entwicklungsprojekten und Aspekten der zukünftigen
   Wirtschaftsentwicklung siehe Kap. 4.5.

Tab. 28: Außenhandelsstrukturen Surinams 1955 - 1976

Exporte 1955 - 76 in Mio Sf

	1955	1956	1957	1958	1959	1960	1961	1962	1963	1964	1965	1966	1967	1968	1969	1970	1971	1972	1973	1974	1975	1976
Exporte insgesamt	50,4	59,0	65,2	62,3	77,0	82,5	78,0	80,0	87,5	90,1	110,8	172,0	201,0	218,6	250,2	255,0	294,5	305,7	319,7	481,1	495,3	542,4 [1]
Bergbau und Bauxitverarbeitung insg.	39,8	45,5	52,0	48,8	60,8	66,3	64,3	62,5	66,1	72,7	87,8	148,1	173,3	188,0	220,8	231,3	267,0	277,5	273,5	367,0	340,8	383,3
Agrarwirtschaft, Fischerei	4,0	5,5	5,0	5,8	8,0	8,0	5,3	8,9	11,2	7,2	12,0	13,3	15,6	19,3	16,2	12,0	16,9	16,6	28,3	n.a.	n.a.	n.a.
Forstwirtschaft	5,0	6,3	6,2	5,9	6,6	6,4	6,9	7,2	8,2	7,9	8,3	8,5	8,4	7,8	9,2	8,2	7,7	8,6	12,4	12,1	11,7	12,7
Bekleidung	0,5	0,4	0,5	0,5	0,5	0,5	0,4	0,4	0,3	0,5	0,7	0,7	0,7	0,9	0,9	0,4	0,1	0,0	0,4	n.a.	n.a.	n.a.
Sonstige	0,3	0,2	0,0	0,1	0,0	0,1	0,2	0,3	0,4	0,5	0,2	0,7	0,2	0,3	0,3	0,4	0,5	0,5	0,8	n.a.	n.a.	n.a.
Wiederausfuhr	0,8	1,2	1,4	1,1	1,0	1,3	0,8	0,7	1,3	1,3	1,8	1,7	2,9	2,3	2,8	2,7	2,3	2,5	4,3	n.a.	n.a.	n.a.

Anteil am Gesamtexport in %

	1955	1956	1957	1958	1959	1960	1961	1962	1963	1964	1965	1966	1967	1968	1969	1970	1971	1972	1973	1974	1975	1976
Bergbau und Bauxitverarbeitung	80	79	82	80	80	82	83	79	77	82	81	86	87	87	89	92	91	92	86	76	69	79
Agrarwirtschaft	8	9	8	9	11	10	7	11	13	8	11	8	8	9	7	5	6	5	9	3	2	n.a.
Holzwirtschaft	10	11	10	10	9	8	9	9	9	9	8	5	4	4	4	3	3	3	4	3		3

Importe 1955 - 73 in Mio Sf

	1955	1956	1957	1958	1959	1960	1961	1962	1963	1964	1965	1966	1967	1968	1969	1970	1971	1972	1973
Importe insgesamt	51,6	62,6	73,1	71,4	84,9	102,0	101,1	103,0	110,2	152,1	179,5	168,8	193,8	188,9	207,7	217,7	237,8	258,2	281,0
Treibstoffe, Öle usw.	5,1	5,8	6,9	5,8	6,8	7,6	8,0	9,4	9,3	10,1	11,5	13,9	15,5	17,8	21,3	25,6	30,2	30,4	36,1
Grund- und Betriebsstoffe für Land-wirtschaft, Baugewerbe und Industrie	13,5	16,7	20,5	19,1	24,5	30,2	32,2	37,3	40,6	59,3	75,4	63,6	71,8	67,8	78,2	77,7	89,3	95,5	109,6
Textilien	2,9	3,7	4,2	4,6	4,0	5,4	5,1	4,7	5,6	5,9	7,3	6,5	7,9	6,9	8,5	8,5	9,3	6,8	7,4
Konsumgüter	19,8	22,6	23,0	24,5	26,5	30,6	30,9	30,8	32,7	33,0	40,3	41,9	47,0	48,9	53,4	56,6	62,9	68,1	74,2
davon Nahrungsmittel	(7,1)	(7,5)	(8,3)	(8,5)	(9,2)	(10,4)	(9,9)	(9,6)	(10,1)	(10,4)	(11,7)	(13,0)	(13,0)	(15,5)	(16,2)	(16,7)	(21,0)	(23,4)	(24,5)
PKW und Motorräder	1,6	2,2	1,5	2,3	2,4	3,8	3,6	3,0	2,5	2,8	3,5	4,4	6,6	5,3	6,7	7,0	6,4	7,2	6,3
Investitionsgüter	8,5	11,6	17,2	15,2	20,7	24,3	21,5	17,8	19,5	41,0	41,6	38,7	45,0	42,2	39,5	42,3	39,8	48,4	48,5
davon Maschinen und Ersatzteile für Bauxitgewinnung	0,9	2,6	5,0	3,5	4,2	1,2	1,2	2,1	2,8	6,7	3,8	5,7	9,1	2,9	3,0	3,0	3,2	5,9	6,7

Anteil am Gesamtimport in %

	1955	1956	1957	1958	1959	1960	1961	1962	1963	1964	1965	1966	1967	1968	1969	1970	1971	1972	1973
Treibstoffe, Öle usw.	9,9	9,3	9,4	8,1	8,0	7,5	7,9	9,1	8,4	6,6	6,4	8,2	8,0	9,4	10,3	11,8	12,7	11,8	12,8
Grund- und Betriebsstoffe, Textilien	31,8	32,8	33,8	33,2	33,6	34,9	36,7	40,8	41,9	42,8	46,0	41,5	41,1	39,5	41,8	39,6	41,5	40,3	41,3
Konsumgüter, PKW, Motorräder	41,5	39,9	33,5	37,5	34,0	33,7	34,1	32,8	31,9	23,5	24,5	27,4	27,7	28,7	28,9	29,2	29,1	29,2	28,6
Investitionsgüter	16,5	18,6	23,5	21,3	24,4	23,8	21,3	17,3	17,7	26,9	23,2	22,9	23,2	22,3	19,0	19,4	16,7	18,7	17,3

Quelle: Centrale Bank van Suriname, verschiedene Jahrgänge (1955 - 73);
Financiele Nota 1978 (1974 - 76)

1) Suriname in Cijfers,Nr.95, 1979

In Surinam, das trotz gestiegener Ölpreise in den letzten
Jahren meist noch über eine positive Handelsbilanz verfügte
(1978 +21 Mio Sf) und damit Defizite auf anderem Gebiet
teilweise ausgleichen konnte, existieren derartige Importrestriktionen bisher nicht. Der Rohstoffexport sowie der
Empfang umfangreicher Entwicklungshilfeleistungen ermöglichen den aufgrund einer reduzierten Agrarwirtschaft notwendigen Import von Nahrungsmitteln[1] sowie die umfangreiche
Einfuhr von Konsumgütern (siehe Tab. 28).[2][3]

Die Importsubstitutionen von Nahrungsmitteln und Industriegütern stellt damit in Guyana und in Surinam in unterschiedlicher Intensität und mit unterschiedlichen Erfolgschancen
ein Grundziel der Wirtschaftspolitik dar.

4.5   Entwicklungsmöglichkeiten und Aspekte einer zukünf-
       tigen Wirtschaftsentwicklung

4.5.1 Agrarwirtschaftliche und industrielle Entwicklungs-
       möglichkeiten Guyanas

Eine rückläufige Bauxitproduktion seit 1970 in Guyana und
seit 1972 in Surinam, eine Preissteigerung bei vielen Im-
portgütern, wobei sich die enorme Ölpreissteigerung besonders

---

1) So importiert Surinam zahlreiche landwirtschaftliche
   Produkte, die auch - in ungenügender Menge - im Land
   selbst erzeugt werden, wie z. B. Mais (23 000 t 1977),
   Zucker! (1 900 t 1973) und Rindfleisch (950 t 1973).

2) Die unzureichende Fortführung der Statistiken während
   der Erlangung der Unabhängigkeit 1975 macht sich besonders bei den Import- und Exportstatistiken bemerkbar.

3) BÄHR (1979, S. 144 f) führt am Beispiel Chile an, daß
   die Verwendung der Einnahmen aus dem Salpeterboom für
   den Konsum die verspätete Industrialisierung des Landes
   bedingt hat.

deutlich bemerkbar macht, und ein weiterhin hoher Umfang der
Importe, die trotz Importrestriktionen in Guyana nicht auf
das gewünschte Maß reduziert werden konnten, legen zwei unterschiedliche Strategien nahe:

1. Die Erhöhung des Exportwertes durch Produktionssteigerung
   vor allem bei Bauxit, Zuckerrohr (im Falle Guyanas) und
   Reis sowie die Steigerung des Exportwertes durch Weiterverarbeitung von Bauxit im eigenen Land (siehe Kap. 7.2).

2. Die Diversifizierung der Wirtschaft unter einer Strategie
   der Importsubstitution mit einer Steigerung der Nahrungsmittelproduktion und einer gezielten Förderung ausgewählter Industriezweige.

Das agrarwirtschaftliche Potential Guyanas wird als sehr
hoch eingestuft, so daß das Land gerne als potentielle "Korn-
kammer" des Karibischen Raumes angesehen wird (DUKHIA, J.
1976, S. 141). Eine Bodenuntersuchung der FAO in den Jahren
1960 - 1964 ergab, daß von der rund 18 700 km^2 großen Küstenebene 7 000 km^2 (37,4 %) Böden guter bis mittlerer Qualität aufwiesen. Von diesen 7 000 km^2 waren 1965 erst ca.
1 830 km^2 (9,8 %) und 1975 ca. 2 430 km (13,0 %) kultiviert
(siehe Tab. 29).

Tab. 29: Landwirtschaftliche Nutzung der Küstenebene Guyanas

	Fläche in km^2	in % der Guyanas	Fläche der Küsten- ebene
Guyana	215 000	100	-
Küstenebene	18 700	8,7	100
davon gute bis be- friedigende Qualität	7 000	3,2	37,4
davon kultiviert 1965	1 830	0,9	9,8
davon kultiviert 1975	2 430	1,1	13,0
davon Reis (Erntefläche)	1 010	0,5	5,4
davon Zucker	450	0,2	2,4
davon mehrjährige Pflanzen	490	0,2	2,6

Quelle: FAO-UNSF Soil Survey 1960 - 1964, nach SUTHERLAND,
N. 1976, S. 7, verändert.

Daraus ergibt sich, daß gerade die Küstenebene noch ein
großes, bisher ungenutztes agrarwirtschaftliches Potential
besitzt. Die Fläche des zwischen dem Bergland von Guyana
und der Küstenebene gelegenen Hügellandes ist wegen der bereits erwähnten "Weißen" und "Braunen Sande" weitgehend unfruchtbar. Aus rein agrarwirtschaftlichen Gesichtspunkten
ist eine intensivierte Nutzung der Küstenebene durch den Anbau
in bisher nur unzureichend bewirtschafteten, eingepolderten
Flächen und Erschließung agrarischen Neulandes durch Ein-
deichung einer Erschließung des Hinterlandes vorzuziehen.
Aus politisch-ökonomischen Gründen wird jedoch versucht,
agrarische Zentren auch im Hinterland zu entwickeln, um
in geringem Umfang vorhandene Infrastrukturen umfassender
zu nutzen, um die Erschließung des Hinterlandes auch im Hinblick auf vermutete Rohstoffe voranzutreiben, und nicht zuletzt, um die staatliche Präsenz über das gesamte Staatsgebiet auszudehnen, von dem ein großer Teil von Venezuela und
Surinam beansprucht werden (siehe Kap. 3.2).

Neben der bereits erwähnten Entwicklung der Zucker- und Reiswirtschaft in Guyana (siehe Kap. 3.4.4) bestehen in Guyana
bereits Ansatzmöglichkeiten zu einer weiteren Diversifizierung der agrarwirtschaftlichen Produktion. Dank einer be-
deutenderen kleinbäuerlichen Produktion, die weitgehend von
der ländlichen indischen Bevölkerung betrieben wird, und
gezwungen durch die angespannte Außenhandelssituation, die
es nicht gestattet, Nahrungsmittel in so großem Umfang wie
in Surinam zu importieren, wird in Guyana der Landwirtschaft
eine weitaus größere Beachtung geschenkt. Landwirtschaftliche Siedlungsprogramme und Versuchsfarmen, die zum Teil
aus erziehungspolitischen Gründen vom Militär getragen werden, sollen zu einer weiteren Ausdehnung der Agrarflächen
und zu einer Intensivierung des Anbaus beitragen.

Die Agrarpolitik der Errichtung großangelegter "Land Development Schemes" und "Land Settlement Schemes" zur Gewinnung
weiterer agrarischer Nutzfläche besitzt in Guyana eine lange
Tradition, mußte jedoch bereits eine Reihe von Rückschlägen

hinnehmen.[1] Neben der weiteren Ausdehnung des agrarisch
genutzten Gebietes[2] steht aufgrund der Ineffizienz zahlreicher Betriebe eine Umstrukturierung des Agrarwesens zur
Diskussion. Durch eine Agrarreform könnte auf den nicht
mit Zuckerrohr bestandenen Flächen die Zahl der Kleinstbe-
triebe durch Aufstockung oder Betriebsaufgabe reduziert,
die Effizienz erhöht und eine weitere Diversifizierung der
Agrarproduktion zur Versorgung des einheimischen Marktes
erreicht werden. Aufgrund von Bemühungen zur Diversifizierung der Agrarproduktion erlebte zum Beispiel der Maisanbau einen raschen Aufschwung. Innerhalb von 10 Jahren wurde
seine Anbaufläche von 1 100 ha im Jahre 1964 auf 2 000 ha
1974 erweitert. Die Produktion steigerte sich in diesem
Zeitraum von 1 200 t auf 2 700 t. Jedoch brachte der groß-
flächige Monokulturanbau, wie z. B. im staatlichen Agrar-
entwicklungsprojekt Black Bush Polder im NE Guyanas oder
die Versuche im Matthews Ridge nicht die erwarteten Erfolge.
Daher wurde der Produktionsschwerpunkt ab 1974 wieder auf
die kleinbäuerlichen Betriebe gelegt, zumal der Maisanbau
ursprünglich Bestandteil des Brandrodungsfeldbaus war. Ein
Absatzmarkt im Karibischen Raum ist vorhanden.[3]
Eine Möglichkeit zur Erhöhung der Produktion pflanzlicher
Öle und Proteine bietet sich in einer Ausweitung des Soja-

---

1) Bisher wurden 24 staatlich gelenkte landwirtschaftliche
   Siedlungsprojekte ins Leben gerufen, wobei das erste im
   Jahr 1880 begonnen wurde. Etwa 6 500 Familien wurden im
   Rahmen dieser Projekte direkt angesiedelt, ca. 90 000 ha
   Neuland wurden - zumindest vorübergehend - erschlossen.
   Von diesen 24 Projekten waren bis Anfang der 70er Jahre
   noch 13 offiziell in Funktion (VINING, J. W. 1975, S. 3).
   Allerdings kann das Projekt Matthews Ridge bereits als
   gescheitert gelten (siehe Kap. 7.3), so daß sich die
   Zahl der noch betriebenen Projekte weiter reduziert.

2) Hohe Erwartungen werden in das mit UNDP-Unterstützung
   geplante und großenteils von der Inter-American Development Bank vorfinanzierte Mahaica-Mahaicony-Abary Projekt
   gesetzt. Mit einem Kostenaufwand von US$ 72,6 Mio sollen
   bis 1982 Be- und Entwässerungseinrichtungen für insgesamt
   100 000 ha geschaffen werden, von denen 50 % für Reiskul-
   turen, 16 % für Viehzucht und 34 % für Mais, Soyabohnen,
   Ölpalmkulturen und Zuckerrohr vorgesehen sind.

3) Guyana selbst konnte 1972 nur 31 % seines Verbrauchs aus

bohnenanbaus. Etwa 4 % des Gesamtverbrauchs 1974 mußten
importiert werden. Dieser Wert ist nicht sehr hoch, eine
in Guyana durchaus mögliche Überschußproduktion ließe sich
jedoch exportieren oder durch Verfütterung veredeln. 1974
waren in den Savannen 100 ha, im NW-Distrikt 20 ha und in
der Küstenebene 80 ha mit Sojabohnen bepflanzt. Für 1976
wird diese Fläche bereits auf insgesamt 800 ha geschätzt.
Das Planungsziel im Entwicklungsprogramm 1972 - 76 in Höhe
von 6 000 ha im Jahr 1976 mußte somit wieder revidiert
werden (FLETCHER, R. 1976, S. 233 f).
Angestrebt wird in Guyana auch eine Ausweitung der Viehzucht, die sich bisher mit unterschiedlicher Intensität auf
vier Regionen konzentriert:

1. Die Küstenebene mit extensiv nutzbaren Weiden auf versumpften Küstenabschnitten und abgeernteten Reisfeldern.
   70 % der Rinder konzentrieren sich auf diesen Landesteil.

2. Die Savannen des Hügellandes (Intermediate Savannahs)
   mit einer Höhe von etwa 30 m über dem Meeresspiegel liegen im Bereich der "Braunen Sande" und können nur als
   marginale Agrargebiete eingestuft werden. Der Viehbestand
   ist bisher gering, das Potential für eine deutliche Intensivierung der weidewirtschaftlichen Nutzung ist jedoch
   vorhanden.

3. Die Nord-West-Region weist eine hohe Bodenfruchtbarkeit
   auf,bei gleichzeitig sehr hohen Jahresniederschlägen von
   etwa 2 800 mm. Hier sind Bestrebungen im Gange, den bis
   jetzt sehr geringen Viehbestand zu erhöhen, nachdem die
   Agrarpolitik in Matthews Ridge scheiterte (siehe Kap.
   7.3).

4. Die Rupununi Savanne, im Bergland von Guayana an der
   Grenze zu Brasilien gelegen, wird fast ausschließlich

---

der Eigenproduktion decken. Bei Barbados waren es 20 %,
bei Trinidad und Tobago 5 % und bei Jamaika, das mit Abstand den höchsten Importbedarf aufwies, nur 4 % (CHESNEY,
H. 1976, S. 22 ff). Verwendung findet der Mais vor allem
in der Viehzucht.

für die Viehzucht genutzt (25 % der Rinder Guyanas weiden
hier). Die Ausbaufähigkeit wird durch die geringe Boden-
güte und durch klimatische Faktoren stark eingeengt. Die
Jahresniederschläge in Höhe von 1 500 mm konzentrieren
sich auf 5 Monate, denen 7 Monate Dürre folgen. Ein weiterer limitierender Faktor ist durch die große Marktent-
fernung sowie durch fehlende nutzbare Straßenverbindungen
gegeben, so daß sowohl erzeugtes Fleisch als auch notwendige Hilfsgüter mit dem Flugzeug transportiert werden
müssen. Versuche mit Pangola Gras zur Verbesserung der
Grasqualität verliefen jedoch zufriedenstellend, so daß
die Qualität der Weiden etwas aufgebessert werden kann.

Doch auch in den anderen, marktnäher gelegenen Naturräumen
ist die Viehzucht mit zahlreichen Problemen belastet. Die
physischen Voraussetzungen für einen optimalen Ertrag sind
in den nicht entwässerten Küstenbereichen nicht gegeben.[1]
Die Böden der Savannen im Bereich der "Weißen" und "Braunen
Sande" weisen einen erheblichen Mangel an Mineralstoffen und
Spurenelementen auf, der ohne künstliche Zugaben nicht beho-
ben werden kann. Die Anpflanzung von Leguminosen zur Stick-
stoffgewinnung für den Boden hatte bisher nur begrenzt Erfolg. Zumindest in den Anfangsjahren verlief die Viehzucht
auf Rodungsflächen im Bereich dieser "Intermediate Savannas"
(Versuchsfarm Moblissa) positiv. Problematischer wegen
der hohen Erosionsgefährdung aufgrund der Niederschläge von
ca. 2 800 mm ist die Viehzucht auf Rodungsinseln im tropischen Regenwald des Nordwest-Distrikts (Matthews Ridge,
siehe auch Kap. 7.3). Die bisherigen Erträge sind jedoch
vielversprechend (HOLDER u. a. 1976, S. 124 ff).
Da bisher bei 19 % der Haushalte Guyanas die Proteinversor-
gung bei 80 bis 99 % und bei 39 % der Haushalte unter 80 %
des empfohlenen Optimums liegt (DUKHIA, J. 1976, S. 151),
kommt der Intensivierung der Viehzucht eine hohe Bedeutung
zu.

---

1) Während der Regenzeit steht das Vieh auf dem stellenweise
   bis zu 1 m überschwemmten und stark versumpften Boden.

Weitgehend ungenutzt sind in Guyana auch die fischereiwirt-
schaftlichen Potentiale. Das Problem Guyanas liegt somit
weniger in der Quantität als in der Bereitstellung einer
qualitativ ausreichenden Nahrungsmittelversorgung.

Ein wichtiges Ziel der Wirtschaftspolitik Guyanas liegt in
der Steigerung und Diversifizierung der industriellen Produktion. Als ausführende Behörde wurde als Nachfolgerin
der 1973 aufgelösten Industrial Development Corporation IDC
im Jahr 1974 die Small Industries Corporation eingesetzt.
Mit Hilfe einer entsprechenden Steuerpolitik sollen ausreichende Investitionsanreize geschaffen werden. Ziele dieser Steuerpolitik sind vor allem:[1]

1. Reduzierung des Konsums von importierten Gütern,

2. Verwirklichung einer spürbaren Importsubstitution,

3. Gewährung besonderer Vergünstigungen für Projekte, die
   a) arbeitsintensiv sind,
   b) lokal verfügbare Rohmaterialien nutzen,
   c) sich in den ländlichen Gebieten oder im dünn besie-
      delten Hinterland niederlassen,
   d) exportorientiert sind.

4. Gewährung von Sondervergünstigungen für Investoren, die
   ihre Gewinne in Guyana reinvestieren,

5. Gewährung von Sondervergünstigungen für Investitionen
   im Rahmen ausgewiesener agrarwirtschaftlicher Entwick-
   lungszentren,

6. stärkere Mobilisierung von Ersparnissen.

Investoren werden vor allem für folgende Industriezweige
und Produkte gesucht: Agroindustrien zur Reduzierung der
Nahrungsmittelimporte, Baumaterialien, Textilien und Bekleidung, Werkzeuge und elektrische Geräte sowie holzver-
arbeitende Industrie.
Die verarbeitende Industrie konnte jedoch trotz der verschiedenen Investitionsanreize für ausländische Interessenten, die bereits zum Grundbestandteil einer Industrieför-
derungspolitik gehören, wie z. B. Steuerbefreiung, begün-

1) Siehe Second Development Plan 1972 - 1976, S. 96.

stigte Abschreibungen, zollfreier Import von Rohmaterialien
und Investitionsgütern, nicht das erwartete Wachstum erreichen. Eines der wesentlichen Hemmnisse in der Industrialisierung liegt in der geringen Größe des einheimischen
Marktes, der Lageungunst im internationalen Verkehrsnetz,
in der teilweise nicht ausreichenden Infrastruktur (häufige
Stromausfälle), in der starken Abhängigkeit von importierten Rohmaterialien und nicht zuletzt aufgrund der Verstaatlichungen in einer Verschlechterung des - für ausländische
Investoren sehr wichtigen - Images von Guyana als Investi-
tionsland.

Mit dem Überwiegen einheimischer Betriebe ist die industrielle Struktur Guyanas durch das eindeutige Vorherrschen von
Kleinbetrieben gekennzeichnet. Grundlegende Änderungen in
dieser Betriebsgrößenstruktur gab es seit den 60er Jahren
nicht.

Tab. 30: Betriebsgrößenstruktur der verarbeitenden Industrie Guyanas 1965 und 1969

| Zahl der Beschäftigten | Zahl der Betriebe | |
	1965	1969
5 - 9	105	145
10 - 14	59	87
15 - 19	20	32
20 - 49	31	61
50 - 99	7	19
100 - 399	20	35
400 und mehr	7	5

Quelle: Second Development Plan 1972 - 76

Als raumbedeutsames Instrumentarium wird in Guyana wie in
den meisten karibischen Staaten das Industrieparkkonzept
eingesetzt. Allerdings muß berücksichtigt werden, daß zwischen dem in der Literatur häufig genannten Maximal-Katalog
an infrastrukturellen Vorleistungen und den in der Realität
anzutreffenden Infrastruktureinrichtungen von seiten der
Trägergesellschaft - in Entwicklungsländern meist eine staat-

liche Behörde - eine deutliche Diskrepanz besteht.[1] Die
größte Konzentration an verarbeitenden Industriebetrieben
findet sich am südlichen Stadtrand von Georgetown im 36 ha
großen "Ruimfeldt Industrial Estate", der mit ausreichender
Grundinfrastruktur versehen ist (Wasseranschluß, Abwasser-
beseitigung, Elektrizität, Straßenanschluß).[2]
In 21 Betrieben (Stand 1978) sind hier 2 314 Arbeitskräfte
tätig, wobei die Bekleidungsindustrie (825 Beschäftigte)
und die Möbelindustrie (529 Beschäftigte) die wichtigsten
Industriezweige darstellen. Ein Textilbetrieb, der sich
gegenwärtig im Aufbau befindet (555 Arbeitsplätze während
der Bauphase) wird voraussichtlich 900 Arbeitskräfte beschäftigen. Weitere wichtige Produkte sind Nahrungsmittel
und Getränke (376 Beschäftigte), Druckereierzeugnisse
(259 Beschäftigte) sowie Artikel der chemischen und phar-
mazeutischen Industrie (197 Beschäftigte).
"Beterverwagting Industrial Estate", ca. 10 km östlich von
Georgetown an der Küstenstraße gelegen, stellt mit 13 ha
den zweitgrößten Industriepark Guyanas dar und ist ebenfalls mit den notwendigen Grundinfrastruktureinrichtungen
versehen. Fünf Industriebetriebe (Nahrungsmittel, Bekleidung, Chemikalien, Schuhe, Geräteherstellung) beschäftigen
insgesamt 170 Personen. Freiflächen sind noch vorhanden und
sollen vor allem durch importsubstituierende Betriebe sowie
Betriebe, die heimische Rohstoffe verarbeiten, gefüllt
werden.

Der "New Amsterdam Industrial Estate" befindet sich auf der
Gemarkung der Stadt New Amsterdam, 110 km östlich von
Georgetown. Der Industriepark befindet sich noch im Aufbau
und soll nach Ausstattung mit der notwendigen Infrastruktur
auf 6,3 ha zunächst eine Leder-, eine Schuh- und eine Fahr-
radfabrik erhalten.

---

1) Zum Industriepark-Konzept in Westindien siehe HAAS,
   H.-D., 1976

2) Zur Lage der Industrieparks siehe Abb. 6.

Weitere fünf Industrieparks mit insgesamt 103 ha sind geplant, mit ihrem Aufbau ist teilweise bereits begonnen worden. Entsprechend der raumordnerischen Konzeption, die gut
ausgebaute Verbindungsstraße zwischen dem Bauxitzentrum
Linden und dem Flughafen Timehri (mit Anbindung an Georgetown) im Sinne einer wichtigen Entwicklungsachse als Leitlinie für Industriestandorte zu benutzen, konzentrieren
sich alle fünf neuen Industrieparks auf diesen Raum.

Das Ziel, Industriebetriebe vor allem in den Industrieparks
außerhalb der Hauptstadt Georgetowns anzusiedeln, soll durch
die regionale Staffelung von Steueranreizen erreicht werden.
Betriebe, die Steuerfreiheitsjahre in Anspruch nehmen können, erhalten je nach Ansiedlungsgebiet und raumordnungs-
politischer Einschätzung durch die Small Industries Corporation ein Maximum bzw. bei Ansiedlung in Georgetown ein
Minimum an Steuerfreiheitsjahren innerhalb der gesetzlichen
Regelung.
Aufgrund der genannten limitierenden Faktoren läßt sich für
Guyana keine rasche Steigerung der industriellen Produktion
erwarten. Auch die CARICOM-Zugehörigkeit bringt durch die
Konkurrenz von Mitgliedsländern, die über günstigere Voraussetzungen verfügen, wie z. B. Trinidad oder Barbados, auf
industriellem Gebiet nur geringe Vorteile. Eine Förderung
der Agrarwirtschaft bietet somit aufgrund der besseren Aus-
gangsbedingungen günstigere Aussichten auf eine Verbesserung
der wirtschaftlichen Lage. Ziele sollten hier vor allem die
heimische Selbstversorgung sowie die Exportorientierung auf
dem aufnahmefähigen karibischen Markt sein. Gerade für die
Viehzucht bieten sich Exportchancen in die - bezogen auf
die landwirtschaftliche Nutzfläche - meist dichtbesiedelten
Westindischen Inseln.

4.5.2 Surinams Entwicklungsmöglichkeiten außerhalb der
       Bauxitwirtschaft

Daß in Surinam neben der Steigerung agrarischer Exporte
mindestens ebenso dringlich die Selbstversorgung mit Nahrungsmitteln vorangetrieben werden muß, zeigt die Tatsache,
daß das Land 1973 für Sf 24,5 Mio Nahrungsmittel und für
Sf 3,9 Mio Getränke importierte. Dies entspricht einem Anteil von 10,1 % an den Gesamtimporten. Allerdings sind die
Aussichten für eine allgemeine Wiederbelebung der Agrarwirtschaft relativ gering.

Die Landwirtschaft wird von zwei divergierenden Entwicklungen geprägt. Charakteristisch für die kleinbäuerliche Landwirtschaft Mitte der 70er Jahre war eine anhaltende Landflucht, teils nach Paramaribo, in den Jahren 1974 und 1975
jedoch in hohem Maß in die Niederlande. Kennzeichen der Entwicklung der Großbetriebe ist die Konzentration der Produktion fast ausschließlich auf das rasch wachsende Naßreisprojekt in Nickerie-Wageningen im NW Surinams.
Eine Wiederbelebung der kleinbäuerlichen Landwirtschaft
wird zumindest kurzfristig nicht gelingen. Während 1959
noch 13 500 kleinbäuerliche Betriebe mit einer Betriebs-
fläche unter 20 ha existierten, wurden 1979 nur noch 4 000
Betriebe dieser Größenordnung bewirtschaftet (G. HINDORI
1981, S. 82).
Eine wichtige Rolle für die Betriebsaufgabe vieler Kleinbauern spielten das tatsächliche oder vermutete Angebot
attraktiverer Beschäftigungen in Paramaribo sowie schwere
Regenfälle im Jahr 1975, die vor allem in Kleinbetrieben
mit ihren unzureichenden Entwässerungsmöglichkeiten hohe
Ernteschäden verursachten, und eine darauffolgende Dürre
1976. Darüber hinaus trugen eine allgemeine Inflation mit
sehr geringen Erzeugerpreisen für landwirtschaftliche Produkte und gestiegene Investitionskosten mit zur allgemeinen
Reduzierung des kleinbäuerlichen Anbaus bei.

Vor allem die starke Emigration der 70er Jahre in die Niederlande hat zu einem Brachfallen weiter Anbauflächen geführt.
Insbesondere die hufendorfartig erschlossenen Agrarflächen
beidseits der von der Ost-West-Verbindung Paramaribo-Nickerie
durchzogenen Küstenebene sind vielfach von einer ausgeprägten Landflucht betroffen. Häufig werden nur noch die unmittelbar an der Straße gelegenen Flächen bebaut. Wie aus
Luftbildern ersichtlich ist, nimmt mit zunehmender Entfernung von der Straße auch der Grad des Verfalls zu.

Kleinbäuerliche Agrarprojekte sollen in Zukunft durch das
Konzept der Kooperativenbildung erleichtert werden, verbunden mit einer verbesserten allgemeinen Förderung durch den
Staat. Die 1972 zur Förderung kleinbäuerlicher Betriebe gegründete Agricultural Bank Ltd. konnte aus Mangel an ver-
fügbarem Kapital nur eine geringe Zahl von Kreditbewerbern
unterstützen.[1] In einem Agrarentwicklungsplan für den Zeitraum von 1978 - 92 werden Investitionen von ca. Sf 60 Mio
(= 57 Mio DM) vorgesehen und eine Schaffung von 700 neuen
Arbeitsplätzen in der Landwirtschaft geplant. Man erhofft
sich Produktionssteigerungen vor allem bei Reis, Mais, Milch,
Rindfleisch, Kokosnüssen und Palmöl. Am ehesten besitzt dabei die Reisproduktion[2] gute Aussichten, einen weiteren
Aufschwung durch ihre gute Qualität und die bestehenden
Zollpräferenzen auf dem EG-Markt (AKP-Abkommen) zu gegenwärtig relativ hohen Preisen zu erfahren.
Gegenüber dem Status einer holländischen Kolonie mit freiem
Zugang zum Mutterland hat die Erlangung der Unabhängigkeit
für die Reiswirtschaft Surinams allerdings den Nachteil
eines erschwerten Zugangs zum europäischen Markt gebracht.

---

1) Im Jahr 1975 wurden insgesamt 2,9 Mio Sf (= 2,75 Mio DM)
   an Krediten für die Landwirtschaft ausgegeben. Die Außen-
   stände 1976 betrugen insgesamt 7,75 Mio Sf (= 7,4 Mio DM)
   (Centrale Bank van Suriname).

2) Reis wurde bisher sowohl von Großbetrieben als auch von
   kleinbäuerlichen Betrieben angebaut. Der kleinbäuerliche
   Anbau ging jedoch in letzter Zeit stark zurück (siehe
   Abb. 4).

Mit der Unabhängigkeit 1975 und der Erlangung des AKP-Status 1976 erhielt zwar Surinam Handelspräferenzen auf dem EG-Markt für seinen Reis, jedoch wird dieser Zugang durch die Festsetzung von Abgaben auf Reisimporte erschwert. Mit der Steigerung der Abgaben je nach Verarbeitungsgrad wird gerade für gering industrialisierte Staaten wie Surinam eine Förderung der Weiterverarbeitung auf der Basis von Agroindustrien unterbunden. Lediglich 26,2 % der exportierten Reismenge bestand 1979 aus geschältem Reis, der zudem zu knapp 60 % in die französischen Überseedepartements geliefert wurde. Von insgesamt 100 288 t Reis, die in diesem Jahr in unterschiedlichen Verarbeitungsstufen exportiert wurden, gingen 98,5 % in die EG einschließlich der französischen Überseedepartements und davon wiederum 66,7 % an die Niederlande (siehe HINDORI, G. 1981, S. 82 ff).

Die in Surinam neuerdings verfolgte Politik der Förderung von Mittelbetrieben mit ca. 20 ha auf genossenschaftlicher Basis sowie die Einsetzung von Behörden zur Regelung der Bewässerung und Instandhaltung der Bewässerungseinrichtungen ("waterschappen") soll vor allem im Hinblick auf die sich verschärfende Arbeitsmarktsituation neue Arbeitsplätze schaffen und die ländliche Bevölkerung an die Agrargebiete binden. Allerdings dürfte es in einer hochgradig auf die Hauptstadt ausgerichteten Regionalstruktur und bei einem relativ geringen Sozialprestige der landwirtschaftlichen Tätigkeiten schwierig sein, eine ausreichende Zahl von Interessenten zu gewinnen.

Die Agrarwirtschaft der Großbetriebe war ebenfalls von einem allgemeinen Produktionsrückgang mit Ausnahme des Reisanbaus und der Palmölproduktion betroffen. Emigration, attraktivere Arbeitsplätze außerhalb der Landwirtschaft und daraus resultierender Arbeitskräftemangel vor allem zur Erntezeit, führten insgesamt Mitte der 70er Jahre zu einem Rückgang der in der Landwirtschaft Erwerbstätigen und damit zu einer Reduzierung der agrarischen Produktion und folglich auch der agrarischen Exporte. Dieser Rückgang, der besonders durch

den Niedergang der Zuckerwirtschaft verstärkt wurde, war
von einem gleichzeitigen Anstieg der Nahrungsmittelimporte
begleitet (siehe Tab. 28). Durch eine Erhöhung der Mechanisierung der Großbetriebe sowie durch die Beschäftigung
ausländischer Arbeitskräfte wird versucht, das Arbeits-
kräfteproblem zu lösen.

Entgegen dem Verfall der Zuckerwirtschaft vollzog sich
nach dem zweiten Weltkrieg eine umfangreiche Intensivierung
des Reisanbaus.[1] Das im Jahr 1951 begonnene Reisanbau-
projekt gilt als der Welt größtes mechanisiertes Naßreis-
anbaugebiet der Welt. Auf einer Fläche von 16 366 ha im
Jahr 1976 (Finanzielle Nota 1978, S. 57) - das entspricht
ca. 28 % der agrarisch genutzten Fläche Surinams - wird
etwa ein Drittel der Gesamtproduktion an Reis hauptsächlich für den Export in Monokultur angebaut. Ca. 900 Voll-
zeitbeschäftigte und 100 bis 200 Saisonarbeiter sind hier
tätig. Trotz der bedeutenden Arbeitslosigkeit ist Surinam
hier auf die Anwerbung ausländischer Arbeitskräfte, vor
allem Guyanesen und Brasilianer, angewiesen.
Die Wachstumsphase in der Reiswirtschaft Surinams ist somit
bei weitem noch nicht abgeschlossen. Bezeichnend für die
Situation des Reisanbaus ist auch die Tatsache, daß die Reis-
anbaufläche sich gerade im Lauf der 70er Jahre auf ca.
62 000 ha (1980) erhöhte, während die Anbaufläche aller
übrigen Produkte infolge zahlreicher Betriebsaufgaben durch
die Emigration von Arbeitskräften, und durch die allgemeine
Unsicherheit im Zuge der Erlangung der Unabhängigkeit 1975
im Jahr 1976 auf 7 600 ha abgesunken war (HINDORI, G. 1981,

---

1) Der Reisanbau besitzt in Surinam eine lange Tradition.
   Reis wurde hier bereits vor der Ankunft der indischen
   und javanischen Kontraktarbeiter angebaut. Den Anreiz
   zur Ausdehnung des Anbaus gaben jedoch wie in Guyana
   erst die Ernährungsgewohnheiten der Immigranten. Zwischen 1895 und 1915 mußten jährlich über 4 000 t Reis
   importiert werden, danach sank der Import beständig ab.
   (GOSLINGA, C. 1979, S. 162).

S. 81 f).[1] Trotz aller Probleme einer hochmechanisierten
Reismonokultur, zu denen auch die Kapitalintensität und das
geringe Arbeitsplatzangebot gehören, bietet die Reiswirtschaft in Nickerie-Wageningen die besten Aussichten einer
Produktionszunahme.
Die Erzeugung von Palmöl, bei der Surinam aufgrund der günstigen physischen Voraussetzungen hohe Wachstumsraten in
Zukunft erwartet, ist in größerem Stil erst vor wenigen Jahren begonnen worden. Einen Produktionszuwachs erhofft man
sich ebenfalls in Zusammenhang mit der West-Surinam-Er-
schließung (siehe Kap. 7.1.3).
Gute Wachstumschancen besitzt die Hochseefischerei, die zur
Zeit noch auf einem niedrigen Standard steht, und dabei vor
allem die Krabbenfischerei, die bisher vornehmlich von ja-
panischen Trawlern mit Stützpunkt in Surinam durchgeführt
wurde.

Ähnlich wie die Agrarproduktion, die - mit Ausnahme der erwähnten Möglichkeiten in der Reis- und Palmölproduktion -
zum gegenwärtigen Zeitpunkt keine oder nur eine geringe
Belebung erwarten läßt, zeigte auch die Industrie bis Mitte
der 70er Jahre nur geringe Anzeichen einer Produktionserweiterung. Die Industrieproduktion Surinams beschränkt sich
auf eine geringe Anzahl von Industriegütern, deren bedeutendste - am Wert der Produktion 1978 gemessen - Nahrungsmittel und Getränke und Zigaretten sowie Viehfutter darstellen. Die Bedeutung der Industrie hat seit Mitte der
60er Jahre bis Mitte der 70er Jahre nicht zugenommen. Diese
Phase einer ausgeprägten Stagnation betraf sowohl die Zahl
der Industriebeschäftigten als auch den geschaffenen infla-
tionsbereinigten Wert (Jaarplan 77, III, S. 107 ff). Als
Gründe für ein geringes Wachstum der Industrie nennt 1972

---

1) Folgt man der Verteilung der Anbaufläche seit 1955 (siehe
   Abb. 4), so wird deutlich, daß neben kleineren Anbauflächen für Kaffee und Kakao, Ölpalme, Zitrusfrüchten, Zuk-
   kerrohr - das in den Statistiken trotz fast völliger Einstellung der Produktion noch nach seiner früheren Anbaufläche ausgewiesen wird - und verschidenen tropischen
   Grundnahrungsmitteln wie Knollengewächse u. ä. allein die
   Reiswirtschaft die Agrarsituation Surinams grundlegend
   prägt.

Tab. 31: Surinam: Industrielle Produktion ausgewählter
Güter 1978 (ohne Holzverarbeitung) in 1 000 Sf

Nahrungsmittel und Getränke	26 339
Zucker	4 529
Speiseöl, Margarine	5 086
Zigaretten, Zigarren	15 019
Viehfutter	20 651
Schuhe	3 928
Zement	7 639

Quelle: Kwartaalstatistiek van de industrielle Produktie,
Juli 1979

ein UNIDO-Bericht (1972, S. VII) die geringe Größe des einheimischen Marktes, mangelnde Wettbewerbsfähigkeit auf ausländischen Märkten, Mangel an Management und Fachkräften,
geringe Informationen für potentielle Investoren,[1] unge-
eignete Betriebsgenehmigungsverfahren, schwieriger Zugang
zu Krediten für noch nicht fest etablierte Unternehmen,
Mangel an zwischenbetrieblichen Verflechtungen, hohe Energiekosten und die extreme räumliche Konzentration der wirtschaftlichen Aktivitäten auf den Bereich der Hauptstadt.
Nach 1975, dem Jahr der Unabhängigkeit, stieg jedoch die
Industrieproduktion rasch an und erreichte im ersten Quar-
tal 1979 einen Mengenindex von 173 (1970 = 100). Nicht erhöht hat sich dagegen die Zahl der Industriebeschäftigten,
die 1979 den gleichen Stand wie 1972 (5 433 Beschäftigte)
aufwies.
Die industrielle Entwicklung Surinams zeigt, daß die von
W. GERLING (1958/59, S. 459) herausgearbeitete Industrialisierung im Rahmen einer Importsubstitutionsstrategie als
Folge der Handelsunterbrechung während des 2. Weltkrieges
nicht für alle karibischen Staaten gleichermaßen zutrifft.
Zu den bereits genannten Industrialisierungshemmnissen, die

---

1) Die Einsetzung einer Institution zur Förderung des Indu-
strialisierungsprozesses nach Art der in den anderen karibischen Staaten meist bestehenden Industrial Development Corporations (IDC) wurde erst 1981 durchgeführt.

Tab. 32: Surinam: Index der Industrieproduktion 1970 - 1979
(1970 = 100)

	1970	'71	'72	'73	'74	'75	'76	'77	'78	'79*
Industrie										
Menge	100	107	114	115	107	110	130	147	163	173
Wert	100	112	119	151	172	184	223	256	302	362
Preisindex	100	105	106	140	172	179	188	197	211	228

Quelle: Kwartaalstatistiek van de Industrielle Produktie,
Suriname in cijfers No. 93, Juli 79, Tab. 10

* 1. Kwartaal

für viele Entwicklungsländer Gültigkeit besitzen, kommt noch
das für kleine Betriebe schwierige Problem der Finanzierung
hinzu, da die lokalen Banken stärker auf die Finanzierung
von Handelseinrichtungen als auf Industrie- oder Handwerks-
betriebe eingestellt sind.
Ansätze für weitere Industrien finden sich vor allem in der
nahrungsmittelverarbeitenden Industrie sowie in der Bekleidungsindustrie. Im Rahmen einer Importsubstitution kann ein
Teil der Gebrauchsgüter lokal produziert werden, für Investitionsgüter ist dies in der Regel nicht möglich. Eine Exportorientierung wird durch die geringe Konkurrenzfähigkeit
surinamischer Produkte sowie durch die sehr schlechten Luft-
und Seeverkehrsverbindungen zu anderen Staaten erheblich
behindert. Es zeigt sich hier somit eine ähnliche Situation
wie in Guyana.

Die geringe Beachtung industrieller Belange drückt sich auch
in dem seit 1972 gültigen "Investment Ordinance of Suriname"
aus,[1] in dem die finanziellen Investitionsanreize noch sehr
gering detailliert festgelegt sind:

- Einkommenssteuerbefreiung für neue Industriebetriebe für
  das Jahr der Produktionsaufnahme und die folgenden 5 Jahre,
  erweiterungsfähig für maximal weitere 5 Jahre für Industrien mit hohen Investitionen sowie für arbeitsintensive
  Betriebe.

---

1) Investment Ordinance of Suriname as amended by Parliament,
   August 20th, 1973, operative retroactive as per January
   1st, 1972

- Freie Abschreibungserlaubnis für die Erstausstattung neuer
  Betriebe.

- Beschleunigte Abschreibung der Erstausstattung bei Erweiterungen.

- Zeitweilige Zollbefreiung für neue Betriebe und Erweiterungen bei Kapitalgütern, Rohstoffen und Hilfsstoffen.

- Die Investition soll dabei mindestens Sf. 50 000, die
  jährliche Lohnsumme mindestens Sf. 20 000 betragen.

Vier Maßnahmevorschläge sollen eine stärkere Industrialisierung erleichtern (Jaarplan 77, III, S. 107 f):

- Gründung einer Industrieförderungsgesellschaft (1981 verwirkl.)
- Bereitstellung von Industrieflächen und -hallen,
- Inanspruchnahme eines Beratungsunternehmens,
- Gründung einer nationalen Entwicklungsbank.

Surinam verfügt bereits über drei kleinere Industrieparks,
ein weiterer befindet sich im Aufbau. Dabei ist jedoch der
in der Literatur meist geforderte Katalog an Einrichtungen
und Dienstleistungen in noch geringerem Maß als in Guyana
gegeben. Es handelt sich bei diesen "Industrieparks" im
wesentlichen um Gelände der öffentlichen Hand, auf dem teilweise Kleinfabrikhallen vom Staat erstellt werden. Die Lage
dieser vier Industrieparks in den südlichen Stadtteilen und
Vororten Paramaribos reflektiert die Konzentration der industriellen Tätigkeit auf die Hauptstadtregion[1] und macht
deutlich, wie wenig bisher ein Konzept der Dezentralisierung
verfolgt wurde. Eine ähnlich vielfältige Struktur weist nur
noch der Distrikt Nickerie auf, der neben Betrieben der Nah-
rungs- und Genußmittelindustrie über eine relativ bedeutende
Möbelherstellung verfügt.

Aufgrund der peripheren weltwirtschaftlichen Lage und der
schlechten Verkehrsverbindungen ist das Interesse ausländischer Investoren im Bereich der verarbeitenden Industrie
gering. Zudem verfügt Surinam über keine Vorteile gegenüber
seinen Konkurrenten aus dem Karibischen Raum. Die bereits

---

1) Durch den Einschluß von Handwerksbetrieben in der In-
   dustriestatistik ist der Begriff "Produzierendes Gewerbe"
   zutreffender.

Abb. 18

Verbreitung nicht-agrarischer Arbeitsplätze in Surinam am 1. 1. 1974 (ohne öffentl. Dienst)

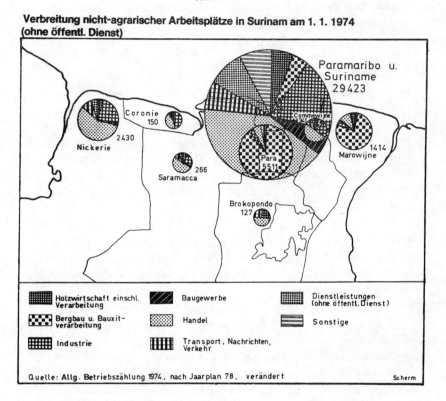

Holzwirtschaft einschl. Verarbeitung	Baugewerbe	Dienstleistungen (ohne öffentl.Dienst)	
Bergbau u. Bauxit- verarbeitung	Handel	Sonstige	
Industrie	Transport, Nachrichten, Verkehr		

Quelle: Allg. Betriebszählung 1974, nach Jaarplan 78, verändert   Scherm

für **Guyana** angeführten Probleme einer Industrialisierung
gelten auch für Surinam. Es kann weder durch einheimische
Klein- oder Mittelbetriebe noch durch ausländische Investoren eine Industrie aufgebaut werden, die die Vormachtstel-
lung der mineralischen Rohstoffwirtschaft deutlich reduzieren könnte.[1]

---

1) Sowohl Guyana als auch Surinam streben eine Stärkung
   der Wirtschaft sowohl durch Förderung des Ausländer-
   tourismus wie auch des Binnentourismus an. Dieser Wirtschaftszweig ist jedoch bisher aufgrund seines - vor
   allem in Guyana - geringen Umfangs vernachlässigbar.

4.5.3 Der Beitrag nicht-bauxitischer Rohstoffe zur Wirt-
        schaftsentwicklung

Angesichts der hohen Bedeutung der Bauxitwirtschaft sind
die sonstigen mineralischen Rohstoffe beider Länder[1] bis
in die Zeit nach dem 2. Weltkrieg kaum beachtet worden.
Bisher wurden oberflächliche geologische Aufnahmen durchgeführt, doch von einer umfassenden Prospektion kann noch
nicht gesprochen werden, so daß mit weiteren Rohstoffunden
vor allem im Bereich des Berglandes von Guayana zu rechnen
sein wird.
Potentielle Lagerstätten von hoher wirtschaftlicher Bedeutung sind bei Erdöl gegeben. Seit 1973 brachten verschiedene
Gesellschaften off-shore-Bohrungen mit bisher allerdings
geringem Erfolg nieder. Man vermutet eine Fortsetzung öl-
führender Schichten von Trinidad über das Orinoco-Delta und
den Kontinentalschelf Guyanas bis nach Surinam.[2]
Weitere Öllagerstätten in Guyana werden im Takutu-Graben
vermutet, der das Land in eine nördliche und eine südliche
Hälfte unterteilt.[3]
Im Zusammenhang mit dem Bauxitgürtel sind in Guyana auch
reiche Kaolinlager anzutreffen. Beste Abbaubedingungen ergeben sich bei Ituni, da hier durch den Bauxitabbau das

---

1) Abgesehen von Gold und Diamanten.

2) Im Bereich des Kontinentalschelfes vor der Küste Surinams
   wurden in einem gemeinsamen Unternehmen von Exxon, Shell
   und Elf in den vergangenen 20 Jahren bisher fünf Probe-
   bohrungen niedergebracht. Nachgewiesen sind on-shore-
   Lagerstätten in Surinam am Saramacca, ca. 60 km westlich
   von Paramaribo. Für den Export sind sie allerdings zu
   wenig ergiebig, würden jedoch den einheimischen Bedarf
   für einige Jahrzehnte decken (Auskunft Mijnbouwkundige
   Dienst).

3) Dieses Becken von etwa 60 km Breite und auf guyanischer
   Seite etwa 110 km Länge erstreckt sich weiter in süd-
   westlicher Richtung nach Brasilien. Die Tiefe des z.T. mit
   Sedimenten der Kreide und des Jura verfüllten Beckens
   wird auf zwischen 2 000 und 6 500 m geschätzt.

Kaolin bereits freigelegt ist. Es bestehen Pläne zum Bau
einer Kaolinverarbeitungsanlage mit einer Kapazität von rund
140 000 Jahrestonnen, die etwa zu einem Drittel für den Export bestimmt sein sollen. Nutzbar sind ebenfalls ausgedehnte
Lagerstätten von Glassanden, die eine Mächtigkeit bis zu 70 m
erreichen. Weiße Sande von höchstem Reinheitsgrad, die sich
gut für die Glaserzeugung eignen, bedecken etwa eine Fläche
von 3 200 km^2 im NE von Guyana.[1] Ein entsprechendes Werk
wurde inzwischen Ende der 70er Jahre mit chinesischer Unterstützung errichtet.[2]

Eine Möglichkeit zur Importsubstitution im Agrarbereich,
die sich relativ leicht verwirklichen ließe, bieten ausgedehnte Muschellagerstätten an der NW-Küste. Diese Lagerstätten könnten zu Kalkdünger verarbeitet werden. Da es in Guyana keine anderen Vorkommen an Kalk gibt, bietet sich die Nutzung dieser und auch fossiler landeinwärts gelegener Muschel-
bänke an. Es ließen sich jährlich mehrere Mio G$ an Dünge-
mittelimporten einsparen sowie durch den Aufbau einer Zement-
industrie der Mangel an Baumaterialien ausgleichen.
Als weitere Bodenschätze, die möglicherweise in Zukunft Bedeutung erlangen könnten, gegenwärtig wegen geringer bekann-
ter Vorkommen, isolierter Lage der Verkehrserschließung oder
zunehmender Investitionskosten noch nicht als abbauwürdig
gelten, sind zu nennen: Kupfer, Molybdän, Tungsten, Eisenerz, Nickel, Magnesit, Quarzkristalle und verschiedene radio-
aktive Gesteine.

---

1) Diese bereits erwähnten "Weißen" wie auch die "Braunen
   Sande" mit einer gering mächtigen Bodenbedeckung, er-
   strecken sich in Guyana insgesamt über eine Fläche von
   ca. 13 000 km^2 und bedingen durch ihre Unfruchtbarkeit
   die geringe agrarische Nutzungsmöglichkeit dieses unmittelbar südlich an die fruchtbare Küstenebene angren-
   zenden Gebietes.

2) Die VR China stellte 1972 Guyana ein zinsloses Darlehen
   in Höhe von US$ 26 Mio zum Aufbau dieser Glasfabrik, ei-
   ner Ziegelei (1976 fertiggestellt) und einer Textilfabrik
   zur Verfügung (HORVATH, J. 1976, S. 13). Vor allem für die
   Glasfabrik werden gute Absatzchancen auf dem CARICOM-Markt
   erwartet, da es sich um das einzige derartige Unternehmen
   im CARICOM-Bereich handelt.

Zusammenfassend läßt sich sagen, daß sich derzeit noch kein
Vorkommen mineralischer Bodenschätze abzeichnet, das die
Bedeutung des Bauxits einmal erlangen könnte. Umfang und
Förderwürdigkeit der Öllagerstätten, die bei der gegenwärtigen weltwirtschaftlichen Nachfrage die besten Voraussetzungen dafür liefern, sind bisher noch nicht endgültig geklärt. Andererseits verfügen Guyana und Surinam über ein
reiches Angebot an mineralischen Rohstoffen, die nach und
nach Bedeutung erlangen könnten. Eine industrielle Verarbeitung dieser Rohstoffe, wie die Beispiele der Glasfabrik
und der Ziegelei zeigen, kann somit in Zukunft einen gewis-
sen Industrialisierungsprozeß unterstützen.

5. WELTWIRTSCHAFTLICHE RAHMENBEDINGUNGEN DER ALUMINIUM-INDUSTRIE

5.1 Die Entwicklung der Weltproduktion

Innerhalb weniger Jahrzehnte hat sich Aluminium zu einem
für die industrielle Produktion unentbehrlichen Material
entwickelt. Auf der Pariser Weltausstellung 1855 als Sen-
sation gefeiert, war Aluminium um die Jahrhundertwende noch
sehr gering verbreitet, steht aber heute nach Stahl an zweiter Stelle der metallischen Werkstoffe der Welt (HÜTTERMANN,
A. 1979, S. 1 f). Seine Bedeutung wird in Zukunft noch weiter steigen, auch wenn für bestimmte Verwendungszwecke sich
bereits eine wachsende Konkurrenz durch Kunststoffe abzeichnet.

Die Bauxitproduktion, die vor dem Jahr 1923 noch unter 1 Mio
Tonnen lag, erreichte - als Folge des Zweiten Weltkrieges -
1943 bereits 14 Mio Tonnen. Dieser Wert wurde nach einem
starken Absinken der Produktion in der Nachkriegszeit erst
1954 mit 16,3 Mio Tonnen wieder überschritten und erreichte
nach einem fast ununterbrochenen Verbrauchsanstieg 1977
85 Mio Tonnen (siehe Abb. 19, Bauxitproduktion). 35,5 % der
Förderung 1977 entfielen dabei auf die westlichen Industrieländer, 52,1 % auf Entwicklungsländer und 12,4 % auf Staatshandelsländer.

Die Abhängigkeit der Rohstoffproduzenten von der internationalen
Nachfrage zeigt sich besonders deutlich an der Zunahme der
Bauxitgewinnung im Laufe des Zweiten Weltkriegs und dem
darauffolgenden Rückgang.[1]
Die Weltvorräte an Bauxit werden auf insgesamt 17,3 Mrd. t

---

[1] Eine ähnliche Entwicklung ergab sich auch bei der chile-
nischen Kupferproduktion. Hier sank der Export der chi-
lenischen Großminen von 490 000 t durch den kriegsbeding-
ten Nachfragehöchststand im Jahr 1944 auf 323 000 t 1954,
als die USA mit dem Ende der Koreakrise kaum noch auf
Kupferimporte angewiesen waren (BÄHR, J. 1979, S. 156).

Entwicklung der Weltbauxitproduktion 1920-1979

Abb. 19

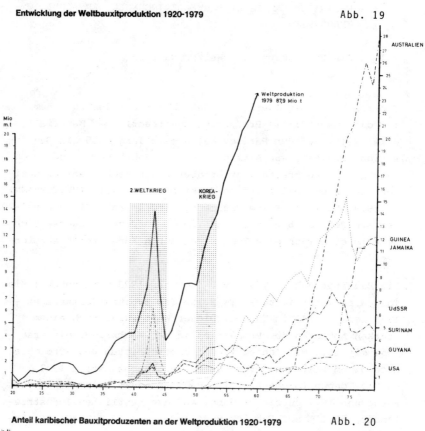

Anteil karibischer Bauxitproduzenten an der Weltproduktion 1920-1979

Abb. 20

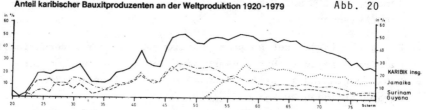

Quelle: Metallstatistik

(1977) geschätzt, wobei 30,8 % auf westliche Industriestaaten, 67,3 % auf Entwicklungsländer und 1,9 % auf Staatshandelsländer entfallen (BMZ 1980, Tab. 3). Dabei ist jedoch zu beachten, daß der Anteil kostengünstig abzubauender
und zu verarbeitender Bauxite relativ gering ist und daß
hier in den nächsten Jahrzehnten voraussichtlich eine spür-
bare Verknappung eintreten wird.

Ebenso wie die Bauxitproduktion erlebte auch die Hüttenalu-
miniumerzeugung, die in den 20er Jahren noch zwischen ca.
100 000 und 280 000 t betrug, 1943 einen ersten Höhepunkt,
als knapp 2 Mio t produziert wurden. Bis 1977 hatte sich
die Weltproduktion auf 14,2 Mio t erhöht, während sich der
Gesamtverbrauch einschließlich Umschmelzaluminium und
Schrotteinsatz auf 17,6 Mio t gesteigert hatte. Der Ausbau
der Kapazität für Hüttenaluminium ist bis 1984/85 auf einen
jährlichen durchschnittlichen Verbrauchsanstieg von 5 % ab-
gestellt, wobei der Aufbauschwerpunkt in Australien liegt
(Metallstatistik 1979, S. VIII).

Im Laufe der Entwicklung des Bauxitbergbaus hatten die in
den 20er Jahren führenden Produzentenländer Frankreich und
USA sehr rasch ihre Stellung eingebüßt. Die weltwirtschaftliche Bedeutung der Bauxitgewinnung der USA erlebte 1943
noch einen Höhepunkt, als die USA 45,3 % der Weltproduktion
erzeugten und die drei führenden Länder USA (45,3 %), Guyana (14,1 %) und Surinam (11,9 %) zusammen 71,3 % der Weltbauxitproduktion auf sich vereinigten.
Umfangreiche Prospektionen und eine steigende Nachfrage nach
Aluminium ließen in der Nachkriegszeit weitere Länder als
Bauxitproduzenten rasch an Bedeutung gewinnen. In den 50er
Jahren war es vor allem Jamaika, das 1957 zum größten Bauxitproduzenten aufstieg. Mitte der 60er Jahre begann die
Produktionssteigerung in Australien, das bereits seit den
20er Jahren unbedeutende Mengen Bauxit abbaute, und 1971
den ersten Platz in der Weltförderung erreichte. Um 1960
und wiederum Anfang der 70er Jahre verzeichnete Guinea einen

raschen Produktionsanstieg und überflügelte 1976 und wiederum 1979 Jamaika. Die Entwicklung nach dem 2. Weltkrieg
brachte somit eine völlig neue Situation in der Weltbauxitproduktion mit sich. Mit der Entdeckung neuer Lagerstätten
oder durch die Verschiebung der Rentabilitätsgrenze hin zu
schlechteren Bauxiten wird sich auch in Zukunft die Rangfolge der Produzentenländer ständig verändern.[1]

5.2   Der Bedeutungsrückgang karibischer Bauxitproduzenten

Die sehr rasche Zunahme der Weltbauxitproduktion ist für
Guyana und Surinam mit einem seit Anfang der 50er Jahre
permanenten Bedeutungsverlust der beiden Staaten im Vergleich zur Weltproduktion verbunden (vgl. Abb. 19 und 20).

Weltwirtschaftliche Bedeutung erlangten Guyana und Surinam
erstmals im Zuge des 2. Weltkrieges, als trotz einer gewaltigen einheimischen Produktionssteigerung die USA auf ausländischen Bauxit zurückgreifen mußten. Nach einem kurzfristigen Produktionsrückgang am Ende des 2. Weltkriegs erreichte Guyana nach einer mit Schwankungen verbundenen Zunahme
der Bauxitproduktion 1970 mit 4,4 Mio t den Höchststand seiner Produktion. Surinam folgte nach einem geradlinigeren
Anstieg 1972 mit 7,8 Mio t Jahresproduktion.[2] Jamaika er-

---

1) So könnte Kamerun zu einem der größten Bauxitproduzenten
   aufsteigen, da hier umfangreiche Lagerstätten entdeckt
   wurden, die allerdings beim gegenwärtigen Preisniveau
   noch nicht bauwürdig sind (siehe SCHÖNENBERG, R. 1979,
   S. 80). Guinea produziert derzeit 13,9 % (1979) der Weltproduktion, besitzt jedoch über ein Drittel der bekannten
   Weltvorräte. Brasilien, das 1977 ca. 1 Mio t Bauxit produzierte, wird Anfang der 80er Jahre Bauxit aus einer neu
   erschlossenen Lagerstätte am Rio Trombetas, einem linken
   Nebenfluß des Amazonas an der Südabdachung des Berglandes
   von Guayana, exportieren.

2) Die Angaben der Metallstatistik beziehen sich auf die jeweiligen amtlichen Statistiken der Länder. Unterschiedliche Nässe- und Metallgehalte sind nicht berücksichtigt.
   So wird z. B. für Guyana und Jamaika das Trockengewicht,

reichte 1974 mit 15,3 Mio t den Höchststand seiner Produktion. Wenige Jahre nach dem Beginn des Bauxitabbaus Anfang der 50er Jahre hatte Jamaika sehr rasch Guyana und Surinam als wichtigste Bauxitlieferanten für die Tonerdewerke und Aluminiumhütten in den USA und Kanada übertroffen. Mit einem Anteil an der Weltproduktion von 25,2 % hatte Guyana 1946, von 27,9 % Surinam 1947 und mit 27,2 % schließlich Jamaika 1958 den relativen Bedeutungshöhepunkt erreicht. Der Anteil des karibischen Bauxits, der 1948 50,5 %, 1957 51,5 % und 1966 immerhin noch 46,7 % der Weltproduktion betragen hatte, ging nunmehr fast stetig bis auf 23,5 % im Jahr 1979 zurück.

<u>Tab. 33:</u> Reserven karibischer und führender nicht-karibischer Bauxitproduzenten

	Reserven in Mrd. t			Produktion 1976 in Mio t[1]
	1)	2)	3)	
Jamaika	2,134	1,0	0,6	10,311
Haiti	0,005			0,635
Dominikan. Rep.	0,017	0,125[a]		0,529
Guyana	1,810		0,08	3,134
Surinam	0,412		0,2	4,612
Australien	5,175			24,085
Brasilien	3,192			1,000
Guinea	12,530			11,316
Welt		15,0		80,7[4]

a) einschließlich Haiti

Quelle: 1) International Bauxite Ass. 1977 und 1978, nach AUTY, R. M. 1980, S. 174
2) WEAVER, John 1977
3) US Bureau of Mines 1970, zit. nach PERSAUD, Th. 1976, S. 46
4) Metallstatistik 1980, S. 12

für Surinam das Gewicht des noch feuchten Bauxits angegeben. Ferner ist jeweils die gesamte Abbaumenge angegeben, ohne den eventuell für die inländische Verarbeitung anfallenden Anteil für die Weiterverarbeitung zu berücksichtigen. Produktions- und Exportziffern können somit von Land zu Land erheblich differieren.

Die Lagerstätten der Dominikanischen Republik und Haitis
sind nicht sehr umfangreich. Die Lagerstätten Französisch-
Guayanas, das ebenfalls über Bauxit verfügt, sind bei den
derzeitigen wirtschaftlichen Gegebenheiten noch nicht bauwürdig. Die bereits erwähnten umfangreichen Reserven in
anderen Staaten, die zum Teil aufgrund der geologischen
Lagerungsverhältnisse kostengünstiger abzubauen sind,[1]
lassen einen weiteren Bedeutungsrückgang karibischen Bauxits mit Sicherheit trotz der neuen Abbauprojekte in Surinam (siehe Kap. 7.1) und der teilweise als umfangreich ein-
gestuften Reserven (siehe Tab. 33) erwarten.[2]

5.3   Struktur und Besitzverteilung in der Aluminiumwirt-
       schaft

Struktur und Besitzverteilung in der Aluminiumwirtschaft
lassen sich zum einen nach der Verteilung der Bauxitvorräte und -produktion und nach der weltweiten Verteilung
der Aluminiumerzeugung nach Ländern und Ländergruppen und
zum anderen nach dem Anteil staatlicher oder privater Unternehmen an der Weltproduktion darstellen. Von den zehn
bedeutendsten Bauxitförderländern im Jahre 1979, die 87,4 %
der Weltproduktion auf sich vereinigten, wurden 56,3 % der
Weltproduktion an Tonerde und 23,1 % der Weltproduktion an
Hüttenaluminium erzeugt (vgl. Tab. 34). Guinea, Jamaika und
Guyana auf Platz 2, 3 und 6 in der Rangliste der Bauxitproduzenten verfügen über keine, Australien (1) und Surinam (5)
über eine nur sehr geringe Aluminiumproduktion. Unter den
führenden Bauxitproduzenten erzeugt somit lediglich die So-

---

1) Durch die zunehmende Erschöpfung der am besten zugänglichen Lagerstätten gerade in den beiden Staaten Guyana
   und Surinam, die bereits über eine ca. 65jährige Tradition des Bauxitabbaus verfügen, ergibt sich eine wachsende Steigerung der Abbaukosten (vgl. Kap. 3.5.2).

2) Tab. 33 macht zugleich die Schwierigkeit einer exakten
   Bestimmung der Reserven deutlich.

wjetunion (4) mit einem Wert von 147,7 % mehr Aluminium als
der nationalen Bauxitproduktion entspricht.[1] Importe kommen vor allem aus den osteuropäischen Ländern, wie z. B.
Ungarn, das große Teile seiner Bauxit- und Tonerdeproduktion an die UdSSR liefert. Noch höhere Werte erreicht z. B.
der mit 1,75 Mio t 1979 eine relativ geringe Jahresbauxit-
produktion aufweisende bedeutende Aluminiumproduzent USA,
der über eine 7fach höhere Tonerdeproduktion und über eine
10fach höhere Aluminiumproduktion verfügt als seiner nationalen Bauxitförderung entspricht.

Tabelle 35 zeigt die von Rohstoff zu Rohstoff unterschiedliche Tendenz einer steigenden Verarbeitung im Proudzenten-
land. Dabei ergeben sich besonders für Kupfer, Zinn, Blei
und Nickel hohe Anteile verarbeiteter Rohstoffe an der Gesamtproduktion, während dieser Wert für Aluminium derzeit
noch relativ bescheiden ist. Allerdings zeichnen sich gerade auch bei Aluminium verstärkte Tendenzen der Erzeugung
im Bauxitförderland oder der Aluminiumverhüttung in Entwicklungsländern ohne eigene Rohstoffbasis, die jedoch über
eine ausreichende und billige Energie verfügen, ab.[2] Erfolge
in den Bestrebungen der Entwicklungsländer, den Export unverarbeiteter Rohstoffe zugunsten von Metall zu reduzieren,
zeigen auch die Einfuhren der OECD-Länder an Bauxit und
Aluminium aus Entwicklungsländern.[3] Im Zeitraum von 1964 -

---

1) Die in der Sowjetunion in größerem Maß verwendeten nicht-
   bauxitischen Aluminiumrohstoffe Alunit und Nephelinkon-
   zentrate sind hier mit berücksichtigt.

2) Einzelbeispiele, wie die erwähnte, bisher unbedeutende
   Verhüttung in dem westlichen Industrieland Australien
   sowie Beispiele aus Ägypten oder Ölförderstaaten des
   Persischen Golfes, wo eine Aluminiumindustrie auf der
   Energiegrundlage ohne Rohstoffbasis besteht bzw. aufgebaut wird - das Beispiel der Philippinen, wo mit Hilfe eines geothermischen Kraftwerks im Lande gewonnener
   Bauxit zu Aluminium verhüttet werden soll oder Guinea,
   das unter Nutzung der heimischen Hydroenergie eine nationale Aluminiumproduktion plant (BfA, Oktober 1979) -
   zeigen deutlich, daß hier in Zukunft stärker zu diffe-
   renzieren sein wird.

3) HOFFMEYER, M.; NEU, A. 1978, Tab. A 13, nach OECD- und
   UN-Statistiken.

Tab. 34: Bauxit-, Tonerde- und Hüttenaluminiumproduktion der 10 bedeutendsten Bauxitproduzenten 1979

	Bauxit		Tonerde		Hüttenaluminium		Produktion von	
	in Mio t	in % der Weltförd.	in Mio t	in % der Weltförd.	in Mio t	in % der Weltförd.	Tonerde in % der nationalen Bauxitförderung 1)	Hüttenalum. in % der nationalen Bauxitförderung 1)
1. Australien	27,6	31,4	7,4	22,9	0,27	1,8	53,6	3,9
2. Guinea	12,2	13,9	0,7	2,2	-	-	1,1	-
3. Jamaika	11,5	13,1	2,1	6,5	-	-	36,5	-
4. UdSSR	6,5	7,4	3,2	9,9	2,4	15,8	98,5	147,7
5. Surinam	4,7	5,3	1,2	3,7	0,06	0,4	51,1	5,1
6. Guyana	3,4	3,9	0,3	0,9	-	-	17,6	-
7. Jugoslawien	3,0	3,4	0,8	2,5	0,17	1,1	53,3	22,7
8. Ungarn	3,0	3,4	0,8	2,5	0,07	0,5	53,3	9,3
9. Griechenland	2,9	3,3	0,5	1,5	0,14	0,9	34,5	19,3
10. Frankreich	2,0	2,3	1,2	3,7	0,4	2,6	120,0	80,0
Summe	76,8	87,4	18,2	41,4	3,51	4,0	47,4	18,3
Weltproduktion	87,9	100	32,3	100	15,2	100	100	

1) Es wird hier von einem durchschnittlichen Mengenstrom von 4 t Bauxit = 1 t Aluminium ausgegangen. Somit geben die Zahlen den Prozentanteil der theoretisch erreichbaren Menge bei vollständiger Verarbeitung des geförderten Bauxits an.

Primärdaten: Metallgesellschaft AG, Metallstatistik 1980

Tab. 35: Anteil der Entwicklungsländer an der Weltproduktion
verarbeiteter Rohstoffe 1960, 1970 und 1980[1]

	Anteil verarbeiteter Rohstoffe an der Gesamtproduktion in %		
	1960	1970	1980[1]
Aluminium	3	10	22
Blei	57	69	75
Eisen	23	25	26
Kupfer	75	78	95
Mangan	16	18	42
Nickel	94	68	75
Phosphor	13	15	38
Zinn	66	79	86
Zink	29	42	61

1) Schätzung

Quelle: Weltbank, zit.nach KEBSCHULL,D.; SCHOOP,H.G. 1975,S.14

1973 stieg dieser Wert für Bauxit und Konzentrate (SITC
283.3) nominell geringfügig von 222,8 Mio US$ auf 261,8 Mio
US$. Im selben Zeitraum erhöhte sich der Importwert für un-
bearbeitetes Aluminium (SITC 684,1) von 24,5 Mio US$ auf
176,2 Mio US$ und für bearbeitetes Aluminium (SITC 684.2)
von 5 Mio US$ auf 26,2 Mio US$.
Die Polarität Bauxitproduktion in Entwicklungsländern -
Aluminiumverhüttung in Industrieländern, die sich vor allem
während und nach dem 2. Weltkrieg ausgebildet hatte, ist
somit deutlichen Veränderungen unterworfen. Von den neun in
Tab. 35 aufgeführten Rohstoffen weist Bauxit die höchste
Steigerungsrate im Anteil der in Entwicklungsländern verarbeiteten Rohstoffe zwischen 1960 und 1980 auf.

Mindestens ebenso wichtig wie die regionale Verteilung der
Bauxitproduktion oder die Aufteilung in Ländergruppen nach
unterschiedlichem Entwicklungsstand ist in einer Untersuchung der Probleme und Möglichkeiten bauxitproduzierender
Entwicklungsländer die Darstellung der Besitzverhältnisse
in der Aluminiumwirtschaft.
Die Aluminiumindustrie stellt ein Beispiel dar für eine

hohe Besitzkonzentration auf wenige führende Konzerne mit
einer gleichzeitig extrem ausgeprägten vertikalen Besitz-
struktur, durch die in der Regel alle Stufen der Aluminiumerzeugung von der Gewinnung des Bauxits bis teilweise zur
Erzeugung der Aluminiumhalbfabrikate in ein und derselben
Unternehmensgruppe durchgeführt werden. Dabei sind die einzelnen Besitzungen eines Konzerns meist weltweit nach unter-
nehmensstrategischen Gesichtspunkten verteilt. Die Aluminiumwirtschaft ist heute von weniger Unternehmen kontrol-
liert als die Erdölwirtschaft in den 50er Jahren (ALEXAN-
DERSSON, G, KLEVEBRING, B.-I. 1978, S. 211).

Aus einer Zusammenstellung der Besitzstrukturen und Produk-
tionsverflechtungen führender Rohstoffunternehmen (Energie-
rohstoffe ausgenommen), ergibt sich die internationale Ver-
flechtung der Weltaluminiumwirtschaft.[1]

The Rio Tinto-Zinc Corporation Ltd. (RTZ) mit Sitz in London wurde als Holdinggesellschaft 1962 gegründet und bildet
eine Konzerngruppe aus Bergbau und anderen Industriegesell-
schaften, wobei insbesondere Kupfer, Aluminium, Blei, Zink,
Silber, Gold, Uran, Eisenerz und Borax, aber auch Kohle,
Erdöl und Chemikalien produziert werden. Zu dieser Gruppe
gehören 33 Hauptbeteiligungen in 8 Ländern.

Aluminium Company of America (ALCOA) mit Sitz in Pittsburgh,
wurde 1888 gegründet und konzentriert sich über Tochter- und
Beteiligungsgesellschaften auf den Bauxit-Bergbau, die Her-
stellung von Tonerde und Primäraluminium sowie von Aluminium-
Erzeugnissen in 17 Ländern. Jamaika: Bauxitabbau; Tonerde-
werk (500 000 t Kapazität), Surinam (SURALCO): Bauxitabbau,
Tonerdewerk (1,0 Mio t Kapazität), Aluminiumhütte (60 000 t
Kapazität).

Alcan Aluminium Ltd. mit Sitz in Montreal/Kanada wurde 1928
als Aluminium Company of Canada gegründet und ist heute als
Holding eines internationalen Aluminium-Konzerns mit 43
Tochter- und 73 Beteiligungsgesellschaften in 35 Ländern
tätig. Dadurch entstand auch hier eine vertikale Konzern-
struktur von der Produktion des Bauxits über Tonerde und
Hüttenaluminium bis zu Aluminiumprodukten.
Jamaika: Bauxitabbau; 2 Tonerdewerke (zus. 1,1 Mio t Jahres-
kapazität), Guyana (DEMBA): bis zur Verstaatlichung 1970:
Bauxitabbau, Tonerdewerk.

---

1) Siehe GOCHT, W. 1978, S. 120 f; HAAS, H.-D. 1976, S. 69 ff;
HÜTTERMANN, A. 1979; PERSAUD, Th. 1976, S. 49 ff.

Reynolds Aluminium mit Sitz in den USA, begann 1919 mit der
Blei- und Zinnverarbeitung, ging 1926 auch zur Aluminiumver-
arbeitung über. 1941 begann Reynolds mit der Aluminiumerzeugung und ist heute in über 18 Ländern tätig.
Jamaika: Bauxitabbau; Beteiligung an einem der größten Tonerdewerke der Welt (950 000 t) zusammen mit Kaiser und
Anaconda. Haiti: Bauxitabbau; Guyana: Bis zur Verstaatlichung 1975 Bauxitabbau.

Kaiser Aluminium & Chemical Corporation mit Sitz in Oakland,
Cal. wurde 1940 gegründet und ist sowohl ein bedeutender Produzent von Aluminium (sowie Magnesium und Strontium) als auch
ein großes Chemie-Unternehmen.
Jamaika: Bauxitabbau, Beteiligung am Tonerdewerk mit Reynolds und Anaconda.

Schweizerische Aluminium AG (Alusuisse) mit Sitz in Zürich
betreibt selbst oder ist beteiligt an Bauxitminen, Tonerde-
Erzeugung sowie Aluminium-Produktion. Herstellung von Alu-
minium-Fabrikaten und Besitz von Chemie-Werken in Europa,
Afrika, Nordamerika und Australien.

Consolidated Gold Fields Ltd. mit Sitz in London wurde 1887
gegründet und ist auf dem Sektor Bergbau und Hüttenwesen
tätig in Großbritannien, Südafrika, Nordamerika und Australien. Zu den wichtigsten Produkten zählen Gold, Zinn, Rutil,
Zirkon, Ilmenit, Kupfer, Blei, Zink, Vanadium, Wolfram,
Aluminium, Uran, Eisenerz und Kohle.

The Anaconda Company mit Sitz in New York wurde 1895 gegründet und entwickelte sich von einem großen Kupfer-Produzen-
ten zu einem internationalen Konzern, der neben Kupfer auch
Aluminium (seit 1955), Uranoxid, Silber und Metallegierun-
gen produziert.
Jamaika: 26,4 % Beteiligung an einem gemeinsamen Tonerdewerk mit Reynolds und Kaiser.

American Smelting & Refining Co.(ASARCO Corp.) mit Sitz in
Jersey/USA wurde 1899 gegründet und konzentriert sich auf
die Gewinnung von Kupfer, Silber, Blei, Zink, Ilmenit, As-
best und Kohle in den USA. Durch ausländische Beteiligungen
(Peru, Mexico, Nicaragua, Jamaika, Australien) kommen noch
Nickel, Wismut, Cadmium, Flußspat, Tonerde, Aluminium und
Gold hinzu.

Dieser Trend setzt sich weiter fort oder verstärkt sich sogar noch. Unter dem Zwang, aus Kostengründen möglichst große,
rationeller arbeitende Tonerdewerke oder Aluminiumhütten zu
errichten, schließen sich häufig führende Unternehmen zu
Gemeinschaftsprojekten zusammen, die die Kapazität mehrerer
kleiner Anlagen aufweisen (BANKS, F. 1976, S. 125). Ein
Beispiel dafür stellt das 1969 in Jamaika errichtete Tonerde-

werk mit einer Kapazität von 950 000 Jahrestonnen dar, das
von einem Konsortium der drei Gesellschaften Kaiser, Reynolds und Anaconda errichtet wurde (siehe HAAS, H.-D. 1976,
S. 71).

Aus dieser vertikalen Unternehmensstruktur, der Konzentration der Aluminiumwirtschaft auf wenige Konzerne und nicht
zuletzt aus dem gewaltigen wirtschaftlichen Einfluß der
führenden Aluminiumunternehmen ergibt sich für die meisten
Bauxitproduzenten der Entwicklungsländer eine relativ schwache
Position. In einer Gegenüberstellung des Jahresumsatzes von
Aluminiumunternehmen und BSP von Förderländern (Tab. 36 und
37) zeigt sich somit deutlich die Problematik kleiner Entwicklungsländer bei Interessenkonflikten mit Rohstoffunternehmen. So betrug beispielsweise 1975 das BSP Guyanas 19 %
und das Surinams 22 % des Jahresumsatzes der im Karibischen
Raum bedeutenden Aluminium Company of America, ALCOA. Bei
den übrigen karibischen Bauxitproduzenten ist dieses Verhältnis weitaus günstiger.

Tab. 36: Rangfolge der in der Aluminiumwirtschaft tätigen
Konzerne unter den Bergbaugesellschaften 1975

Gesellschaft (Rangfolge)	Umsatz (Mio US$) 1975	Nettogewinn (-verlust) (Mio US$) 1975	1974
2. RTZ	2 398	139	275
3. Alcoa	2 323	65	175
4. Alcan	2 302	35	169
9. Kaiser Aluminium	1 578	95	111
10. Alusuisse	1 507	-8	79
11. Cons. Gold Fields	1 412	58	91
13. Anaconda	1 088	-40	247
14. Asarco	1 005	25	130

Quelle: GOCHT, W. 1978, S. 17

Tab. 37: Verhältnis zwischen Jahresumsatz der ALCOA und BSP
karibischer Bauxitproduzenten 1975

	BSP (in Mio US$)	Jahresumsatz der ALCOA in % des BSP
Guyana	450	516
Surinam	500	465
Haiti	850	273
Jamaika	2 270	102
Dominikanische Republik	3 390	69
zum Vergleich:		
BRD	412 480	unter 1

Quelle: BSP nach Fischer Weltalmanach 1979

6. ENTWICKLUNGSSTRATEGIEN AUF DER BASIS DER ROHSTOFF-
   WIRTSCHAFT

6.1 Änderung der Rohstoffbesitzstrukturen in der Dritten
    Welt

In der Geschichte der Beziehungen zwischen den heutigen
Entwicklungsländern und den heutigen Industrieländern gibt
es - stark generalisiert - 2 Phasen großer weltwirtschaftlicher Strukturwandlungen: Als erstes die Phase kolonial-
zeitlicher Einbindung der meisten Entwicklungsländer in ein
internationales Austauschsystem als Lieferanten agrarischer
und mineralischer Rohstoffe, und als zweites die vor allem
in unserem Jahrhundert ablaufenden Bestrebungen der Entwicklungsländer, sich aus dieser Art weltwirtschaftlicher
Arbeitsteilung zu lösen. Dies geschieht vor allem auf der
Basis ehrgeiziger Industrialisierungsbestrebungen - und teilweise beachtlicher Industrialisierungserfolge. Parallel dazu
laufen auf nichtindustriellem Sektor Bemühungen, die Rohstoffe, die sich bis Anfang des 20. Jahrhunderts fast ausschließlich in ausländischen Händen bzw. vor Erlangung der
Unabhängigkeit häufig in den Händen von in den Mutterländern
niedergelassenen Unternehmen befanden, in stärkerem Maße nationalen Einflußmöglichkeiten zu unterwerfen. Vor allem seit
dem 2. Weltkrieg sind die internationalen Beziehungen von
zahlreichen Konflikten zwischen Entwicklungsländern und Industrieländern geprägt, die sich an dem Besitz von Rohstoff-
lagerstätten in der Dritten Welt entzünden. Wachsendes na-
tionales Selbstbewußtsein und steigendes technisches know-
how ließen den Wunsch, neben der politischen Selbständigkeit
auch eine - häufig bisher nur theoretisch vorhandene - wirtschaftliche Selbständigkeit zu erreichen, in greifbare Nähe
rücken. Hinzu kam die internationale Diskussion über Ausbeutung, Erhaltung neokolonialer Abhängigkeiten, Verschlechterung der "terms of trade", Fremdbestimmung und negative Auswirkungen einer rein extraktiven Rohstoffwirtschaft mit einer

Verlagerung des Wertzuwachses in die Industrieländer. Der
damit verbundene Export potentieller Arbeitsplätze hat angesichts einer permanenten hohen Arbeitslosigkeit in Entwicklungsländern und einer bei manchen Rohstoffen absehbaren Erschöpfung der jeweiligen nationalen Lagerstätten zu inten-
siven Bemühungen der Entwicklungsländer geführt, einen höheren Nutzen als bisher aus ihren Rohstoffen zu ziehen.

Die Entwicklung im Bereich der Abbauverträge und Konzessions-
vergaben in der Dritten Welt ist in zunehmendem Maß gekennzeichnet durch eine stärkere Beteiligung der Rohstoffna-
tionen an Erschließungs- und Abbaumaßnahmen. Die traditionelle Form der Vereinbarung fester Abgaben durch das ab-
bauende Unternehmen ist weltweit mehr und mehr einer Koppelung der Abgaben an die Gewinne oder an die Preise der Halbfertigwaren und Fertigwaren (Indexierung) gewichen.[1] Außerdem streben die Rohstoffländer eine stärkere direkte Beteiligung am Abbauvorhaben durch die zunehmende Bildung von
"joint ventures" an. Dies geschieht sowohl bei neu niedergelassenen Unternehmen als auch durch die Auflage für bereits operierende Unternehmen nationale Kapitalanteile
bis mindestens 50 % aufzunehmen oder aber durch eine Nationalisierung der Rohstoffe sowie der Abbau- und Verarbeitungsanlagen mit oder ohne Zahlung einer Entschädigung an
den bisherigen Konzessionsinhaber (vgl. SANDNER und STEGER
1973, S. 86; ZORN, S. 1977, S. 239 f). Seitdem 1937 erstmals mit Bolivien ein Entwicklungsland ein ausländisches

---

1) Die einfachste und älteste Form der Besteuerung, die Zahlung einer Pachtgebühr (royalty), ist im Rückgang begrif-
   fen. Diese Pachtgebühr ist zwar leicht zu verwalten, da
   es sich um ein starres System handelt, ist aber den tat-
   sächlichen finanziellen Entwicklungen des Bergbaus nicht
   anpaßbar.
   Eine flexiblere und auf die Abschöpfung der Übergewinne
   besser einzustellende Methode stellt die Besteuerung von
   Einkommen und übermäßigen Gewinnen dar (Weltbank 1979,
   S. 120). Problematisch dabei ist allerdings die Besteuerung der Gewinne infolge des gerade in der Aluminiumindustrie vorherrschenden vertikalen Charakters dieses
   Wirtschaftszweiges, die Transaktionen innerhalb eines
   Unternehmens nur schwer sichtbar werden lassen.

Rohstoffunternehmen verstaatlichte, folgte eine große Zahl
weiterer Länder vor allem nach dem zweiten Weltkrieg nach.
Bezeichnenderweise traten Verstaatlichungen besonders bei
Ölförderländern auf.[1] Unabhängig von Verstaatlichungen be-
gannen in den 60er Jahren Rohstoffländer sich für eine
Reihe von agrarischen und mineralischen Rohstoffen zu Pro-
duzentenkartellen zusammenzuschließen. Kartellbildungen
sind zwar an sich noch nicht geeignet, Rohstoffabhängigkeit
direkt zu vermindern, doch erhoffen sich die Unterzeichnerstaaten aus dem Zusammenschluß der für den jeweiligen Rohstoff führenden Produzentenländer eine Reihe von Vorteilen.
Daß in den verschiedensten Kartellen Entwicklungsländer über-
repräsentiert sind, liegt zum einen an der weltweiten Verteilung der Rohstoffe mit ihrer teilweise sehr starken Konzentration vor allem agrarischer Rohstoffe auf Entwicklungsländer. Zum anderen ist sie durch die Stellung vieler Entwicklungsländer als Rohstoff e x p o r t länder - im Rahmen
der bisherigen internationalen Arbeitsteilung - mit einem
klaren Interessensgegensatz gegenüber den meisten Industrieländern als führende Rohstoffimportländer bedingt.

Vor allem bei Zinn, Nickel und Bauxit ist mit Vorratsanteilen
von 85,1% bzw. 69,3% bzw. 67,3% in Entwicklungsländern die Abhängigkeit der Industrieländer von diesen Staaten sehr hoch.
Eine Ausnahme bilden Blei und Zink mit 60,8% bzw. 65,4% Anteil
der westlichen Industrieländer an den Weltvorräten (Tab.38).
Vor allem der Zusammenschluß von fünf Ölförderländern[2] im De-

---

1) Verstaatlichungsvorgänge ausgewählter Länder:
   Öl: Bolivien 1937 (Standard Oil), Mexiko 1938 (17 aus-
          ländische Ölgesellschaften), Iran 1952, Indonesien
          1954 - 58 (Shell), Peru 1968, Bolivien 1969, Alge-
          rien 1971, Libyen 1971 (British Petroleum), Irak
          1972, Abu Dhabi 1975
   Kupfer: Kongo 1966, Chile 1969, Sambia 1969, Chile 1971
   Eisenerz: Bolivien 1952 (führende Gesellschaften)
   Quelle: Fischer Weltalmanach, versch. Jahrgänge; GIRVAN,
   N. 1971c, 1976, GOCHT, W. 1978; SANDNER, STEGER 1973.

2) Irak, Kuwait, Saudi-Arabien, Iran, Venezuela. Die Mit-
   gliederzahl stieg bis 1978 auf 13 Staaten: Algerien,
   Ecuador, Gabun, Indonesien, Irak, Iran, Katar, Kuwait,
   Libyen, Nigeria, Saudi-Arabien, Venezuela, Vereinigte
   Arabischer Emirate.

zember 1960 zur Organisation der Erdölexportierenden Länder,
OPEC, hat in den 60er Jahren und vor allem in den 70er Jahren
eine Flut von Kartellen und kartellähnlichen Organisationen
sowohl für agrarische als auch für mineralische Rohstoffe
hervorgerufen.

Tab. 38: Anteile der Ländergruppen an den Weltvorräten ausgewählter mineralischer Rohstoffe 1979

Rohstoffe	Weltvor-räte (Mill. t)	davon in %		
		westl. Indu-strieländer	Entwick-lungsländer	Staatshandels-länder
Bauxit	17 284,0	30,8	67,3	1,9
Kupfer	456,3	30,2	58,7	11,1
Blei	174,9	60,8	22,0	17,2
Zink	185,3	65,4	20,0	14,6
Zinn	10,0	8,8	85,1	6,1
Nickel	82,0	19,4	69,3	11,3
Eisen	93 077,0	33,1	34,9	32,0

Quelle: Bundesministerium für wirtsch. Zus.arbeit 1980, S. 91

Grundziel der Kartelle ist nach dem Vorbild der OPEC die
Durchführung einer koordinierten Strategie zur Durchsetzung
gemeinsamer Interessen, wie z. B. die Erhöhung von Rohstoff-
preisen oder der Ausgleich von extremen Preisschwankungen.
Da eine Reihe von Voraussetzungen gegeben sein muß, um Kartelle wirksam werden zu lassen, gelang es bisher nur der
OPEC, einen großen Teil ihrer Ziele zu erreichen. Die anderen "Zusammenschlüsse sind allerdings ... von einem Roh-
stoffkartell als besonders intensive Produzenten-Allianz,
die eine Beeinflussung der Absatzmengen und damit der Preise
auf einem Rohstoffmarkt zugunsten der Produzenten zum Ziel
hat, weit entfernt" (CASPER, W. 1979/80, S. 220).
Die Schwierigkeit, aufgrund meist sehr unterschiedlicher
Voraussetzungen gemeinsame Interessen der Mitglieder fest-
zulegen und zu verfolgen, schränkt den Handlungsspielraum
der Mitgliederstaaten erheblich ein. Trotzdem gelang es,
wie das Beispiel der IBA zeigt, eines der meist vordring-
lich angesehenen und unmittelbaren Ziele derartiger Ver-
einigungen - Preiserhöhungen - durchzusetzen.

6.2   Der Einfluß der International Bauxite Association IBA

Der Gründung der International Bauxite Association IBA 1974
als Vereinigung der Produzentenländer gingen lange Verhandlungen voraus, da bereits Ende der 60er Jahre mehrere Bauxitproduzenten der Dritten Welt Interesse an einem derarti-
gen Zusammenschluß geäußert hatten. Seit 1968 strebte Jamaika eine Vereinigung der karibischen Produzenten Jamaika,
Surinam, Guyana und der Dominikanischen Republik an. 1970
forderte der Premierminister Guyanas, L. F. S. Burnham,
eine gemeinsame Organisation bauxitproduzierender Staaten,
hatte jedoch keinen Erfolg. Auch weitere Versuche Jamaikas
1971 und 1972 scheiterten. Problematisch war vor allem der
rückläufige Anteil an der Weltproduktion der noch am ehesten
kooperationsbereiten karibischen Staaten. Surinam schien zu
diesem Zeitpunkt Interesse zu haben, während Australien,
das gerade Ende der 60er, Anfang der 70er Jahre seine gewaltige Produktionszunahme erreichte (siehe Abb. 19) und
etwa ein Drittel der Weltreserven besitzt, nicht zur Mitarbeit bereit war (vgl. MIKDASHI, Z. 1976, S. 111).
Schließlich wurde nach Vorverhandlungen 1973 in Belgrad im
März 1974 die IBA in Conakry/Guinea mit Sitz in Kingston/
Jamaika durch die sieben Gründungsmitglieder Australien,
Guyana, Guinea, Jamaika, Jugoslawien, Sierra Leone und Surinam doch ins Leben gerufen. Im November 1974 schlossen
sich noch die Dominikanische Republik, Ghana, Haiti und
Indonesien an. Griechenland, Indien und Trinidad und Tobago
wurden als offizielle Beobachter zugelassen. Die formale
Arbeitsaufnahme der IBA erfolgte am 29.7.1975.
Damit verfügen die IBA-Länder nun über mehr als 90 % der
sicheren und wahrscheinlichen Vorräte (ohne osteuropäische
Staaten) (GOCHT, W. 1978, S. 127).

Der Anteil der IBA-Mitgliedsländer an der Weltbergbaupro-
duktion betrug im Gründungsjahr 1974 71,5 % im Jahr 1979
74,7 % (siehe Abb. 21 oder Tab. 39). Ohne die osteuropäischen

Abb. 21

Anteil der IBA-Mitgliedsstaaten an der Bauxitweltproduktion 1969-1979

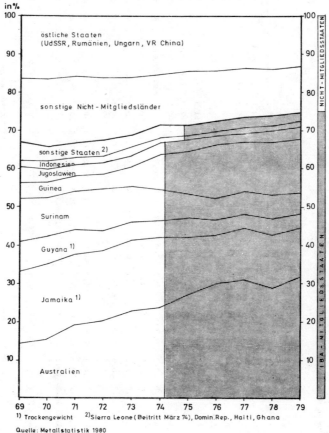

1) Trockengewicht   2)Sierra Leone (Beitritt März 74), Domin.Rep., Haiti, Ghana

Quelle: Metallstatistik 1980

Staaten betrug dieser Wert 1974 84,4 % und 1979 86,1 %. Die
Mitgliederstaaten konnten somit ihren Anteil an der Weltproduktion noch geringfügig steigern. Allerdings ist diese
Zunahme im wesentlichen durch Produktionssteigerungen der
beiden Länder Australien (1974 23,8 %, 1979 31,4 % Anteil
an der Weltproduktion) und Guinea (1974 9,0 %, 1979 13,9 %)
bedingt, während die übrigen Mitgliedsländer - mit Ausnahme

Tab. 39: Anteil der IBA-Mitgliedstaaten an der Weltproduktion 1969 - 1979[1]

in Mio t	1969	%	1970	%	1971	%	1972	%	1973	%	1974	%	1975	%	1976	%	1977	%	1978	%	1979	%
Australien[3]	7,9	14,2	9,3	15,3	12,7	19,0	14,4	20,3	17,6	23,3	20,0	23,8	21,0	27,2	24,1	29,9	26,1	30,9	24,3	28,9	27,6	31,4
Jamaika[3][5]	10,5	18,9	12,0	19,8	12,5	18,8	13,0	18,3	13,6	18,1	15,3	18,3	11,6	15,0	10,3	12,8	11,4	13,5	11,7	13,9	11,5	13,1
Guyana[3][5]	4,3	7,8	4,4	7,3	4,2	6,3	3,7	5,2	3,6	4,8	3,6	4,3	3,8	5,0	3,1	3,9	3,3	3,9	3,5	4,2	3,4	3,9
Surinam[3]	6,2	11,2	*6,0	9,9	6,7	10,1	7,8	11,0	7,0	9,3	6,9	8,2	4,7	6,2	4,6	5,7	5,0	5,7	5,1	6,1	4,7	5,3
Guinea[3]	2,5	4,5	2,5	4,1	2,6	3,9	2,6	3,7	3,8	5,0	7,6	9,0	8,5	11,0	11,3	14,0	10,9	12,9	11,6	13,8	12,2	13,9
Jugoslawien[3]	2,1	3,8	2,1	3,5	2,0	3,0	2,2	3,1	2,2	2,9	2,4	2,9	2,3	3,0	2,0	2,5	2,0	2,4	2,6	3,1	3,0	3,4
Indonesien[4]	0,9	1,6	1,2	2,0	1,2	1,8	1,3	1,8	1,3	1,7	1,3	1,5	1,0	1,3	0,9	1,1	1,3	1,5	1,0	1,2	1,1	1,3
Sierra Leone[3]	0,5	0,9	0,4	0,7	0,6	0,9	0,7	1,0	0,7	0,9	0,7	0,8	0,7	0,9	0,7	0,9	0,7	0,8	0,7	0,8	0,7	0,8
Dominik. Rep.[4][5]	1,1	2,0	1,1	1,8	1,0	1,5	1,1	1,5	1,1	1,5	1,2	1,4	0,8	1,0	0,6	0,7	0,6	0,7	0,6	0,7	0,5	0,6
Haiti[4][5]	0,8	1,4	0,7	1,2	0,8	1,2	0,8	1,1	0,7	0,9	0,7	0,8	0,5	0,6	0,7	0,9	0,7	0,8	0,6	0,7	0,6	0,7
Ghana[4]	0,3	0,5	0,3	0,5	0,4	0,5	0,3	0,4	0,3	0,4	0,4	0,5	0,3	0,4	0,3	0,4	0,3	0,4	0,3	0,4	0,3	0,3
Summe IBA	37,1	66,8	40,0	65,9	44,6	66,7	47,9	67,5	51,9	68,8	60,1	71,5	55,2	71,4	58,6	72,6	62,3	73,6	62,0	73,8	65,7	74,7
Summe Nicht-IBA	18,4	33,2	20,7	34,1	22,3	33,3	23,1	32,5	23,5	31,2	24,0	28,5	22,1	28,6	22,1	27,4	22,3	26,4	22,0	26,2	22,2	25,3
davon östl. Länder[2]	9,1	16,4	9,9	16,3	10,6	15,8	11,4	16,1	12,2	16,2	12,9	15,3	11,3	14,6	11,6	14,4	11,6	13,7	11,7	13,9	11,6	13,2
Weltproduktion	55,5		60,7		66,9		71,0		75,4		84,1		77,3		80,7		84,6		84,0		87,9	

1) IBA-Gründung: März 1974
2) UdSSR, Rumänien, Ungarn, VR China
3) Beitritt März 1974
4) Beitritt November 1974
5) Trockengewicht

Quelle: Metallstatistik 1980

Jugoslawiens - durchwegs einen Rückgang zu verzeichnen hatten. Der Anteil der Mitgliedsländer an der Weltproduktion dürfte in Zukunft jedoch durch die umfangreichen Lagerstätten von Nichtmitgliedsstaaten wieder etwas absinken.[1] Ziel der IBA ist primär eine Stabilisierung und eine Erhöhung der Bauxitpreise zu erreichen. Weitere Ziele sind die Reduzierung des Interessengegensatzes und des Wettbewerbs zwischen den Mitgliedsländern, die Sicherung eines höchstmöglichen nationalen Anteils an den heimischen Rohstoffen - eine Politik, die auch Australien verfolgt - Informationsaustausch und das Angebot bestimmter Dienstleistungen für die Mitglieder. Bei Beschlüssen zu Exportkontrollen und Produktionsquoten muß Einstimmigkeit bestehen. Diese geforderte Einstimmigkeit sowie die sehr heterogene Zusammensetzung[2] führen teilweise zu deutlichen Interessengegensätzen innerhalb der IBA und schwächen ihre Durchsetzungskraft. Nach HÜTTERMANN (1979, S. 20) begründete Australien seine IBA-Mitgliedschaft damit, radikalen Tendenzen besser entgegenwirken zu können. Sein Beitritt hatte ohnehin bereits politische Auseinandersetzungen mit den USA und Großbritannien

---

1) Hier ist neben Kamerun vor allem Brasilien zu nennen. Brasilien exportiert bereits seit 1936 Bauxit in vergleichsweise geringem Umfang, begann jedoch in den 60er Jahren mit kontinuierlichen Produktionssteigerungen. Seit 1973 überstieg seine Förderung die Produktion Haitis, seit 1975 die der Dominikanischen Republik. Eine hohe Zunahme ist durch die umfangreichen Lagerstätten und durch die 1982 geplante Produktionsaufnahme am Rio Trombetas zu erwarten. Pläne zur Aluminiumproduktion mit Hilfe eines im Bau befindlichen Kraftwerks am Rio Trombetas wurden zumindest vorübergehend fallengelassen. Brasilien wird sich somit zu einem bedeutenden Exporteur von Rohbauxit entwickeln und voraussichtlich Mitte der 80er Jahre zum drittgrößten Exporteur der Welt aufsteigen. Zum gegenwärtigen Zeitpunkt sind die Anteile der Nicht-Mitglieder jedoch noch relativ gering. Indien produzierte 1979 1,9 Mio t, Brasilien 1,6 Mio t - ein noch relativ unbedeutender Wert im Vergleich zur Jahresproduktion der IBA-Länder, die 1979 insgesamt 65,7 Mio t betrug. (Zur Verbreitung der Bauxitlagerstätten im Bereich des Guayana-Schildes und des Amazonastieflandes siehe auch PUTZER, H. 1976, S. 174 f).

2) Australien - ein Industrieland, Surinam - ein westlich orientiertes Entwicklungsland, Guyana und Guinea - sozialistische Entwicklungsländer.

hervorgerufen (siehe KEITH, Sh., GIRLING, R. 1978, S. 25).
1979 kündigte Australien dann auch an, sich nicht mehr an
die IBA-Vereinbarungen halten zu wollen (BANKS, F. 1979,
S. 70).
Erste unmittelbare Auswirkungen zeigte der Zusammenschluß
führender Bauxitproduzenten jedoch sehr rasch, als noch im
Gründungsjahr 1974 Jamaika die bisherigen Vereinbarungen
aufkündigte und seine Bauxitsteuer erhöhte. Die übrigen
IBA-Mitgliedstaaten folgten kurz darauf.
Neu an dieser als "production levy" oder "IBA levy" bekannt-
gewordenen Steuer war die Koppelung des in Jamaika abgebauten Bauxits an den Wert des Aluminiums, unabhängig davon,
ob der Bauxit exportiert oder in Jamaika weiterverarbeitet
wurde. Diese zusätzliche Steuer, die zunächst auf 7,5 % des
Aluminiumwertes festgelegt wurde, brachte Jamaika einen
Steueranstieg in der Bauxitwirtschaft um 480 % zwischen
1973 und 1975, was eine Erhöhung der Abgabe pro t von US$
2,50 auf US$ 14,51 bedeutete. Damit war auch die willkür-
liche Bewertung jamaikanischen Bauxits durch Bauxitunternehmen gegenstandslos geworden (vgl. Kap. 6.3.1). Vor dem
Hintergrund der IBA-Gründung erhöhte auch später Haiti seine
Bauxitabgaben von US$ 1,88 auf US$ 11,0 pro t Bauxit
(DONNER, W. 1980, S. 289). Die Durchsetzung der Steuererhöhungen in Jamaika war einmal durch das gemeinsame Vorgehen sämtlicher IBA-Mitgliedstaaten, die auch allmählich
ihren Bauxitpreis an den Wert des Aluminiums koppelten,
sowie durch die hohen Investitionen von ca. 700 Mio US$,
welche die Bauxitunternehmen in Jamaika getätigt hatten,
möglich. Ferner waren die USA zumindest mittelfristig noch
auf ungestörte Tonerdelieferungen aus Jamaika angewiesen[1]
(KEITH, Sh., GIRLING, R. 1978, S. 20 f).

---

1) Hier ist das bereits erwähnte Tonerdewerk mit einer Jahreskapazität von 950 000 t zu nennen. Zwei kleinere Anlagen wurden Anfang der 70er Jahre errichtet (HAAS, H.-D.
   1976, S. 71). Nach Schließung eines Tonerdewerkes 1975
   aufgrund der Rezession in den USA sind nunmehr für die
   80er Jahre umfangreiche Produktionserweiterungen durch
   Alumina Partners of Jamaica ALPART sowie durch ALCOA vorgesehen (West Indies and Caribbean Chronicle, Juni 1980).

Als IBA-Mitgliedsland hat auch Surinam die Erhebung einer
Sonderabgabe (levy) durchsetzen können. Die Abgabe wurde
auf 6 % des Aluminiumendwertes festgesetzt und richtet sich
somit nach dem Weltmarktpreis von Aluminium sowie nach der
Qualität (Al_2O_3-Gehalt) der Lagerstätte.[1] Erstmals wurde
1974 in Surinam die Abgabe für SURALCO-Bauxit auf US$ 9,77
pro t festgesetzt. Durch Stichproben des exportierten Bauxits werden die Angaben der Gesellschaft überprüft.

Diese Sondersteuer sichert den bauxitproduzierenden Ländern
eine enorme Steigerung der Staatseinnahmen (siehe Tab. 40
und 41). Jamaika konnte mit der Einführung der Bauxitabgabe
seine Einnahmen aus der Bauxitwirtschaft von 24,5 Mio J$
1974 auf 170,3 Mio J$ 1975 steigern.

Surinam erzielte 1975 gegenüber dem Vorjahr einen Mehrerlös
von ca. 100 Mio Sf,[2] der in den darauffolgenden Jahren jedoch wieder absank.[3]

Angesichts eines Aluminiumweltmarktpreises von ca. 1 100 bis
1 200 US$ pro t Mitte der 70er Jahre spielt in der Aufstel-
lung der Gesamtkosten diese in Surinam anfallende Sonderabgabe in Höhe von ca. 13 US$ pro t jedoch eine minimale Rolle.
Die Erhebung dieser Sonderabgabe führte somit zu keiner grundsätzlichen Veränderung der Kostenstrukturen (siehe Kap. 8.2).

---

1) Z. B. levy = (0,06 x 2000 pounds x Weltmarktpreis von 1 lb
   Aluminium) : 4,3 t.
   Der Einsatz von 4,3 t Bauxit für 1 t Aluminium ist ein für
   viele Lagerstätten in Surinam gültiger Wert. Die Abgaben
   für Billiton Nij. liegen aufgrund der höheren Al_2O_3-Kon-
   zentration etwas höher als die Abgaben für SURALCO. Allerdings wird Billiton aufgrund der ungünstigeren Abbauver-
   hältnisse ein Steuernachlaß von US$ 1,70 pro Tonne Bauxit
   gewährt.

2) BANKS, F. (1979, S. 69) gibt für 1975 - 76 folgende zusätzlichen Steuereinnahmen an: Jamaika US$ 130 Mio, Surinam und
   Guinea je US$ 60 Mio, Guyana US$ 30 Mio, Dominikanische Republik US$ 10 Mio, Haiti US$ 6 Mio.

3) Der relativ geringe Wert von 1974 ist darauf zurückzuführen, daß die IBA-Levy erst im Laufe des Jahres wirksam
   wurde.

Tab. 40: Einkünfte aus der Bauxitwirtschaft in Jamaika
1972 - 77

Jamaika in Mio J$	1972	1973	1974	1975	1976	1977
Royalties	3,07	3,44	7,17	5,4	4,8	n.a.
Körperschaftssteuer	19,64	21,07	20,27	14,9	1)	n.a.
IBA-Steuer	-	-	142,8	121,1	116,5	n.a.
insgesamt	22,71	24,51	170,34	141,4	121,3	185

1) In der IBA-Steuer eingeschlossen.

Quelle: KEITH, Sh., GIRLING, R. 1978, S. 21

Tab. 41: Steuereinnahmen der surinamischen Regierung 1973 - 1979
in Mio Sf. 1)

	1973	1974	1975	1976	1977	1978[2]	1979[2]
Steuern	127,4	143,9	138,6	182,4	231,3	228,8	254,0
Bauxitabbau-gebühr	4,3	4,3	3,1	2,6	2,9	4,0	
Einkünfte aus Staatsbesitz 3)	0,5	19,2	128,8	69,9	65,3	82,6	88,7
Gewinn staatl. Unternehmen	6,6	8,2	6,6	7,6	8,3	12,0	11,5
Sonstiges	16,6	28,5	16,1	23,4	26,8	35,5	31,7
Summe	155,4	204,1	293,2	285,9	334,6	362,9	385,9

1) vorläufig
2) Schätzung
3) einschließlich Bauxitsondersteuer

Quelle: Ministerie van Financien, Suriname, Financielle Nota
1979

Die Grenzen einer Kartellpolitik bei einer so heterogenen
Zusammensetzung der Mitglieder wie sie die IBA aufweist,
zeigen sich jedoch auch deutlich am Beispiel Jamaikas: Hier
sank die Produktion von 15,3 Mio t (18,3 %) im Jahr 1974
nach Einführung der Sondersteuer auf 11,6 Mio t (15,0 %) im
Jahr 1975 ab. Der Produktionsrückgang von 24,2 % ist somit
deutlich höher als der vorübergehende Rückgang der Weltpro-

duktion von 8,1 % im selben Zeitraum. Zwar trafen in Jamaika
operierende Bauxitunternehmen bereits seit längerer Zeit
Vorbereitungen, auch neu erschlossene Lagerstätten in anderen Ländern zu nutzen, die Erhöhung der Bauxitsteuer und
die von Jamaika durchgesetzte Mehrheitsbeteiligung beschleunigte diesen Vorgang jedoch deutlich.
Der Zusammenschluß führender Bauxitproduzenten zur IBA reduziert nicht grundsätzlich die Abhängigkeit der Mitgliedsländer vom Rohstoffexport und von den Weltmarktpreisen, er
ermöglicht aber die Durchsetzung eines höheren - und letztlich auch gerechteren - Einkommens der Bauxitproduzenten auf
der Basis ihrer Rohstoffwirtschaft.
Guyana war bereits vor Gründung der IBA einen Schritt weiter-
gegangen. Wohl aus Enttäuschung über die zahlreichen erfolg-
losen Versuche und Anregungen - darunter auch von Guyana
selbst - ein gemeinsames Vorgehen der Bauxitproduzenten zu
erreichen, hatte es 1970 DEMBA, das Tochterunternehmen der
ALCAN, ohne entsprechende Absprachen mit anderen bauxitproduzierenden Ländern verstaatlicht. Damit rückte Guyana in
den Mittelpunkt des Interesses anderer bauxitproduzierender
Staaten. Erfolg oder Mißerfolg der gewählten Strategie mußten weltweit Auswirkungen auf die Beziehungen und Verhandlungen zwischen bauxitproduzierenden Ländern und Aluminiumunternehmen haben. Guyana war somit zu einem Testfall geworden.

6.3   Die Verstaatlichung des Bauxitbergbaus in Guyana

6.3.1 Theoretischer und wirtschaftspolitischer Hintergrund

Im Laufe der 60er Jahre wurden von den im Karibischen Raum
zum Commonwealth gehörenden Ländern die vier bedeutendsten
Staaten unabhängig. Jamaika und Trinidad und Tobago erlangten ihre Unabhängigkeit 1962, Barbados und Guyana folgten
1966. An das Erreichen der politischen Unabhängigkeit knüpften

sich starke Erwartungen, in den folgenden Jahren - fast
automatisch - auch die wirtschaftlidhe Unabhängigkeit zu
erlangen. Angesichts der eigenen ungünstigen Ausgangssitu-
ation für einen wirtschaftlichen Aufschwung aus eigenen
Kräften und unter dem Einfluß der raschen Industrialisierung Puerto Ricos, die fast ausschließlich von außen, vor
allem aufgrund der Assoziierung mit den USA getragen wurde
(siehe dazu HAAS 1976, S. 1 und S. 14 ff), bildete sich als
gängiges Entwicklungsmodell die Idee enger Zusammenarbeit
mit ausländischen Investoren heraus ('Industrialization by
invitation').[1] Es wurde jedoch deutlich, daß die politische
Unabhängigkeit weitaus leichter zu erreichen war als die
wirtschaftliche und vor allem leichter als ein stabiles wirtschaftliches Wachstum. Seit wenigen Jahren zeigen sich zunehmende Schwierigkeiten und Schattenseiten des westindischen 'Wirtschaftswunders' Puerto Rico. Jamaika befindet
sich in einer ständigen prekären wirtschaftlichen Situation
und ist auf Kredite des Weltwährungsfonds angewiesen, Barbados verordnete Ende 1978 angesichts steigender Arbeitslosigkeit eine Sonderabgabe (employment levy) für Betriebe, die
nicht bereit sind, ihre Beschäftigtenzahl um einen bestimmten
Prozentsatz zu erhöhen. Eine relativ günstige Situation findet
sich nur in Trinidad dank seiner Erdöl- und Erdgasvorkommen.

Die bisherigen angestrebten Entwicklungsmodelle brachten
nicht den erhofften Erfolg.[2] Inzwischen wuchs der
Wunsch nach einer stärkeren nationalen Einflußnahme auf das
Wirtschaftsgeschehen und einem höheren Besitzanteil des

---

1) W. DEMAS (1965, nach GRANT, C. H. 1973, S. 249), einer
   der führenden Wirtschaftswissenschaftler und damaliger
   Leiter der Abteilung für Wirtschaftsplanung in Trinidad,
   arbeitete auf die Entwicklung einer Strategie hin, in der
   die jeweiligen Ziele des Staates und der Unternehmen durch
   enge Kooperation aufeinander abgestimmt werden sollen.

2) DEMAS bemerkte im Jahr 1971 im Hinblick auf die Industrialisierung im Karibischen Raum (nach GRANT, C.H. 1973,
   S. 150), daß trotz einer eindrucksvollen Steigerung der
   industriellen Produktion der Beitrag zur Gesamtwirtschaft
   bescheiden geblieben war angesichts der geringen Arbeitsmöglichkeiten im Verhältnis zum eingesetzten Kapital, angesichts der geringen Verwendung lokaler Rohmaterialien
   sowie des Rücktransfers von Gewinnen, Zinsen und Manage-
   mentkosten ins Ausland.

Staates an den führenden, früher fast durchwegs vom Ausland
kontrollierten Wirtschaftszweigen.

C. H. GRANT (1973, S. 250 f) stellt drei unterschiedliche,
klar erkennbare Strategien für die Karibik heraus:

1. Die ausländischen Unternehmen zur lokalen Ausgabe von
Aktien zu bewegen, um auf diese Weise eine nationale
Kontrolle zu erreichen,

2. eine Mehrheitsbeteiligung, in der Regel 51 %, zu erreichen. Voraussetzung dafür ist die Annahme, daß eine Ge-
meinsamkeit zwischen Unternehmens- und Staatsinteressen
bestehen kann.

3. die Nationalisierung des ausländischen Unternehmens.

Guyana wählte 1971 den dritten Weg, nachem der Versuch,
eine Mehrheitsbeteiligung an den Bauxitunternehmen zu erreichen, gescheitert war. Es folgte damit der Thesen N.
GIRVANS, dem bedeutendsten Verfechter einer Nationalisie-
rungspolitik im Karibischen Raum.

N. GIRVAN hat in einer Reihe von Schriften auf eine Verstaatlichung der Bauxitgesellschaften durch die jeweiligen
Landesregierungen hingearbeitet.[1] Häufig angeführte Argu-
mente sind vor allem:

1. Die vertikale Struktur der Bauxitgesellschaften (z. B.
GIRVAN 1967, S. 6)

Da sämtliche Produktionsstufen von der Gewinnung des Roh-
materials bis zur Erzeugung der Halbfabrikate in den Händen derselben Gesellschaft liegen, können die jeweiligen
Produkte zu frei festlegbaren Preisen innerhalb der Gesellschaft weiterverkauft werden, d. h. die insgesamt
erzielten Gewinne können buchhaltungstechnisch auf diejenigen Produktionsstufen verteilt werden, an denen es
wirtschaftspolitisch wünschenswert erscheint.

2. Die Verarbeitung des Bauxits wird nur zu einem minimalen
Bruchteil in den Abbauländern durchgeführt.

Von dem durch die Verarbeitung von karibischem Bauxit zu
Aluminiumhalbzeug entstandenen BSP entfielen 1964 ledig-

---

1) Zu den Schriften N. GIRVANS siehe Literaturverzeichnis.

lich 6 % auf den karibischen Raum selbst, die restlichen
96 % wurden in anderen Ländern, vor allem in den USA und
Kanada erzeugt. Man muß jedoch bedenken, daß durch die
Berücksichtigung von Aluminiumhalbzeug die Wertschöpfungs-
angaben zuungunsten der karibischen Staaten verzerrt werden. Die Erzeugung von Aluminiumhalbzeug liegt derzeit
noch außerhalb der Möglichkeiten dieser Staaten (siehe
Kap. 6.4.2), während der Aufbau von Aluminiumhütten noch
in einem durchaus realisierbaren Bereich liegt.
Im Zeitraum 1917 - 1969 wurden von DEMBA rund 50 Mio t
Trockenbauxit und 2 Mio t Tonerde exportiert. Eine Aluminiumverhüttung existiert in Guyana nicht. Daraus re-
sultiert ein gewaltiger Export potentiellen Einkommens
und potentieller Arbeitsplätze.[1)]

Tab. 42: Regionale Verteilung des durch die Verarbeitung
karibischen Bauxits (metal grade) entstandenen
BSP 1964 (in Mio WI$)

BSP geschaffen durch in	Abbau	Aufbe- rei- tung	Elektro- lyse	Alum.- halb- zeug	Insg.
der Karibik	154 (5 %)	57 (2 %)	-	-	211 (6 %)
anderen Staaten	-	206 (6 %)	979 (30 %)	1925 (58 %)	3 110 (94 %)
Insg.	154 (5 %)	263 (8 %)	979 (30 %)	1925 (58 %)	3 317 (100 %)

Quelle: N. GIRVAN 1967, S. 10

3. Die Einnahmen des Staates sind, gemessen am Exportwert,
verschwindend gering.

Der Wert des Gesamtexports zwischen 1917 und 1969 durch
DEMBA belief sich auf rund 1 200 G$, die Regierungsein-
nahmen aus Abgaben und Exportsteuer im selben Zeitraum
dagegen lediglich auf 21,1 Mio G$ oder 1,6 % des Export-
wertes. Selbst unter Einrechnung der Einkommensteuer ergibt sich im Zeitraum 1963 - 68 ein auf Guyana entfallen-
der Anteil von lediglich 3,4 % des Gesamtwertes. Das Ge-
samteinkommen des Landes (Steuern, Arbeitslöhne, lokale
Zahlungen usw.) belief sich in der Regel auf knapp ein
Drittel des DEMBA-Exportwertes (GIRVAN, N. 1976, S. 164).
Belegt wird dies auch durch ROSANE (1969, App. IV), einen ehemaligen DEMBA-Manager, der für 1968 einen Exportwert von 86 Mio G$ angibt, während im selben Jahr nur
ca. 30 Mio G$ der nationalen Wirtschaft zugeflossen sind.

---

1) Für Jamaika vgl. HAAS, H.-D. 1976, S. 68 ff

4. Aufgrund des Preisdiktats der Bauxitgesellschaften wurde
   Bauxit aus Guyana permanent unterbewertet.

   Der durchschnittliche Bauxitexportwert betrug trotz seiner höheren Qualität 1954 - 1965 in Guyana lediglich etwa 65 % des Exportwertes von Bauxit aus Jamaika oder
   Hispaniola. Selbst in Surinam mit vergleichbaren Transportkosten wurde der Bauxit deutlich höher bewertet
   (GIRVAN, N. 1967, S. 8). Im Jahr 1959 war der Preis für
   aus Guyana oder Surinam exportierten Bauxit etwa gleich
   geblieben wie im Jahr 1938, während sich in derselben
   Zeit der Preis für in den USA produzierten Bauxit ver-
   doppelt hatte (JAGAN, Ch. 1966, S. 100 f).

6.3.2 Die Durchführung der Verstaatlichung

Zur Verdeutlichung der Auswirkungen der Verstaatlichung der
Bauxitgesellschaften in Guyana muß hier nochmals näher auf
die historische Entwicklung eingegangen werden. Bereits im
Jahr 1916 ließ sich DEMBA als Bauxitgesellschaft in Guyana
nieder. Im Jahr darauf folgte der erste Bauxitabbau, der jedoch trotz anfänglich großen Investitionen zunächst aber
als Folge der Weltwirtschaftskrise gering blieb, sich jedoch bald zu einem wichtigen Bauxitlieferanten für ALCAN
entwickelte. Von 1928 bis Anfang der 60er Jahre war Guyana
der Hauptbauxitlieferant für ALCAN,[1] deren Aluminiumproduktion sich auf die beiden Zentren Arvida in Quebec und
Kitimat in British Columbia konzentriert.[2]
Strategische Bedeutung erhielten die Bauxitlagerstätten
Guyanas und Surinams im Zweiten Weltkrieg durch den erhöhten Aluminiumbedarf. ALCAN erhielt eine staatliche An-
leihe von 173 Mio US$, um die Aluminiumproduktionsmöglich-
keiten auszuweiten. Dies trug mit dazu bei, daß ALCAN seine

---

1) 1928 übernahm ALCOA die Aluminium Ltd. in Kanada und über-
   trug ihr die meisten ausländischen Besitzungen, darunter
   auch die in Guyana operierende DEMBA. Der Name Aluminium
   Ltd. wurde in den 60er Jahren in ALCAN Aluminium Ltd. um-
   geändert (GIRVAN, N. 1976, S. 162 und 184). ALCAN war somit nominell ein kanadisches Unternehmen, das Kapital
   stammte jedoch überwiegend aus den USA.

2) Zum Kitimat-Projekt siehe WALLER, P. 1963.

Aluminiumproduktion in relativ kurzer Zeit auf jährlich
ca. 400 000 t in den 70er Jahren ausbauen konnte (GIRVAN,
N. 1976, S. 162). Die Sicherung der Bauxitlieferungen aus
Guyana war lebenswichtig für das Unternehmen, das Risiko,
das die unstabile politische Lage in Guyana mit sich brachte,
wurde durch verschiedene Vergünstigungen, die DEMBA erreichen
konnte, ausgeglichen.[1] Als 1953 die stark linksgerichtete
PPP[2] aus dem Amt entlassen und durch eine Übergangsregie-
rung aus englischen Kolonialbeamten ersetzt wurde, konnte
sich DEMBA sehr günstige finanzielle Bedingungen als Gegen-
leistung für die Errichtung einer kleinen Tonerdefabrik aus-
handeln (siehe dazu GRANT, C. H. 1973, S. 259). Nachdem die
PPP 1957 wieder an die Regierung gelangte und anfangs der
60er Jahre Rassenunruhen und eine Anzahl von Streiks die
Produktion absinken ließen, wurde von der englischen Kolo-
nialregierung eine Änderung des Wahlmodus vorgeschrieben.
Bei den Wahlen von 1964 verlor die auf eine Nationalisierung der wichtigsten Wirtschaftszweige hinarbeitende PPP
die absolute Mehrheit und wurde vom seither regierenden
Peoples National Congress, PNC, unter Prime Minister L.F.S.
Burnham abgelöst (siehe LITVAK, I. und MAULE, Ch. 1975a,
S. 47). Auch unter der neuen Regierung arbeiteten die beiden
Gesellschaften DEMBA und Reynolds weiterhin unter sehr günstigen Bedingungen, die sie zunächst zum Teil sogar noch
verbessern konnten.

Nach dem Vorbild der abgeschlossenen Beteiligungsverträge
in Chile und Sambia strebte die PNC dann auch eine stärkere
nationale Einflußmöglichkeit auf die Nutzung der heimischen
Rohstoffe und vor allem eine Erhöhung des Staatseinkommens

---

1) DEMBA zahlte keine Royalties für den Bauxitabbau auf
   aufgekauftem Land und lediglich 5 US-Cents pro t abgebautem Bauxit auf Staatsland. Die Exportabgaben betrugen 1,5 % des - von DEMBA bzw. von ALCOA festgesetzten -
   Exportwertes (JAGAN, Ch. 1966, S. 99).

2) Peoples Progressive Party, die vor allem von der indischen Bevölkerungsgruppe unterstützt wird.

aus der Rohstoffwirtschaft an und forderten eine Mehrheitsbeteiligung an DEMBA. Ausländische Beteiligungen an Rohstoffprojekten waren weiterhin erwünscht - allerdings nur als
Minderheitsbeteiligung bis zu 49 %. Die im Dezember 1970
mit ALCAN aufgenommenen Verhandlungen wurden im Februar 1971
ergebnislos abgebrochen, und am 23.2.1971 kündigte Prime
Minister Burnham anläßlich der Feiern zum ersten Jahrestag
der Republikwerdung die Verstaatlichung der ALCAN-Besitzungen an.[1] Fünf Monate später, am 15.7.1971, erfolgte die
Übernahme des Unternehmens durch Einsetzung der Guyana
Bauxite Company (GUYBAU) unter der Vereinbarung einer Zahlung von 53 Mio US$ über einen Zeitraum von 20 Jahren (mit
6 % Zinsen) als Abfindung an ALCAN.

Die am 1.1.1975 erfolgte Verstaatlichung der vergleichsweise wenig bedeutenden Reynolds Guyana Mines in Everton
und Kwakwani gegen Zahlung von 10 Mio US$ in 13 Jahresraten
bildete den - erwarteten - Abschluß der Verstaatlichungsbe-
strebungen in der Bauxitwirtschaft.

Seit der 1975 und 1976 erfolgten Nationalisierung der Zuk-
kerwirtschaft befinden sich nun die beiden Grundpfeiler
der nationalen Wirtschaft vollständig in staatlichen Händen.
Trotz der substantiellen Bedeutung der Verstaatlichung lief
die Übernahme der ALCAN-Besitzungen in Guyana relativ rei-
bungslos ab. Nach LITVAK und MAULE (1975 a, S. 44 ff) ist
dies verschiedenen Faktoren zuzschreiben:

1. Politische Rücksicht der kanadischen Regierung.
   Das Ansehen Kanadas in der Karibik war Anfang der 70er
   Jahre sehr gering. Konflikte mit anderen Ländern der
   Dritten Welt sollten vermieden werden.

2. Die Besitzanteile an ALCAN als multinationaler Gesellschaft waren auf verschiedene Länder zersplittert und es
   traf nur auf die frühen 70er Jahre zu, daß die Besitz-
   mehrheit zeitweise in Kanada beheimatet war. Daraus ergab sich in Kanada die Diskussion, wieweit ALCAN über-
   haupt als kanadische Firma anzusehen sei.

---

[1] Eine ausführliche Darstellung der historischen Vorgänge
der Verstaatlichung sowie die unterschiedlichen Positi-
onen der beteiligten Interessensgruppen siehe bei
PERSAUD, Th. 1976, S. 70 - 126. MORRIS, M.; LAVIPOUR, F.;
SAUVANT, K. 1976, S. 120 - 135.

3. Zur Zeit der Nationalisierung von DEMBA wurde der starke
ausländische Besitzanteil in der Wirtschaft Kanadas mit
Argwohn beobachtet. Kanada und Guyana befanden sich in
diesem Punkt in einer ähnlichen Lage, ein Umstand der
von Guyana deutlich hervorgehoben wurde,[1] indem es auf
das Metropole-Peripherie-Modell (Kanada-Guyana, USA-Kana-
da) hinwies.

Mindestens genauso maßgeblich wie die oben angeführten politischen Gründe war jedoch auch die weltweite Verschiebung
in der Rangfolge der Bauxitproduzenten und die rückläufige
Abhängigkeit des ALCAN-Konzerns von der Ausbeutung der Bauxitlagerstätten Guyanas.[2] Zur Zeit der Verstaatlichung
DEMBAS besaß Guyana noch sehr große Bedeutung für die kanadische Aluminiumindustrie, da die Aluminiumhütte in Arvida,
Quebec, fast ausschließlich, und die Hütte in Kitimat, British Columbia, während der Wintermonate von Bauxitlieferungen aus Guyana abhing. ALCAN hatte jedoch 1970 bereits an-
gekündigt, auch die neueröffneten Abbaugebiete in Australien,
Brasilien und Guinea zu nutzen.
Die wachsende Unabhängigkeit der Aluminiumunternehmen von
Bauxitlieferungen aus Guyana zeigte sich auch, als Anfang
der 70er Jahre Verhandlungen zwischen Reynolds und Guyana
über eine Revidierung des bisherigen Abgabensystems statt-
fanden.[3] Ein weiterer Grund für ein sinkendes Interesse
der Aluminiumunternehmen lag in den in Guyana sich ständig
erhöhenden Abbaukosten. Aufgrund der geologischen Lagerung
mit nach N unter eine wachsende Deckschicht abtauchenden
Bauxitlagern steigt der Anteil des zu bewegenden tauben Materials pro t Bauxit ständig an (siehe Kap. 3.5.2.1).

---

1) Guyana betonte dabei, daß sowohl Kanada als auch Australien ein Übermaß an ausländischen Investitionen verhindern
   wollen. Im Fall Kanadas betrag das Problem v. a. die mul-
   tinationalen Gesellschaften aus den USA, im Falle Austra-
   liens ausländische Investitionen allgemein, weshalb z. B.
   für den Schutz der Uranvorräte der ausländische Anteil auf
   15 % des Gesamtkapitals begrenzt wurde.

2) Von den 50er Jahren an bezog ALCAN seinen Bauxit zum
   weitaus größten Teil aus Guyana und Jamaika.

3) Reynolds wies darauf hin, daß das Unternehmen nur 10 % seines Bauxitbedarfs aus Guyana bezieht, seine Rohstoffbasis
   bereits auch auf andere Länder ausgedehnt habe und die Möglichkeit bestünde, große Bauxitmengen aus Australien zu
   importieren (PERSAUD, Th. 1976, S. 80).

6.3.3 Möglichkeiten und Grenzen einer Verstaatlichungs-
politik

Im Karibischen Raum gab es bisher zwei Staaten, die durch
ihre politische und wirtschaftliche Entwicklung eine große
Zahl anderer Länder weit über die Karibik hinaus bedeutsam
beeinflußt haben. Es sind dies Kuba seit seiner Revolution
1959, sowie in einer wirtschaftspolitisch entgegengesetzten
Richtung Puerto Rico, das unter der Devise "industrialization by invitation" als sogenanntes "puertoricanisches Modell" die Entwicklungsstrategie einer Reihe von Ländern beeinflußt hat. Zu diesen beiden Ländern ist nun 1971 als drittes Modell von überregionaler Bedeutung Guyana hinzugekom-
men, dessen 1975 abgeschlossene Verstaatlichung des Bauxitbergbaus inzwischen ihre ersten Auswirkungen auf die Wirtschaftspolitik anderer Länder gezeigt hat. MAURICE ST. PIERRE
(1976) vermutet, daß die Steuererhöhungen Jamaikas 1974 für
die Bauxitgesellschaften zum Teil durch die Verstaatlichungs-
politik Guyanas angeregt worden seien.

Der äußerlich ohne größere Probleme abgelaufene Vorgang der
Verstaatlichung brachte jedoch eine Reihe interner und ex-
terner Schwierigkeiten:

- Eine unmittelbare Folge der Verstaatlichung war ein längerer Bergarbeiterstreik um die Sicherung des unter der
DEMBA-Leitung geführten Rentenfonds für Arbeitskräfte.

- Eine weitere Schwierigkeit bestand in der notwendig gewordenen kurzfristigen Besetzung des Managements durch einheimische Fachkräfte.

- Ferner hinterließ DEMBA eine herabgewirtschaftete Bauxit-
industrie mit leeren Lagern.[1]

---

1) Da sich die Verstaatlichung absehen ließ, investierte
DEMBA nur noch in geringem Umfang in die Werterhaltung
der Anlagen.

- Wachsende wirtschaftliche Schwierigkeiten führten auch zu
einer zunehmenden Konfrontation zwischen Arbeiterschaft
und der Regierung, die nun als "Unternehmer" an die Stelle
von DEMBA getreten war.

Weitaus gravierender waren jedoch die externen Probleme. Auf
einem von vertikal strukturierten Konzernen beherrschten
Weltmarkt mußte sich Guyana als erster relativ bedeutender
Bauxitproduzent als unabhängiger Anbieter behaupten. Vor
der Verstaatlichung in Guyana gab es lediglich ein Unternehmen, das nicht in eine vertikale Aluminiumkonzernstruk-
tur eingebettet war - die in Surinam ansässige Billiton Mij.
Dieser vergleichsweise unbedeutende Produzent besitzt jedoch als Tochterfirma der Royal Dutch Shell einen entsprechenden Rückhalt. Außerdem wird der von Billiton abgebaute
Bauxit aus technischen Gründen von SURALCO benötigt (siehe
Kap. 7.1.5).
Dieser Modellcharakter Guyanas für andere Bauxitproduzenten
im Karibischen Raum, der trotz der ursprünglichen Ablehnung
Jamaikas und der abwartenden Haltung Surinams bestand, war
einer der Gründe, daß in den USA Bestrebungen zu Gegenak-
tionen auftraten. Der Grund dafür waren einmal die hohen
US-amerikanischen Besitzanteile an ALCAN und zum anderen die
Investitionen US-amerikanischer Aluminiumunternehmen, die
allein in Jamaika eine Höhe von 800 Mio US$ erreichten.
Vor allem mußten die Unternehmen jedoch um ihren Einfluß
im Karibischen Raum fürchten.
Probleme für Guyana warfen die vorübergehende Einstellung
der US-amerikanischen Entwicklungshilfe auf, sowie eine gewisse politische Isolierung und Weigerungen privater Banken,
Kredite zu neuen Projekten zu geben, die teilweise auch für
die Weiterführung der Bauxit- und Tonerdeproduktion notwendig waren. 1971 machte die Weltbank die Gewährung eines
Kredites für Deichbaumaßnahmen davon abhängig, daß die vereinbarten Entschädigungszahlungen an ALCAN tatsächlich geleistet werden.
Bezeichnend für die Situation nach Verstaatlichung der Be-

sitzungen DEMBAs ist die Entwicklung der Exportorientierung.
Auffallend ist bei einem Vergleich der Exportentwicklung der
drei Produkte Trockenbauxit, kalzinierter Bauxit und Tonerde
die äußerst unterschiedliche Abnehmerstruktur, die sich bereits sehr früh in dieser Weise herausgebildet hat (siehe
Abb. 11). Die einseitige Orientierung des Exports von getrocknetem Bauxit (metal grade), dem Rohstoff für die Tonerde und Aluminiumerzeugung, auf die beiden Abnehmerstaaten
Kanada und USA, zum Teil über die Umladestation in Trinidad,[1]
blieb über den gesamten Zeitraum erhalten. Auch nach der
Verstaatlichung von DEMBA 1971 und nach der Verstaatlichung
von Reynolds Guyana Mines 1975 läßt sich keine bedeutsame
Veränderung in der Exportorientierung bei getrocknetem Bauxit feststellen, lediglich der Anteil der USA nahm über einen
Zeitraum von 20 Jahren im allgemeinen auf Kosten des kanadischen Anteils zu. Andere Abnehmerstaaten sind unbedeutend.
Lediglich 1976 erreichten sie - hauptsächlich durch Importe
Spaniens (12,4 %) einen Anteil von 13,4 %. Weitaus differen-
zierter ist die Exportstruktur bei kalziniertem Bauxit. Hier
nahm der Anteil der beiden nordamerikanischen Staaten, von
einem kurzen Anstieg 1963 und 1964 abgesehen, insgesamt kontinuierlich ab. Vor allem Kanada bezog seit 1963 nur mehr
geringe Mengen kalzinierten Bauxits und stellte den Import
1973 völlig ein. Der Anteil für 1972, dem Jahr nach der Verstaatlichung, betrug lediglich 0,1 %. 1978 nahm Kanada seine
Importe wieder in beschränktem Umfang auf. Als Abnehmer fielen zunehmend die europäischen Staaten ins Gewicht. Nach der
Erweiterung der Europäischen Gemeinschaft auf 9 Länder im
Jahr 1973 lag ihr Anteil im Zeitraum 1973 - 78 zwischen 32 %
und 42 %. Die Exporte in die übrigen außereuropäischen Staaten nahmen ebenfalls zu.
Die weitaus differenzierteste Entwicklung weist der Tonerdeexport auf. Die Bedeutung Kanadas als Abnehmer war seit Pro-

---

1) Die in der Exportstatistik Guyanas genannten Ausfuhren zur
   Umladestation Chaguaramas in Trinidad vor dem Weitertrans-
   port nach Nordamerika auf größeren Schiffen wurde vermutlich für einzelne Jahre nicht angegeben. Dies erklärt den
   äußerst ungleichmäßigen Export nach Trinidad.

duktionsbeginn 1961 permanent abgesunken und 1972, ein Jahr
nach der Verstaatlichung DEMBAS völlig zum Erliegen gekom-
men. Lediglich 1974 wurden noch einmal 75 600 t (24 %) importiert. Der Anteil der USA war insgesamt mit maximal
15,2 % (1966) relativ gering geblieben, kam 1973 (0,4 %)
ebenfalls fast zum Erliegen und erreichte erst 1977 mit
63 200 t (23,6 %) vorübergehend Bedeutung. Als Hauptabnehmer
der Tonerde Guyanas hatten sich über einen Zeitraum von 10
Jahren immer stärker europäische Staaten, vorwiegend Norwegen (1970 45,3 %), herausgebildet.

Mit der Enteignung der DEMBA-Besitzungen war die Tonerdeproduktion Guyanas vollständig in staatliche Hände überge-
gangen.[1] Der Boykott Guyanas durch westliche Industriestaaten nach 1971, der vor allem den Tonerdeexport betraf,
zwang Guyana für seine nunmehr verstaatlichte Tonerdeproduktion neue Abnehmer zu finden. Hier bot sich die Sowjetunion
an, die 1972 64,7 % und 1973 60,5 % der gesamten Tonerdeproduktion Guyanas importierte, sowie die VR China mit 6,4 %
bis 17,5 % Anteil zwischen 1972 und 1974. Es zeichnete sich
somit kurzzeitig eine völlige Umstrukturierung der Tonerde-
exportrichtung ab, ähnlich wie sie bei den Zuckerexporten
Kubas in die RGW-Staaten nach dem Bruch mit den USA auftrat.[2]

Im Zuge der allmählichen Verbesserung der Beziehungen zwischen Guyana und den USA, Kanada sowie der EG, die sich in
einer Wiederaufnahme der US-Entwicklungshilfe (US-AID) sowie in der finanziellen, personellen und institutionellen
Unterstützung einer Reihe von Projekten durch die USA, die
EG sowie internationale Organisationen zeigt, trat jedoch
in jüngster Zeit beim Tonerdeexport der Anteil der neuen
Abnehmer UdSSR und China zugunsten der Abnehmer aus der EG
und aus Norwegen zurück. Es zeigt sich somit die Tendenz
einer Rückkehr zur traditionellen Exportstruktur auch unter

1) Die damals noch privaten Reynolds Guyana Mines produzierten in Everton bei New Amsterdam kalzinierten Bauxit und
   betrieben Trocknungseinrichtungen für den in Kwakwani
   geförderten Bauxit.

2) Zur politischen Umorientierung Guyanas Anfang der 70er
   Jahre siehe H. GILL 1976.

einer verstaatlichten Bauxitwirtschaft. Bezeichnend für die
wirtschaftliche Situation rohstoffexportabhängiger Entwicklungsländer ist bei dieser politisch motivierten Struktur-
veränderung der Exportorientierung, daß auch nach der Verstaatlichung der Import von vergleichsweise geringwertigem
Rohbauxit durch die USA und Kanada beibehalten wurde, während für die höherverarbeitete, und damit wertvollere Tonerde das Exportland neue Abnehmer finden mußte.

Die bisher durch die Verstaatlichung erzielten Erfolge
werden rückblickend durch die mit der Gründung der IBA durchgesetzte, an den Wert des Aluminiums gebundene Sonderabgabe,
reduziert. Die Bauxitproduktion, die Mitte der 70er Jahre
ca. 4 Mio t betrug, hätte im Rahmen der Bauxitsonderabgabe,
die sich beim damaligen Aluminiumwert auf ca. 13 US$ belief,
eine Mehreinnahme von 13 x 4 Mio US$ bedeutet. 1976, als die
Produktionskosten einschließlich Sonderabgabe sich auf 21 US$
pro t Bauxit in Surinam beliefen, war Guyana gezwungen, ge-
trockneten Bauxit für ca. 12 US$ zu verkaufen.[1] Im sozialen
Bereich kommt hinzu, daß sich die in isolierten Bergbaustandorten[2] deutlich herauskristallisierende strenge Hierar-
chie von - hier ausländischem - Management bis hin zu den
ungelernten Arbeitskräften nur geringfügig verändert hat.
Verschiedene gehobene Infrastruktureinrichtungen sind weiterhin dem - nunmehr einheimischen - Management vorbehalten.
Die strikte Trennung der Wohngebiete ist nicht aufgehoben.
Hoffnungen auf eine rasche Verbesserung der Wohnsituation
haben sich nicht erfüllt, auch wenn nunmehr durch Selbst-
hilfegruppen nach und nach neue Wohngebiete für eine allmählich wachsende Bevölkerung geschaffen werden. Als Zei-
chen der Unzufriedenheit häufen sich Konfrontationen zwischen Arbeiterschaft und Regierung, die, nunmehr in der Rolle des Unternehmers tätig, für Mißstände verantwortlich gemacht wird.

---

1) Auskunft Mijnbouwkundige Dienst, Surinam.
2) Zu dem Phänomen der sog. "company-towns" siehe C. H.
   GRANT 1971; zu Linden siehe die - allerdings schwer zu-
   gängliche - Arbeit von R. PAQUETTE, 1968; zur Stadtent-
   wicklungsplanung aus der Sicht eines Bergbauunternehmens
   siehe R. W. YOKOM u. a. 1977.

Die Nationalisierung der Bauxitwirtschaft in Guyana war
psychologisch, vor allem nach dem Scheitern der Verhandlungen über eine staatliche Mehrheitsbeteiligung durchaus
verständlich und erscheint unter t h e o r e t i s c h e n
wirtschaftlichen Gesichtspunkten eine folgerichtige Lösung
von Problemen, wie z. B. Fremdbestimmung oder Unterbewertung
einheimischer Rohstoffe zu sein.[1]
Die Richtigkeit dieser theoretischen Überlegungen wurden jedoch in der Praxis durch eine Reihe der aufgeführten externen und internen Vorgänge und Entwicklungen stark in Frage
gestellt. Die Rahmenbedingungen der Bauxitwirtschaft Guyanas
haben sich im Grundsätzlichen wenig geändert. Der Bedarf an
Bauxit aus Guyana richtet sich im wesentlichen weiterhin nach
der Nachfrage der führenden Aluminiumunternehmen. Guyana hat
aufgrund seiner schwächer werdenden Machtposition[2] nur geringe
Möglichkeiten der Preisbeeinflussung, die erwartete gesamtwirtschaftliche Verbesserung der Wirtschaftslage ist nicht
eingetreten. Guyana hat an den Mehreinnahmen, die IBA-Mitgliedsländer durch die Sondersteuer erreichen konnten, nur
indirekt über eine allgemeine Bauxitverteuerung Anteil. Die
Schwierigkeiten der Bauxitwirtschaft in den ersten Jahren
nach der Verstaatlichung zeigten indirekt einen positiven
Effekt: Sie riefen eine Rückbesinnung auf die notwendige Förderung der bisher vernachlässigten Wirtschaftszweige hervor.[3]

Die kleinbäuerliche Landwirtschaft und das - in seiner Effizienz allerdings sehr umstrittene - Genossenschaftswesen in
Guyana sowie Agrarprojekte und Versuchsfarmen haben einen
vielfach höheren Stellenwert in der Gesamtwirtschaft als in
Surinam, dessen hohe Nahrungsmittelimporte aus den Einnahmen
durch Bauxit-, Tonerde- und Aluminiumexporte und durch Ent-

---

1) Die Regierung rechtfertigte ihre Politik u. a. auch damit,
   ohne Verstaatlichung bestünde "kein Unterschied zwischen
   Guyana und einer Kolonie".

2) Vgl. die starke Bauxitförderung von Australien und Guinea.
   Die Weltaluminiumindustrie ist in weitaus geringerem Maß
   von Bauxitlieferungen aus Guyana abhängig wie bis in den
   60er Jahren (vgl. Abb. 19 und 20).

3) V. a. das Ziel einer Selbstversorgung mit Nahrungsmitteln
   wird aufgrund massiver Zahlungsbilanzschwierigkeiten nunmehr verstärkt verfolgt.

wicklungshilfeleistungen finanziert werden. Bestrebungen zur
Reduzierung der Abhängigkeit der Gesamtwirtschaft von einem
oder wenigen Rohstoffen, ein erklärtes Ziel der meisten Roh-
stoffexporteure, könnten in Guyana auf diese Weise erfolg-
reich sein. Allerdings läßt sich bisher an der Entstehung
des BSP noch keine Bedeutungszunahme der kleinbäuerlichen
Landwirtschaft nachweisen. Das Beispiel Guyana zeigt, daß
Staaten der Dritten Welt in der Größenordnung Guyanas bei
einer vergleichsweise unbedeutenden weltpolitischen und
weltwirtschaftlichen Stellung in einer ähnlichen Ausgangs-
lage, wie sie für Guyana Anfang der 70er Jahre bestand,
kaum Chancen haben, durch eine nationalisierte Rohstoffwirtschaft ihre wirtschaftliche Situation entscheidend zu verbessern. Das Beispiel der OPEC ist nicht ohne weiteres auf
andere Rohstoffe übertragbar.

6.4   Der Aufbau einer integrierten Rohstoffverarbeitung
       in der Dritten Welt als jüngere Entwicklungsstrategie

Durch die immer noch bestehende internationale Arbeitsteilung zwischen Rohstofflieferanten (meist Entwicklungsländer)
und rohstoffverarbeitenden Ländern (meist Industriestaaten)
ergibt sich eine sehr ungleiche Verteilung der Wertschöpfung
zwischen Industrie- und Entwicklungsländern. Die Bestrebungen nach einer weitergehenden Verarbeitung von Rohstoffen
in Entwicklungsländern sind somit eine folgerichtige Forde-
rung mit dem Ziel der Erhöhung der nationalen Wertschöpfung.

Aluminium zählt, trotz der bedeutenden Zunahme der Aluminiumverhüttung in Entwicklungsländern, zu den Produkten, die in
hohem Maß in Industrieländern - mit importierten Rohstoffen -
erzeugt werden.
Die erste Stufe der Bauxitverarbeitung, die Tonerdeherstel-
lung, ist jedoch in Entwicklungsländern bereits relativ verbreitet. Entwicklungsländer beteiligten sich z. B. 1975 zu

Tab.43: Hüttenaluminiumproduktion der 1979 führenden Entwicklungsländer 1959, 1969 und 1979

in 1000 m.t.	1959 abs.	%	1969 abs.	%	1979 abs.	%
Spanien	21,1	0,7	106,4	1,4	259,0	2,2
Brasilien	18,1	0,6	42,9	0,6	238,1	2,0
Indien	17,4	0,5	132,5	1,8	211,8	1,8
Venezuela	-	-	13,2	0,2	207,0	1,7
Jugoslawien	19,2	0,6	48,4	0,7	174,0[1]	1,5
Ghana	-	-	113,1	1,5	168,7	1,4
Griechenland	-	-	83,2	1,1	140,8	1,2
Bahrain	-	-	-	-	126,1	1,1
Argentinien	-	-	-	-	118,4	1,0
Ägypten	-	-	-	-	101,2	0,8
(Surinam)	-	-	53,1[2]	0,7	60,0[1]	0,5
westl.Staaten insg.	3242,0	100%	7438,6	100%	11970,4	100%

1) Schätzung 2) Exporte   Quelle: Metallstatistik

etwa 20 % an der Welterzeugung, wobei der Schwerpunkt in der
Karibik (Jamaika) und in Südamerika lag.[1] Bei der Hüttenaluminiumproduktion waren die etwa 30 Primärhütten der Entwicklungsländer jedoch erst zu knapp 11 % an der Weltproduktion 1975 beteiligt. Davon entfiel mehr als ein Drittel
auf die 9 Hütten in den europäischen Entwicklungsländern
Spanien, Jugoslawien und Griechenland. Bemerkenswert sind
unter den Hütten der Entwicklungsländer vor allem die Großanlage in Bahrain, sowie moderne Hütten in Ghana und Ägypten
(POMMERENING, G. u. a. 1977, S. 2).

Ziele der Entwicklungsländer bei der Errichtung eigener
Hüttenwerke sind vor allem:

- eine deutliche Steigerung der inländischen Wertschöpfung,
- eine tendenzielle Stabilisierung des Rohstoffsektors gegenüber Nachfrageschwankungen und
- eine nachhaltige Förderung der ökonomischen Aktivität vor-
bzw. nachgelagerter Wirtschaftszweige (POMMERENING u. a.
1977, S. 147 ff).

1) Die Hälfte der ca. 20 Tonerdewerke der Dritten Welt wurde
in diesem Raum erstellt.

Wieweit sich diese Wirkungen nachweisen lassen, hängt von
der Art des Rohstoffes und der Struktur des jeweiligen Landes ab.

1. Im Vergleich mit anderen Rohstoffen, wie Kupfer, Blei und
   Zink zeigt sich vor allem bei Aluminium die Möglichkeit,
   durch die Verhüttung den im Inland geschaffenen Wertan-
   teil deutlich zu erhöhen.[1] Der Grund dafür liegt in den
   geringen Abbaukosten für Bauxit, der kostengünstig fast
   ausschließlich im Tagebau mit Großgeräten gewonnen wird.

Tab. 44: Aufteilung des Fertigmetallwertes auf Bergbau und
Hüttenstufen bei Aluminium, Kupfer, Blei und Zink

Metall	Anteil am Gesamtwert in %		
	Bergbau	Hütte	insgesamt
Aluminium	30 - 40	60 - 70	100
Kupfer	75 - 90	10 - 25	100
Blei	50 - 60	40 - 50	100
Zink	60 - 70	30 - 40	100

Quelle: POMMERENING u. a. 1977, S. 148

Nachteilig für die in der Regel finanzschwachen Entwicklungsländer wirkt sich allerdings die sehr hohe Investition pro t
Metall bei Aluminiumhütten aus. Sie liegt hier zusammen mit
Kupfer bei 5 300 DM/t (Stand Mitte der 70er Jahre), für Zink
bei 3 200 DM/t und bei Blei nur bei 2 100 DM/t.[2]

---

1) Geringe Bedeutung hat in diesem Zusammenhang die Ölraffi-
   nierung, da auf sie nur 6 - 7 % der Gesamtproduktions-
   kosten entfallen (siehe CZAYA, E. 1975, S. 52 f). Mit der
   Erhöhung der Ölpreise dürfte sich dieser Anteil noch weiter reduzieren.

2) KEBSCHULL und SCHOOP (1975, S. 19) geben Kapitalkosten
   in Höhe von 25 US$ pro Jahrestonne im Bauxitabbau, 200 -
   250 US$ pro Jahrestonne in der Tonerdegewinnung und 800 -
   1 200 US$ für die Aluminiumgewinnung an.
   GOCHT (1978, S. 5) verweist auf Angaben der Weltbank von
   1975 mit 25 - 30 US$ im Bauxitbergbau und 1 000 bis 1 500
   US$ pro t Jahreskapazität in der Aluminiumverhüttung.

Eine gewisse Stabilisierung des Rohstoffsektors ergibt sich
bei einer Weiterverarbeitung durch geringere Schwankungen
des Metallpreises gegenüber dem Konzentratpreis. Außerdem
kann Metall bei Ausfall eines Abnehmers auch auf dem Weltmarkt abgesetzt werden, während Konzentrate nicht an der
Börse gehandelt werden.

6.4.1 Das Ziel einer überregionalen integrierten Aluminium- industrie im Karibischen Raum

Aufgrund der angeführten Gründe entwickelte sich auch im
Karibischen Raum der Gedanke, die den einzelnen Ländern in
unterschiedlichem Maß zur Verfügung stehenden Ressourcen in
einer gemeinsamen integrierten Aluminiumindustrie zu nutzen.
Bereits im Jahr 1956 wurde Point Lisas, 37 km südlich von
Port-of-Spain, Trinidad, am Golf von Paria gelegen, als Gelände für einen zukünftigen Industriepark ausgewählt, der
vor allem hochenergieintensiven Betrieben günstige Standort-
voraussetzungen gewähren sollte. Neben Mittelbetrieben und
auch einigen Kleinbetrieben war vor allem die Ansiedlung
von Düngemittelfabriken,[1] eines Eisen- und Stahlkomplexes
mit einer Kapazität von 450 000 Jahrestonnen Stahlhalbfer-
tigwaren aus brasilianischem Erz, zweier petrochemischer
Anlagen, darunter einer Gasverflüssigungsanlage, sowie einer
Aluminiumhütte vorgesehen. Die Größe des Industrieparks beträgt ca. 600 ha und es besteht die Möglichkeit, weitere
1 800 ha aufzuschütten oder trockenzulegen.
Zentraler Punkt einer großzügig bemessenen Infrastruktur-
planung sollte neben einer optimalen Wasserversorgung (ca.
200 Mio Liter pro Tag) und einem Tiefwasserhafen für eine
Schiffsgröße bis zu 28 000 BRT ein in jedem Fall ausreichen-
des Energieangebot sein. Neben einer bestehenden 88 MW-Gas-
turbine und Ausbauplänen auf ca. 150 MW (das entspricht der

---

1) Eine erste Düngemittelfabrik wurde bereits 1959 fertiggestellt.

Leistung des Brokopondo Kraftwerks in Surinam) besteht die
Möglichkeit, unter Nutzung der gewaltigen Erdgasvorkommen
Trinidads die Kapazität auf insgesamt 1 200 MW zu steigern.
Der Einsatz von Erdgas soll sich von 4,25 Mio m^3 (1978) auf
12,6 Mio m^3 pro Tag bis 1982 erhöhen.
Ursprünglich waren für eine integrierte karibische Aluminium-
industrie im Mai 1974 2 Projekte vorgesehen: [1]

a) Point Lisas Projekt, Bau einer Aluminiumhütte mit 200 000 t
   Jahreskapazität und Kostenbeteiligung durch Trinidad (34 %),
   Guyana (33 %) und Jamaika (33 %).

b) Bau einer Aluminiumhütte in Linden, Guyana, mit ebenfalls
   200 000 t Jahreskapazität unter Beteiligung Guyanas (52 %),
   Trinidads (24 %) und Jamaikas (24 %).

Andere Abkommen waren zwischen Venezuela (10 %), Mexiko
(29 %), Jamaika (51 %) und anderen Teilhabern (10 %) im Ge-
spräch (JAVEMEX), zerfielen jedoch wieder durch das Ausscheiden Mexikos. Ebenso scheiterte eine angestrebte Zusammenarbeit zwischen Jamaika (29 %) und Mexiko (51 %) mit 20 %
Beteiligung durch andere Teilhaber. [2]
Das Interesse Venezuelas an diesen Verhandlungen sank nach
dem begonnenen Ausbau der einheimischen Aluminiumindustrie
in Ciudad Guayana. Hier soll zunächst durch die Erweiterung
einer bestehenden Anlage (55 000 t/Jahr) auf 165 000 t/Jahr
sowie durch den Neubau einer Aluminiumhütte mit ebenfalls
165 000 t/Jahr eine Gesamtkapazität von 330 000 t/Jahr aufgebaut werden.

Die angestrebte Endkapazität beträgt 550 000 t. Die Energiekosten[3] liegen hier zudem niedriger als in Trinidad. Nachdem Guyana, das den Ausbau einer eigenen integrierten Aluminiumindustrie forcieren will, die Mitarbeit an einem gemeinsamen Projekt in Point Lisas aufgekündigt hatte, reduzierte Trinidad die Größe der geplanten Aluminiumhütte zunächst auf 100 000 t/J, 1977 sogar auf 75 000 t/J. Nach
einer Studie, derzufolge 150 000 t/J als wirtschaftliches
Minimum angesehen werden müssen, will Trinidad nun doch bis

---

1) Auskunft Herr Koelsch, Deutsche Botschaft in Trinidad, 1978
2) Auskunft Point Lisas Industrial Port Development Corp. Ltd.
   1978
3) Venezuela verfügt über billige Hydroenergie durch die
   Errichtung des Guri-Stausees am Caroni.

Ende 1982 eine entsprechende Anlage mit 150 000 t/Jahr er-
stellen und hat Jamaika und Guyana aufgefordert, sich durch
langfristige Liefer- und Abnahmeverträge zu beteiligen.
Neben dem Bau der Aluminiumhütte, die rund 1 000 Arbeitsplätze während der Bauphase und voraussichtlich etwa 500
Dauerarbeitsplätze schaffen wird, strebt Trinidad den Aufbau einer differenzierten Folgeindustrie an (Produktion von
Aluminiumprofilen, -blechen, elektrischen Kabeln, Verpak-
kungsindustrie usw.).

Günstigste Voraussetzungen für die erfolgreiche Verwirklichung einer integrierten Aluminiumindustrie besitzt mit Abstand Venezuela, die Chancen Trinidads dürften etwas höher
zu beurteilen sein, als die Guyanas, während Jamaika am
stärksten benachteiligt ist. Aufgrund der besonderen ener-
giewirtschaftlichen Situation Jamaikas, die auch in naher
Zukunft kein Angebot an ausreichender und billiger Energie
für Großabnehmer erwarten läßt, sind die Chancen für den
Aufbau einer integrierten Aluminiumindustrie in Jamaika
äußerst gering. Überlegungen, durch Atomstrom eine Aluminiumhütte zu betreiben, haben sich noch nicht verwirklichen
lassen. Als Alternative bietet sich hier nur die Beteiligung
an Projekten in energiereichen Ländern unter Verwendung von
Tonerde aus Jamaika an. Daher wird sich Jamaika voraussichtlich durch Tonerdelieferungen an dem Point Lisas Projekt beteiligen.
Die Möglichkeit einer erweiterten karibischen Beteiligung
am Point Lisas Projekt besteht eventuell noch durch den Auf-
kauf von Tonerde aus Surinam, falls sich zeigen sollte, daß
der Aufbau einer integrierten Aluminiumindustrie in West-
Surinam nicht durchführbar ist. Möglicherweise ist auch Surinam an einer Abnahme durch Trinidad interessiert, da der
Bauxitliefervertrag mit Venezuela in den 80er Jahren ausläuft.[1]

---

1) Weitere Angaben zum Projekt Point Lisas siehe: HAAS, H.-D.
   1976; Project Identification Programme of the IDC. Items
   having prospects for development. - Trinidad, o. J.; Point
   Lisas Industrial Port Development Corp. Ltd., in: Industrial
   and Commercial Report 6, 1977, 1; Point Lisas: Made for
   Industry, in: Northeastern Industrial World, März 1978;
   Aluminium smelter Likely for Trinidad, in: Insight. A
   monthly bulletin in the Caribbean, Sept. 78.

6.4.2 Das Problem der Kleinstaatlichkeit

Das Problem der Kleinstaatlichkeit ist keineswegs eine Aus-
nahmeerscheinung. Mitte der 70er Jahre gab es weltweit 40
souveräne Staaten und 43 abhängige Territorien mit einer
Einwohnerzahl unter 1 Mio, wobei der karibische Raum die
höchste Dichte an Kleinstaaten aufwies. NUHN (1978, S. 342 f)
stellt als besondere Probleme dieser Staaten u. a. heraus:[1]

1. eingeschränkte natürliche Ressourcen: kleine landwirtschaftliche Nutzfläche; in der Regel geringe Vorkommen
mineralischer Rohstoffe und Energieträger,

2. geringe Kapazität des Binnenmarktes: technisch optimale
und rentable Betriebsgrößen kommen wegen eines zu geringen Marktes nicht zum Einsatz; Monopolisierungstendenzen
infolge mangelnden Wettbewerbs; häufige Beherrschung der
Wirtschaft durch wenige multinational verflochtene Konzerne,

3. besondere Import/Export-Strukturen: Import einer großen
Zahl hochwertiger Konsum- und Investitionsgüter; Speziali-
sierung auf eine geringe Zahl von Exportprodukten; überproportionale Bedeutung des Außenhandels im Vergleich zu
größeren Ländern; Konzentration des Exports auf wenige
Abnehmerstaaten mit einer sich daraus ergebenden Satelli-
tenposition;

4. veränderte Dominanz-Abhängigkeitsbeziehungen: anstelle
direkter politischer Herrschaftsverhältnisse sind neue
ökonomisch bedingte Abhängigkeiten zwischen Kleinstaaten
und Industrieländern entstanden; bei geringem absolutem
Anteil an der Weltmarktlieferung sind kaum Marktbeein-
flussungen möglich.

---

1) Siehe dazu auch K. ESSER 1979, 208 ff.

5. überproportionale Ausgaben für die staatliche Organisation sowie öffentliche Einrichtungen und Dienstleistungen bei häufig gleichzeitig geringerer Qualität;

6. mangelhafte Kommunikation mit der Außenwelt durch eine
isolierte Lage und eine beschränkte Zahl von Auslands-
vertretungen.

Diese Charakterisierung trifft größtenteils auch auf die
beiden Staaten Guyana und Surinam zu. Einschränkungen ergeben sich jedoch bei Punkt 1. Beide Länder besitzen neben
den nachgewiesenen Rohstoffen einen ausgesprochenen Reich-
tum an vermuteten Lagerstätten. Ebenso ist die gegenwärtige
landwirtschaftliche Nutzfläche zwar verschwindend gering im
Vergleich zur Gesamtfläche, doch können durch die - allerdings mit erheblichem Kapitalaufwand verbundene - Bewässerung und Entwässerung in der Küstenebene ausgedehnte Agrarflächen erschlossen werden. Die Möglichkeiten einer Markt-
beeinflussung (Punkt 4) sind für beide Staaten heute aufgrund des rückläufigen Anteils an der Weltproduktion zwar
relativ bescheiden, in den 40er und 50er Jahren, als dem
Bauxit aus Guyana und Surinam eine grundlegende weltwirtschaftliche Bedeutung zukam, war jedoch unter dem Kolonial-
status keinerlei Möglichkeit einer Einflußnahme gegeben.

Ein Aspekt, den NUHN nicht ausdrücklich erwähnt, ist die
in der Regel sehr geringe Finanzkraft kleiner Entwicklungsländer, die die Durchführung von Großprojekten wie den Aufbau einer integrierten Rohstoffverarbeitung nur mit massiver ausländischer Unterstützung erlauben. Die Mindestkapazi-
tät für konkurrenzfähige Tonerdeanlagen liegen bei ca. 600 000
Jahrestonnen, die für Aluminiumhütten hat sich inzwischen von
100 000 t, die Mitte der 70er Jahre noch als ausreichend gal-
ten, auf ca. 150 000 Jahrestonnen erhöht. Die finanzielle
Abhängigkeit von internationalen Organisationen, anderen
finanzstarken Staaten, von international führenden Unternehmen oder die Tendenz zur Bildung von joint ventures ergibt sich somit zwangsläufig.

Der negative Einfluß geringer Größe und Wirtschaftskraft
für rohstoffproduzierende Länder ist jedoch nicht unumstrit-
ten. F. LONG (1980) geht in einer Untersuchung über den Einfluß geringer Größe auf die Beziehungen zwischen Guyana und
internationalen Unternehmen davon aus, daß geringe Staats-
größe nicht unbedingt ein Nachteil sein müsse. Er belegt
dies jedoch im wesentlichen damit, daß es Guyana sowohl mit
einer verstaatlichten Zucker- als auch Bauxitwirtschaft gelungen sei, die internationale Wettbewerbsfähigkeit zu erhalten.
Weitaus nachteiliger als gewisse Nachteile kleiner Staaten
bei Interessenskonflikten machen sich jedoch die geringen
Integrationsmöglichkeiten des Rohstoffsektors in die Gesamtwirtschaft bemerkbar. Die Schwierigkeit von Kleinstaaten mit
geringer Wirtschaftskraft und einer geringen Diversifizierung
der Industrie bei einem weitgehenden Fehlen der Investitionsgüterindustrie liegt jedoch vor allem darin, daß diese Staaten nicht in der Lage sind, im Sinne der forward and backward linkages einen optimalen Nutzen aus einer integrierten
Rohstoffverarbeitung zu ziehen (siehe Kap. 7.1.1 und Abb. 22).

7. RAUMWIRKSAME ENTWICKLUNGSKONZEPTIONEN IN GUYANA UND SURINAM

7.1 West-Surinam - Beispiel einer big-push Strategie

7.1.1 Die Konzeption des staatlichen Rohstofferschließungsprojekts

Als erster Staat im Karibischen Raum besitzt Surinam mit der Fertigstellung der SURALCO-Aluminiumhütte in Paranam eine integrierte Aluminiumindustrie. Mit der Entdeckung umfangreicher Bauxitlagerstätten in West-Surinam bietet sich die Möglichkeit, ein zweites, nunmehr staatliches Zentrum der Aluminiumerzeugung zu errichten. Surinam stand vor der Entscheidung, mit den durch Bauxit-, Tonerde- und Aluminiumexport sowie durch holländische Entwicklungshilfegelder reichlich vorhandenen Finanzen die Grundlagen für eine Stärkung der Wirtschaft zu schaffen.

Ausgesprochenes Ziel der Entwicklungspolitik Surinams ist die Erlangung von "Selbständigkeit und Wohlstand". Dieses Ziel soll durch die "Mobilisatie van het eigene", die surinamische Version der "self-reliance" erreicht werden.

Wichtigste Entwicklungsziele sind nach der gemeinsamen holländisch-surinamischen Kommission (CONS 1977, S. 11 ff):

a) Diversifizierung der Wirtschaftsstruktur. Erschließung neuer Bergbauprodukte zusätzlich zum Bauxitabbau und Aufbau der Industrie, Diversifizierung der landwirtschaftlichen Produktion,

b) Reduzierung und Substitution der Nahrungsmittelimporte,

c) Suche nach Alternativen zu einer vom Ausland getragenen Industrialisierung und Verstärkung des nationalen Anteils an der Industrieproduktion (Reinvestitionsvorschriften, joint ventures ...),

d) Erhöhung der inländischen Sparrate zur Finanzierung von Investitionsvorhaben,

e) Ausbildungsverbesserung auf allen Ebenen und gezielte
Remigrationspolitik zur Umkehrung des "brain drain",

f) Überdenken der einseitigen Orientierung auf die Niederlande als alte Kolonialmacht und Intensivierung der Kontakte zu südamerikanischen und karibischen Staaten.

Die Erreichung dieser Ziele erfordert hohe Investitions-
summen. Die Mehreinnahmen aus der Bauxitsteuer müssen jedoch bereits zur Deckung laufender Ausgaben herangezogen
werden. Somit bleiben zur Verwirklichung dieser Ziele nur
die aus der holländischen Entwicklungshilfe zur Verfügung
stehenden Gelder.[1]

Aufgabe der gemeinsamen holländisch-surinamischen Kommission
CONS (Commissie ontwikkelingssammenwerking Nederland-Suriname)
ist es nun, diese Gelder möglichst effektiv mit dem Ziel der

---

1) a) Mit der Erlangung der Unabhängigkeit im November 1975
   wurde Surinam die Rückzahlung seiner Schulden an Holland in
   Höhe von 517,5 Mio Nf (= ca. 251 Mio US$) erlassen. Dieser
   Vorgang, der als "Goldener Handschlag zur Unabhängigkeit"
   bekannt wurde, reduzierte die Staatsverschuldung - in % des
   BNP (zur Marktpreisen) - von 35 % (1975) auf 5 % im Jahr 76.

   b) Bei Erlangung der Unabhängigkeit wurde eine fiktive Rechnung aufgestellt, die feststellen sollte, welche Summen notwendig wären, um Surinam "wirtschaftlich unabhängig" zu machen. Daraus resultierende Forderungen an Holland in Höhe
   von 4,465 Mrd. Sf (ca. 2,5 Mrd. US$) wurden zurückgewiesen.
   Holland garantierte jedoch Entwicklungshilfezahlungen an
   Surinam in Höhe von 3,5 Mrd. Nf (ca. 1,7 Mrd. US$). Diese
   Summe bzw. Garantie setzt sich zusammen aus:
   2,7 Mrd. Nf (= ca. 1,3 Mrd. US$) für Projekte des Entwick-
           (= ca. 2,5 Mrd. DM) lungsplanes.
   0,3 Mrd. Nf (= ca. 0,15 Mrd. US$) zur Weiterfinanzierung
           (= ca. 0,28 Mrd. DM) des Planes nach Verbrauch
                         der o. g. Summe, unter
                         der Voraussetzung, daß
                         Surinam ebenfalls 0,3 Mrd.
                         Nf aus eigenen Mitteln in-
                         vestiert.
   0,5 Mrd. Nf (= ca. 0,24 Mrd. US$) Garantieübernahme für An-
                         leihen Surinams am inter-
           (= ca. 0,46 Mrd. DM) nationalen Kapitalmarkt.

   3,5 Mrd. Nf (= ca. 1,7 Mrd. US$)
              (= ca. 3,2 Mrd. DM)

   c) Holland investierte 350 Mio Nf (ca. 170 Mio US$) in die
   Finanzierung von Projekten des 5-Jahresplanes 1972 - 76.

- 180 -

wirtschaftlichen Selbständigkeit einzusetzen. Surinam hat
sich als Strategie zur Erreichung der oben genannten Ziele
für den Aufbau eines gewaltigen Rohstoffprojektes entschieden. Den Investitionsrahmen legt ein Entwicklungsplan (Meer-
jaarenontwikkelingsprogramma) mit einer Laufzeit von 10 - 15
Jahren fest, dessen zentralen Abschnitt das West-Surinam-
Projekt mit seiner immensen Bedeutung bildet.

Seit in den 60er Jahren im Bakhuis-Gebirge in West-Surinam
Bauxitlager entdeckt wurden, versucht Surinam in einer ge-
radezu klassischen Verfolgung des "big-push" Konzeptes mit
einem gewaltigen finanziellen Aufwand den Punkt des legen-
dären "take-off", des selbsttragenden Wachstums zu erreichen. Als theoretisches Konzept liegt der Planung in West-
Surinam die Wachstumspoltheorie von Perroux in einer modi-
fizierten Form zugrunde.

Die Wachstumspoltheorie von Perroux und ihre Weiterführung
von Boudeville gehen im wesentlichen davon aus, daß ein Entwicklungsimpulse generierendes und räumlich ausstrahlendes
Zentrum mit einer spezifischen Industriestruktur und starken
interindustriellen Verflechtungen Wachstums- und Entwicklungs-
effekte für die zugehörige Region schafft (SANDNER 1975,
S. 83).[1] Der Wunsch, einen Gegenpol zur ständig wachsenden
Hauptstadt zu schaffen und vor allem das Ziel der Erschließung des bisher unzugänglichen Hinterlandes waren dafür ausschlaggebend, die Verarbeitung des Bakhuis-Bauxits in West-
Surinam direkt durchzuführen. Als Modell dient ein Projekt,

---

1) Auf die Bedeutung des Wachstumpolkonzeptes für die Raum-
planung der 60er Jahre vor allem in Lateinamerika, sowie
die in den 70er Jahren massiv einsetzende Kritik soll
hier nicht näher eingegangen werden. Es sei verwiesen auf
CONROY, M. 1973; RICHARDSON, H. W.; RICHARDSON, M. 1975;
SANDNER, G. 1975; DARKOH, M.B.K. 1977; APPALRAJU, J. und
SAFIER, M. 1978; PALME, H. 1979; BORSDORF, A. 1980.
Ferner soll hier der eher theoretische Unterschied zwischen "Wachstumspol" als nicht-räumliches wirtschaftliches
Konzept und "Wachstumszentrum" als räumliches Konzept und
lokalisierbare Erscheinung nicht berücksichtigt werden.
Aufgrund der in den Entwicklungsplänen ausdrücklich ge-
nannten raumwirksamen Erwartungen, die in das West-Surinam
Projekt gesetzt werden, wird hier in der Regel dem Aus-
druck "Wachstumszentrum" der Vorzug gegeben.

das scheinbar große Parallelen mit der Situation West-Surinams aufweist und expressis verbis als Vorbild für die Entwicklungsplanung in West-Surinam genannt wird (siehe CONS
1977, S. 90): Das venezolanische Schwerindustriezentrum
Cuidad Guayana und Ciudad Bolivar am Orinoco.[1]
Während jedoch in Surinam die Weiterverarbeitungsmöglich-
keiten für Aluminium auch in Zukunft nicht gegeben sein werden, hat Venezuela, das in Ciudad Guayana bereits eine Aluminiumhütte besitzt, aufgrund der Größe seiner Gesamtwirtschaft die Möglichkeit, alle Verarbeitungsstufen von der
Rohstoffgewinnung bis zum Endprodukt im eigenen Land durchzuführen und die Produkte auch zum größten Teil im nationalen Wirtschaftskreislauf zu verwenden. Im Jahr 1978
wurde zwischen beiden Staaten ein Abkommen unterzeichnet,
demzufolge Venezuela Anfang der 80er Jahre West-Surinam
Bauxit aufkaufen wird. Der Kauf erfolgt zur Versorgung der
Tonerdefabriken der staatlichen Interalumina in Cuidad
Guayana, die 1981 die Produktion aufnehmen werden und ist
als Überbrückung bis zum Abbaubeginn der venezolanischen
Lagerstätten gedacht (Suriname News in Brief, 29.7.78). Ab
diesem Zeitpunkt wird Venezuela über eine integrierte Aluminiumindustrie zur Versorgung der einheimischen aluminium-
verarbeitenden Betriebe verfügen.

Nachdem die Wachstumspoleuphorie in Lateinamerika nach einer
Reihe von Großprojekten wie Brasilia, SUDENE in Brasilien,
Ciudad Guayana in Venezuela, Arica in Chile oder Arequipa
in Peru abgeklungen ist, folgt nun das West-Surinam Projekt
als ein spätes Beispiel dieser Strategie wirtschaftlichen
Wachstums nach.[2]

---

1) Zu Ciudad Guayana siehe BORCHERDT, C. 1969, 1975, 1979.
   Mit Ciudad Guayana hat West-Surinam z. B. die Bedingungen
   einer "resource frontier area" gemeinsam.
2) Bei der Verfolgung des Konzepts der Wachstumspole muß man
   berücksichtigen, daß es bis heute noch nicht gelungen ist,
   klare Zusammenhänge und Aussagen zu folgenden Fragen heraus-
   zustellen (siehe APPALRAJU, J. und SAFIER, M. 1978, S. 144 f;
   SANDNER, G. 1975, S. 83):
   1. Welche Anforderungen müssen an die (industrielle) Struk-

Wenige Jahre nach der Entdeckung des West-Surinam Bauxits
wurden erste feasability Studien durchgeführt[1] mit dem Ergebnis, daß Surinam 1970, vertreten durch das staatliche
Unternehmen Grassalco, zum Abbau der Bauxitvorräte im
Bakhuisgebirge mit dem US-amerikanischen Konzern Reynolds
eine "joint venture" einging. Surinam strebte dabei vor allem
auch die Weiterverarbeitung des Bauxits im Abbaugebiet unter Nutzung der hydroenergetischen Möglichkeiten an. Nachdem aber bereits im Juli 1974 die Zusammenarbeit mit Reynolds
aufgrund der unterschiedlichen Interessenlage scheiterte,
übernahm Grassalco die alleinige Durchführung des Projekts.[2]

---

tur gestellt werden zur Auslösung regional ausstrahlen-
der Impulse und selbsterhaltenden Wachstums?

2. Welche Auswirkungen hat eine derartige Industriestruktur innerhalb des Wachstumspols?

3. Welche Mechanismen der Übertragung von Impulsen in die
Fläche hinein treten auf?

4. Welches planerische Instrumentarium kann eingesetzt
werden, die Entwicklung ausgewählter Zentren zu fördern?

5. Welche empirischen Kriterien stehen als Erfolgskontrolle
zur Überprüfung verschiedener Formen von Wachstumszentren
zur Verfügung?

1) 1964 Studie zum Kabalebo Projekt durch Prof. van Blommestein, dem Konstrukteur des van Blommesteinsees zur Aluminiumverhüttung in Paranam (SURALCO).
1967 Studie durch die Salzgitter Industriebaugesellschaft,
BRD. Weitere Studien waren: 1973 - 75 Studie durch Norcon-
sult (Norwegen)/Elektrowatt (Schweiz); 1978 Studie der Weltbank.

2) Reynolds wollte den Rohbauxit mit Booten (Schubeinheiten)
nach Paranam in die SURALCO Tonerdefabrik transportieren,
die Regierung Surinams war jedoch daran interessiert, in
West-Surinam ein Regionalzentrum auf der Grundlage der
Bauxitverarbeitung zu schaffen, um hier u. a. einen Ausgangspunkt zur weiteren Erschließung des Hinterlandes zu
besitzen. Die Zusammenarbeit zerbrach vor allem an der Wei-
gerung des Konzerns, die Verarbeitungsanlagen in Apoera zu
errichten und am ursprünglichen Plan der Regierung, die Infrastrukturmaßnahmen, vor allem den Bau der Eisenbahn, auf
Kosten der am Abbau beteiligten Firmen durchzuführen. Ein
weiterer Grund war die angebliche Unterschreitung der von
Reynolds für einen rentablen Abbau geforderten Mindestre-
serven. Im Juli 1974 verließ Reynolds auch das Konzessionsgebiet im Coppename Gebiet, einem Küstenabschnitt zwischen
Paramaribo und Nieuw Nickerie. Die Existenz der dort vermuteten Bauxitlagerstätten ist umstritten. Die Lösung aus
dem Vertrag geschah zu für Reynolds sehr günstigen Bedingungen.

In einem gewaltigen Investitionsprogramm sollen nun in West-
Surinam die Möglichkeiten geschaffen werden, Bauxit aus
dem Bakhuis-Gebirge abzubauen. Für die Endphase des Projekts ist geplant, den in West-Surinam gewonnenen Bauxit
vollständig in Apoera zu Tonerde zu verarbeiten und schließlich unter Nutzung der hydroenergetischen Möglichkeiten die Tonerde zu Aluminium weiterzuverarbeiten. In einer ersten Aufbauphase wird ein Staudamm (Devisvaldam) und ein Kraftwerk mit
einer Leistung von 500 MW installiert werden, in einer zweiten Phase soll der Bau des Kabalebodammes sowie eines Kraftwerks mit 300 MW Leistung erfolgen (siehe Abb. 7). Die ver-
anschlagten Gesamtinvestitionskosten für die Gewinnungs-,
Transport- und Verarbeitungskette von der Phase des Bauxitabbaus bis zur Aluminiumerzeugung beträgt je nach Größe der
Aluminiumhütte 1,1 bis 1,3 Mrd. US$, die in einem Zeitraum
von 5 - 8 Jahren zu investieren sind (Nedeco 1978a, S. VI).[1]

So wird sich während der Bauphase zunächst eine deutlich
negative Handelsbilanz durch den notwendigen Import der An-
lagenteile ergeben. Während der Produktionsphase wird es zu
einem starken Anstieg der Exporte durch die Ausfuhr von Fer-
tigmetall kommen. Der Export von Gütern nachgelagerter Produktionsstufen sowie die Substitutionsmöglichkeit von Im-
portgütern aufgrund einer durch die Metallgewinnung ange-
regten Produktion von Investitionsgütern wird im Fall Surinam ebenso wie in Guyana sehr gering bleiben.
Für eine gesamtwirtschaftliche Beurteilung von Hüttenpro-
jekten spielen neben unmittelbar wirksamen betriebswirt-
schaftlichen Gesichtspunkten des Hüttenbetriebs eine Reihe
weiterer Faktoren eine Rolle:

---

1) Zum Vergleich: Das BNP Surinams (zu Marktpreisen) betrug
   1976 (vorläufig) lediglich 961,6 Mio Sf (= ca. 545 Mio
   US$). Für Staaten der Größenordnung Surinams oder auch
   Guyanas, das ein ähnliches Projekt plant, und einer Reihe
   anderer Kleinstaaten stellt sich vor allem die Frage, ab
   welcher M i n d e s t größe derartige Projekte rentabel
   durchgeführt werden können.

- Inwieweit ist das Land für den Bau der Hütte bzw. für die
  Beschaffung von Ersatzteilen auf Investitionsgüterimporte
  angewiesen,

- inwieweit können Hilfs- und Betriebsstoffe aus dem Inland
  bezogen werden,

- inwieweit stehen einheimische Energiequellen zur Verfügung,

- in welchem Ausmaß kann die Hüttenproduktion im Inland weiterverarbeitet werden,

- inwieweit kann eine vorhandene Infrastruktur in die Verhüttung miteinbezogen werden,

- inwiefern kann die für die Verhüttung notwendige Infrastruktur für andere wirtschaftliche Aktivitäten genutzt
  werden,

- welche sonstigen Sekundäreffekte treten auf, wie Schaffung
  von direkten und indirekten Arbeitsplätzen oder Ausbildungs-
  möglichkeiten, welche raumordnerisch relevanten Entwicklungen und welche ökologischen Beeinträchtigungen.

Eines der wesentlichen Probleme im Aufbau einer integrierten
Aluminiumindustrie in Kleinstaaten liegt in der bereits erwähnten mangelnden Integrationsfähigkeit in die Gesamtwirtschaft.

Wie aus Abb. 22 hervorgeht, weisen die bestehenden forward-
und backward linkages der Bauxitgewinnung und -verarbeitung
in Surinam nur sehr geringe Ausmaße auf. Der Aufbau von Zu-
lieferbetrieben läßt sich am ehesten bei der Herstellung von
Natronlauge für die Tonerdegewinnung erreichen. Ansonsten
läßt der geringe Umfang der Gesamtwirtschaft keinen bedeutenden Ausbau der forward und backward linkages erwarten.
Es bietet sich somit am ehesten die Weiterverarbeitung eines
größeren Prozentsatzes von Bauxit unter Nutzung der heimischen
hydroenergetischen Potentiale an. Länder von der Größenordnung
Surinams oder Guyanas werden somit auch weiterhin auf die Einfuhr ihres - geringen - Bedarfs an Aluminiumhalbzeug und

-fertigwaren angewiesen sein. Eine direkte Verfolgung des Wachstumspolkonzeptes ist aus den genannten Gründen nicht möglich. Die staatliche Planung in Surinam geht deshalb davon aus, daß durch den für eine integrierte Aluminiumindustrie notwendigen infrastrukturellen Ausbau i n d i r e k t die Voraussetzungen und Anreize zur Ansiedlung vornehmlich energieintensiver, aber bauxitunabhängiger Industriezweige geschaffen werden.

Abb. 22: Aufbau einer integrierten Aluminiumindustrie

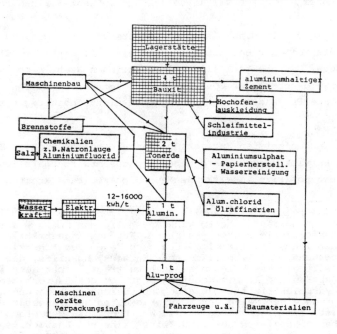

Quelle: verändert nach AUTY, R.M. 1980; GIRVAN, N. 1971c; PATTERSON, S. 1977.

Zusätzlich zum Investitionsaufwand für die Verarbeitungsanlagen erfordert das Projekt hohe Beträge zur Durchführung
der notwendigen Erschließungsmaßnahmen (siehe Tab. 45). Etwa
750 km Straße mußten bisher bereits neu geschaffen werden.
Die Kosten für die Eisenbahnstrecke allein werden sich bereits auf 108 Mio US$, für den Ausbau der Wasserkraft auf
über 300 Mio US$ belaufen. Der größte Teil der Investitionen
wird mit ca. 705 Mio US$ auf den Bereich Bauxitgewinnungs-
und -verarbeitungseinrichtungen entfallen. Die wirtschaftliche Situation Surinams wird somit bis Mitte der 80er Jahre
in hohem Maß durch die Investitionen in West-Surinam geprägt
werden.

Fertiggestellt sind bisher die Straßenverbindungen und der
größte Teil der Bauxitbahn, sowie ein Teil der neuen Stadt
Apoera. Der größte Teil der Investitionen steht noch aus
und wird Anfang der 80er Jahre getätigt werden müssen, wobei die Frage der Finanzierung noch nicht endgültig geklärt
ist.[1]

Wie in den meisten Entwicklungsländern sollen auch in Surinam Entwicklungsprojekte neben dem gesamtwirtschaftlichen
Effekt positive Auswirkungen auf die Arbeitsmarktsituation

---

1) Bisher ist die Finanzierung des Eisenbahnbaus zu 85 %
durch holländische Entwicklungshilfe und zu 25 % durch
kommerzielle Banken gesichert. Für den angestrebten Bau
der Tonerdefabrik wird noch nach Wegen der Finanzierung
gesucht, da die holländische Entwicklungshilfe, die große
Teile der Erschließungsmaßnahmen trägt, nicht ausreicht.
Der Bau der Aluminiumhütte hängt von den Bauvorhaben zur
Hydroelektrizitätsgewinnung ab, deren Durchführung aufgrund einer Reihe von Schwierigkeiten noch ungesichert
ist. Zum einen verweist die Weltbank, die den Staudammbau finanzieren soll, auf eine Reihe von Entwicklungsländern hin, die sich in einer weitaus schlechteren finanziellen Situation als Surinam befinden und Investitionen drin-
gender nötig haben. Zum anderen ergeben sich durch die be-
absichtigte Ableitung des wasserreichen Luci River in den
Stausee Schwierigkeiten mit Guyana, das eine erhebliche
Reduzierung der Wassermenge im Grenzfluß Corantijn be-
fürchtet. Vor allem aber die technisch mögliche Ablenkung
des Coeroeni, die das Einzugsgebiet des Kabalebo Stausees
um ca. 33 000 km² erhöhen könnte, würde Konflikte mit
Guyana zur Folge haben, da Guyana das 6 000 km² große
Gebiet zwischen Coeroeni und Corantijn beansprucht.

Tab. 45: Investitionsschema in West-Surinam (in Mio US$)

bei schneller Durchführung[1]

	1976	1977	1978	1979	1980	1981	1982	1983	1984	Summe
Bauxitabbau	–	–	5,0	20,0	13,4	–	–	–	–	38,4
Eisenbahn	20,0	33,0	27,0	19,0	9,0	–	–	–	–	108,0
Wassertransport[2]	–	–	–	10,0	4,8	–	–	–	–	14,8
Tonerdefabrik[3]	–	–	–	75,0	100,0	100,0	20,0	–	–	295,0
Aluminiumhütte[3]	–	–	–	–	–	150,0	150,0	72,0	–	372,0
Wasserkraft[4]	–	–	10,0	33,2	50,0	50,0	50,0	40,0	–	232,0
Stadtentwicklung	–	–	9,4	10,0	11,0	11,0	16,7	16,7	13,8	88,6
	20,0	33,0	51,0	167,2	188,2	310,0	236,7	128,0	13,8	1 150,0

bei verlangsamter Durchführung[1]

	1976	1977	1978	1979	1980	1981	1982	1983	1984	Summe
Bauxitabbau	–	–	5,0	15,0	15,0	3,4	–	–	–	38,4
Eisenbahn	20,0	33,0	27,0	19,0	6,0	3,0	–	–	–	108,0
Wassertransport[2]	–	–	–	4,8	10,0	–	–	–	–	14,8
Tonerdefabrik[3]	–	–	–	35,0	65,0	65,0	65,0	65,0	–	295,0
Aluminiumhütte[3]	–	–	–	–	–	36,0	120,0	120,0	96,0	372,0
Wasserkraft[5]	–	–	–	5,0	40,0	50,0	50,0	50,0	38,2	233,2
Stadtentwicklung	–	–	9,4	10,0	11,0	11,0	16,7	16,7	13,8	88,6
	20,0	33,0	41,4	88,8	147,0	108,4	251,7	251,7	148,0	1 150,0

1) übrige Aktivitäten nicht gerechnet; 2) vorläufig; 3) 150 000 t Kapazität; 4) 72,3 % der Investitionen

Quelle: NEDECO 1978b

Tab. 46: Strukturdaten zum West-Surinam Projekt

Projekt	geplantes oder tatsächliches Aus-führungsjahr

Energiegewinnung

1. Phase: Devis Staudamm, 500 MW,
   Oberfläche 1 250 qkm

2. Phase: Kabalebo Staudamm, 300 MW,
   Oberfläche 1 100 qkm

Einzugsgebiet beider Stauseen, je nach
Ausführung zwischen 9 220 qkm und
53 140 qkm. Reliefbedingte Anlage
zahlreicher Hilfsdämme.[1]

Verkehrserschließung

- Straße

  . Verbindung zwischen Flughafen   1970 - 74
    Zanderij und Avanavero, ca. 300 km
  . Kabaleboweg, ca. 300 km   1975 - 78
  . Apoera-Camp 52, 52 km   1977
  . Bakhuis-Geb. - Apoera, ca. 80 km   1976 - 80

- Eisenbahn

  . Bakhuis - Apoera (Bauxittransport),   1976 - 80
    72 km (1979 waren 20 km fertiggestellt)

- Flugverkehr

  . Anlage eines zusätzlichen Landeplatzes
  . Ausbesserung eines Landeplatzes

- Schiffsverkehr

  . Ausbau eines Flußhafens in Apoera

Aufbau der Bauxitverarbeitung

- Bauxitaufbereitung   1978 - 81
- Tonerdefabrik   ca. 1979 - 82
- Aluminiumhütte, ca. 150 000 t Jahres-
  kapazität   ca. 1981 - 84

Sonstiges

- Bau einer Sägemühle   1971 - 72
- Anlage eines Arbeitscamps (Camp 52)   1976
- Bau der Stadt Apoera für ca. 20 000 Einwohner im Jahr 1985/90   seit 1976
- Bau des Corantijn Kanals mit ca. 100 km
  Länge (Mehrzweckkanal zur Bewässerung
  der Reisfelder bei Nickerie-Wageningen)
  und Bau
- einer Parallelstraße

Bisher durchgeführte privatwirtschaftliche Initiativen:
Bau einer kleinen Betonfabrik bei Apoera.

---

1) Zum Vergleich: Brokopondo Staudamm (van Blommestein Meer):
   Kraftwerksleistung 150 MW, Oberfläche 1 560 qkm.

haben. Die surinamische Regierung wehrt sich jedoch dagegen,
Entwicklungspolitik primär als Beschäftigungspolitik zu verstehen, ohne Berücksichtigung der notwendigerweise unterschiedlich hohen Arbeitsintensität verschiedener Sektoren
oder Projekte. In Surinam zeigt sich eine strikte Trennung
zwischen den sehr kapitalintensiven "produktiven" Wirtschaftszweigen Bauxitbergbau und -verarbeitung bzw. Reismonokultur
und dem als "Beschäftigungssektor" konzipierten unproduk-
tiven öffentlichen Dienst, der großenteils als Auffangbek-
ken für die große Zahl von Arbeitslosen dient. Die Schaffung
direkter Arbeitsplätze kann bei derart kapitalintensiven
Unternehmungen wie sie Rohstofferschließungsprojekte und
Rohstoffaufbereitung darstellen, naturgemäß nur minimal sein.
Bei einer geschätzten Investitionssumme von ca.1 061 Mio US$
für den Aufbau einer intergrierten Aluminiumindustrie, einschließlich der Kosten für den Ausbau der nötigen Infrastruktur, jedoch ohne Stadtentwicklung, Planungskosten und Erschließung durch Straßen, wird mit einer Gesamtzahl von 2 200
bis 2 600 Dauerarbeitsplätzen zu rechnen sein (siehe Tab. 47).
Somit ergibt sich die gewaltige Investitionssumme von rund
409 000 bis 482 000 US$ pro direkt geschaffenem Dauerarbeits-
platz. Weiterhin noch nicht berücksichtigt sind die Wohnungs-
baukosten in Apoera, die mit ca. 20 000 US$ pro Wohnung an-
gegeben werden. Ziel der ersten Phase der Stadtentwicklung
ist der Bau von jährlich 700 Wohnungen im Zeitraum von 1979
bis 1984, deren Gesamtkosten sich auf rund 13,6 Mio US$ be-
laufen. Bei Fertigstellung aller geplanten 3 200 bis 4 100
Wohnungen (1 Wohnung pro direktem und indirektem Arbeitsplatz) ergeben sich Kosten von rund 62 bis 80 Mio US$. [1]

Der prognostizierte Beschäftigungseffekt für West-Surinam
zeigt die für Größprojekte typische Arbeitsplatzentwicklung
mit einem raschen Anstieg befristeter Arbeitsplätze in der

---

1) Die Angaben sind aufgrund der stark schwankenden Angaben
   und Schätzungen grobe Anhaltspunkte. Nicht enthalten sind
   jeweils Kosten und Nutzen durch die Schaffung befristeter
   Arbeitsplätze während der Aufbauphase.

Tab. 47: Geschätzte Dauerarbeitsplätze und Investitionskosten in Bauxitabbau und Weiterverarbeitung in
Apoera

	Dauerarbeits-plätze	Invest.-kosten (Mio US$)	Investitionen pro Besch. (in 1000 US$)
Bauxitabbau	420	38,4	91,4
Eisenbahnbetrieb	150	108,0	720,0
Tonerdefabrik	900	295,0	327,8
Aluminiumhütte	750 - 1125	372,0	496,0 - 330,7
	2200 - 2595	813,4	
Sonstige (Säge-werk, Planung, Industrie)	1000 - 1500		
	3220 - 4095		

Primärstatistik: NEDECO 1978b

Bauwirtschaft und einem langsamen Anstieg der permanenten
Arbeitsplätze (siehe Abb. 23). Die durch Bauverzögerungen
wahrscheinlichere, verlangsamte Projektdurchführung sieht
für den Anfang der 80er Jahre - bedingt durch die Bauvorhaben für die Tonerdefabrik, die Aluminiumhütte sowie für
die hydroenergetischen Anlagen - den Höchststand der befristeten Arbeitsplätze mit ca. 5 525 Stellen vor. Diese
befristeten Arbeitsplätze sollen nach und nach durch die
Produktionsaufnahme in den verschiedenen Verarbeitungsstufen durch direkte und indirekte permanente Arbeitsplätze,
vor allem im Bereich Bauxitgewinnung, Tonerdeanlage und
Aluminiumhütte ersetzt werden.[1] Der während der Bauphase
benötigte Überhang an Arbeitskräften wird zum Teil durch

---

1) Die beim Aufbau beschäftigten surinamischen Arbeitskräfte sollen nach Möglichkeit später in den Werken
weiterbeschäftigt werden.

Abb. 23

Arbeitsplatzentwicklung in West-Surinam (Planung – verlangsamte Projektdurchführung)

Arbeitsplätze

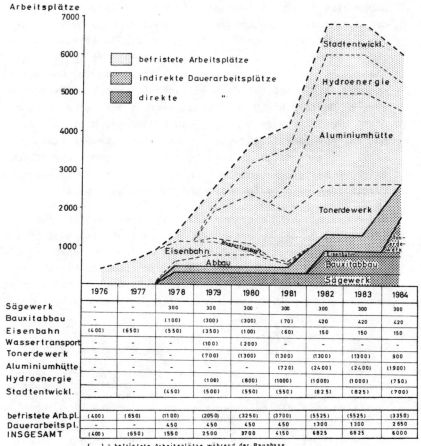

	1976	1977	1978	1979	1980	1981	1982	1983	1984
Sägewerk	-	-	300	300	300	300	300	300	300
Bauxitabbau	-	-	(100)	(300)	(300)	(70)	420	420	420
Eisenbahn	(400)	(650)	(550)	(350)	(100)	(60)	150	150	150
Wassertransport	-	-	-	(100)	(200)	-	-	-	-
Tonerdewerk	-	-	-	(700)	(1300)	(1300)	(1300)	(1300)	900
Aluminiumhütte	-	-	-	-	-	(720)	(2400)	(2400)	(1900)
Hydroenergie	-	-	-	(100)	(800)	(1000)	(1000)	(1000)	(750)
Stadtentwickl.	-	-	(450)	(500)	(550)	(550)	(825)	(825)	(700)
befristete Arb.pl.	(400)	(650)	(1100)	(2050)	(3250)	(3700)	(5525)	(5525)	(3350)
Dauerarbeitspl.	-	-	450	450	450	450	1300	1300	2650
INSGESAMT	(400)	(650)	1550	2500	3700	4150	6825	6825	6000

( ) = befristete Arbeitsplätze während der Bauphase

Quelle: Nedeco 1978 b

Scherm

die Einstellung von Gastarbeitern aus Guyana mit zeitlich
befristeten Arbeitsverträgen und Aufenthaltsgenehmigungen
aufgefüllt.[1] Der unmittelbar durch die Aluminiumerzeugung
ausgelöste indirekte Beschäftigungseffekt ist, abgesehen von
der Bauphase, gering anzusetzen. Von der Bauphase ist außerdem nur das Baugewerbe betroffen, für die Investitionsgüterindustrie eineskleinen Entwicklungslandes - sofern sie über-
haupt vorhanden ist - ergeben sich kaum Beschäftigungswir-
kungen, da die Anlagen fast vollständig importiert werden
müssen. Der direkte Beschäftigungseffekt ist bei Aluminium
noch vergleichsweise hoch gegenüber Kupfer-, Blei- und Zinn-
hütten. Außerdem liegen die für die Aluminiumverhüttung geschätzten Investitionskosten in Höhe von 250 000 bis 300 000
DM pro Arbeitsplatz (ohne indirekte Investitionskosten) noch
vergleichweise niedrig (POMMERENING, G. 1977, S. 176).[2]

Ein Problem stellt die Anwerbung von Arbeitskräften für
West-Surinam dar. Da ortsansässige Arbeitskräfte fast völlig
fehlen, sind die in West-Surinam operierenden Firmen auf die
Abwerbung von Arbeitskräften aus Paramaribo angewiesen. Am
Beispiel der Firma EMKAY (Eisenbahnbau), dem mit 584 Arbeitskräften größten in West-Surinam tätigen Unternehmen, soll
dies verdeutlicht werden.[3]

---

1) Gastarbeiterphänomen und 'brain drain' sind somit nicht
   nur auf den Arbeitskräfteaustausch zwischen Entwicklungsländern oder gering industrialisierten Industrieländern
   und hochindustrialisierten Industrieländern beschränkt
   (z. B. Südeuropa - Mitteleuropa, Mexiko - USA), sondern
   treten weltweit zwischen Ländern mit unterschiedlichem
   Arbeitsplatz - und Einkommensangebot auf. Der ausgepräg-
   teste Fall von Gastarbeiterwanderungen zwischen Entwicklungsländern liegt derzeit wohl in den Ölförderstaaten
   des Persischen Golfs vor.

2) Die für Surinam geschätzten Werte liegen mit ca. 330 000
   bis 500 000 US$ pro Dauerarbeitsplatz bei einer veran-
   schlagten Investitionssumme von 372 Mio US$ für 750 bis
   1125 Arbeitsplätze bereits erheblich über den von
   POMMERENING genannten Zahlen, die auch im weltweiten
   Vergleich überholt sein dürften.

3) Die Angaben basieren auf der Auswertung der Personalunter-
   lagen von EMKAY (Stand 7.9.78). Dabei wurden von 531 Lohnempfängern 185 Arbeitskräfte in einer Stichprobe erfaßt
   (35 %). Von insgesamt 53 Gehaltsempfängern konnten von
   46 die Unterlagen eingesehen werden (87 %).

Bei den Lohnempfängern wurden bei 30 % keine Angaben gemacht
oder der frühere Beschäftigungsort war nicht exakt lokalisierbar. Vor ihrer Abwanderung nach West-Surinam standen
27 % der Beschäftigten bei verschiedenen Arbeitgebern in
Paramaribo und 3 % in Nickerie in einem Beschäftigungsver-
hältnis. 16 % der Arbeitskräfte waren bereits vorher bei
Bauxitunternehmen tätig gewesen, wobei 12 % von SURALCO
und 2 % von DEMBA bzw. GUYBAU in Guyana zu EMKAY gewech-
selt hatten. Weitere Arbeitskräfte kamen von Regierung
und Militär (11 %), von der staatlichen Ölpalmplantage Vic-
toria (3 %) sowie aus Französisch Guayana (4 %). Berücksichtigt man nur die Fälle mit identifizierten Ortsangaben,
so hatten rund 70 % der bei EMKAY beschäftigten Lohnempfänger
ihren Arbeitsplatz im Großraum Paramaribo, bevor die Abwanderung nach West-Surinam erfolgte.
Unter den Gehaltsempfängern ist bei 28 % der frühere Arbeitsplatz nicht lokalisierbar. 41 % hatten ihren Arbeitsplatz
in Großparamaribo bei verschiedenen Unternehmen, 13 % bei
Regierung oder Militär und 13 % bereits bei Bauxitunternehmen (davon bei SURALCO 9 %). Bezieht man auch hier die Pro-
zentangaben nur auf die identifizierten Fälle, so arbeiteten
etwa 85 bis 90 % der Gehaltsempfänger vor ihrer Abwanderung
im Großraum Paramaribo. Im Großraum Paramaribo[1] sind jedoch
nur 40 % der Lohn- und 63 % der Gehaltsempfänger geboren,
so daß in 30 % bzw. 20 - 30 % der Fälle die Abwanderung nach
West-Surinam nach ein oder mehreren Wohnortwechseln über
einen Arbeits- bzw. Ausbildungsplatz in Paramaribo erfolgte.
Auffallend ist unter den Lohnempfängern die hohe Zahl von
Arbeitskräften, die im Distrikt Marowijne, in dem sich der
SURALCO-Bergbauort Moengo befindet, geboren sind.
Es ist jedoch darauf hinzuweisen, daß die nach West-Surinam
abgewanderten Arbeitskräfte für die früheren Beschäftigungs-
standorte nicht verloren sind, da die Tätigkeit in West-
Surinam vielfach nur vorübergehend aufgenommen wird. Ausschlaggebend für die Zuwanderung ist mit hoher Sicherheit
das Lohnniveau in West-Surinam. EMKAY bezahlt die höchsten

---

1) Paramaribo, Distrikt Suriname, Distrikt Para.

Löhne Surinams und nach Firmenauskunft konnte ein Teil der
Arbeitskräfte sein Anfangsgehalt gegenüber dem Gehalt des
vorhergehenden Arbeitgebers mehr als verdoppeln. Das durchschnittliche Einkommen von Gehaltsempfängern, die seit
Arbeitsbeginn im Jahr 1976 angestellt sind, hat sich von
ca. Sf 860,- auf ca. Sf 1260,- pro Monat im Jahr 1978 erhöht.

Die Fluktuation der Arbeitskräfte ist dennoch sehr hoch.
Von Baubeginn 1976 bis August 1978 waren etwa 330 Arbeitskräfte entlassen worden oder hatten auf eigenen Wunsch das
Arbeitsverhältnis gelöst. Nach einer Stichprobe für die
Jahre 1977 und 1978 erfolgte die Entlassung zu 33 % auf
eigenen Wunsch, in 67 % der Fälle wurde die Kündigung ausgesprochen. Unter den Kündigungen waren zu 55 % mehrfaches
oder längeres Fernbleiben von der Arbeit der ausschlagge-
bende Grund für die Entlassung.

Der häufige Vorwurf, multinationale Konzerne übten einen
negativen Einfluß auf die Arbeitsmarktsituation aus durch
Abwerbung qualifizierter Arbeitskräfte, durch überhöhte Ge-
haltsangebote und durch die Schaffung eines für einheimische
Betriebe untragbaren Lohnniveaus, mag großenteils berechtigt
sein. Dieser Vorwurf betrifft jedoch in gleichem Umfang
staatliche Unternehmen (z. B. Grassalco) oder Privatunternehmen, die in staatlichem Auftrag arbeiten (z. B. EMKAY)
und im nationalen Vergleich ebenfalls Spitzenlöhne bezah-
len, da sie bei massivem Fachkräftemangel auf von anderen
Betrieben abgeworbene Arbeitskräfte angewiesen sind.

Der mit 238 Beschäftigten (Stand September 1978) zweitgrößte Arbeitgeber in West-Surinam, die staatliche SURTIM
(Suriname Timber) schlägt und verarbeitet Holz für den Eisenbahnbau (Holzschwellen) und für den Wohnungsbau von
Apoera (Holzbauweise).[1] Hier werden zu hohen Anteilen so-

---

1) Ein Brand im Sägewerk im Frühjahr 1979 verzögerte den
   ohnehin hinter der Zeitplanung zurückliegenden Eisenbahnbau empfindlich und schob den Beginn des Bauxitabbaus

wohl Guyanesen als auch Indianer aus der Umgebung (Apoera
und Wasjabo) und Buschneger beschäftigt, die bereits lange
Erfahrungen mit dem Holzschlag haben. Diese drei Gruppen
sollen den während der Bauphase erhöht anfallenden Arbeitskräftebedarf decken und werden anschließend weitgehend über-
flüssig.
Zusammen mit den rund 50 Grassalco Arbeitern, die in einem
Lager im Bakhuis-Gebirge wohnen, sind somit rund 900 Arbeitskräfte (Stand September 1978) mit der Durchführung der Infrastrukturmaßnahmen beschäftigt.

7.1.2 Die Stellung West-Surinams in der Raumordnungskonzep-
tion des Landes

Surinam besitzt wie die meisten exportorientierten Entwicklungsländer eine Raumstruktur mit einer ausgeprägten Dominanz der Hauptstadt (High Primacy). Im Jahr 1907 betrug die
bebaute Fläche Groß-Paramaribos ca. 400 ha, 1971 bereits
7 000 ha mit rund 200 000 Einwohnern einschließlich verstäd-
tertem Umland (KOLADER, J. H. 1975, S. 1). Vor allem in den
60er Jahren zeigte sich eine rasche Verstädterung des Umlan-
des.

Tab. 48: Entwicklung der Einwohnerzahlen von Paramaribo
1960 - 1977

	1960	1964	1971	1977
Distrikt Paramaribo	74 300	110 900	102 300	88 800
Distrikt Suriname	57 300[1]	111 700[2]	151 500	156 600

1) inkl. Distrikt Para und Distrikt Brokopondo.
2) inkl. Distrikt Para.

Quelle: KOLADER 1975, S. 34 für 1960, 1964, 1971.
Jaarplan 1978, S. 145 für 1977.

hinaus. Der Holzschlag für den Schwellenbau gestaltete
sich schwieriger als erwartet, da die forstwirtschaftliche Benachteiligung des tropischen Regenwaldes mit
seiner geringen Anzahl schlagbarer Nutzhölzer an verein-
zelten Standorten sowie der sehr hohe Abfallanteil nicht
richtig eingeschätzt worden war.

Diese einseitige Bevölkerungsverteilung hat sich in den
letzten Jahren noch verstärkt. Gründe dafür sind vor allem
Verkehrserschließung, die Wohnungspolitik der Bergbaugesellschaft SURALCO, die den Hausbau von Arbeitnehmern in
Paramaribo unterstützt, um die Bergbausiedlungen von aus-
geschiedenen Arbeitskräften zu entlasten und der Bau des van
Blommestein Sees, der die Umsiedlung von ca. 4000 Einwohnern zur Folge hatte. Die Konzentration des zu großen Teilen als Beschäftigungssektor konzipierten öffentlichen
Dienstes, mangelnde Arbeitsmöglichkeiten im industriellen
und tertiären Sektor außerhalb der Hauptstadt und ein starker Rückgang der Landwirtschaft, zum Teil im Zuge der Emigration großer Bevölkerungsteile nach den Niederlanden vor
Erlangung der Unabhängigkeit, taten ihr Übriges, die Vor-
machtstellung Paramaribos weiter auszubauen.[1]

Die Reduzierung der Dominanz einiger weniger Wirtschafts-
zentren ist das erklärte Ziel vieler nationaler Entwicklungspläne. Als Begründung für den notwendigen Ausbau von
Entlastungsorten, die den weiteren Bevölkerungszustrom in
einige wenige Zentren verringern sollen, wird in der Literatur meist genannt: "Explosion der Metropolen", "unge-
bremstes fingerförmiges Wachstum entlang der Hauptverkehrs-
achsen", unkontrollierbare Siedlungsausdehnung bei völlig
unzureichender Infrastrukturausstattung, Zuzug von Arbeitslosen, die selbst im informellen Sektor kaum mehr eine Chance
haben, eine Beschäftigung zu finden mit allen sich daraus
ergebenden sozialen Folgen und schließlich die Auslaugung
des Hinterlandes.[2]

---

1) Daß die einseitige Vorrangstellung Paramaribos nicht
   allein dem historischen Kolonialismus angelastet werden
   kann, zeigen auch die Entwicklungen z. B. in Oman (vgl.
   SCHOLZ, F. 1979). Oman war niemals Kolonie, entwickelte
   jedoch in rund 10 Jahren staatlicher Entwicklungsplanung
   vor dem Hintergrund einer Erdölexportwirtschaft räumliche
   und wirtschaftliche Strukturen, die denen Surinams in
   hohem Maß entsprechen.

2) Siehe z. B. HENNINGS; JENSSEN; KUNZMANN 1978, S. 75.
   SANDNER, G.; STEGER, H.-A. 1973, S. 62 ff.

Trotz der raschen Bevölkerungszunahme in den letzten Jahrzehnten sind die Probleme Paramaribos jedoch keineswegs mit
den bekannten Beispielen ausufernder Metropolen anderer
lateinamerikanischer Staaten zu vergleichen.
Aus diesem Grund steht im ·Vordergrund der Planungsüberle-
gungen zur Siedlungsentwicklung eher der Gedanke der Erschließung des weitgehend ungenutzten oder nur gering genutzten Hinterlandes.

7.1.2.1 Das surinamische Wirtschaftsdreieck

In den Jahren vor der Erlangung der Unabhängigkeit 1975
fanden nunmehr gesamtwirtschaftliche Aspekte, gekoppelt
mit raumordnerischen Zielvorstellungen und Erschließungs-
bestrebungen des Landesinneren, verstärkt Eingang in die
staatliche Planung. Mit dem neuen Bauxitzentrum in West-
Surinam ergibt sich nun die raumwirtschaftliche Vorstellung
eines Wirtschaftsdreiecks im Norden Surinams. Der Zuckerrohranbau, der lange Zeit Raumwirtschaft und infrastrukturelle Erschließungsmaßnahmen (z. B. Deichbauten) bedingt
hatte, wurde in diesem Jahrhundert in seiner Bedeutung für
den Ausbau der Infrastruktur völlig vom Bauxitbergbau und
seiner Weiterverarbeitung abgelöst. Wie Abb. 26 zeigt, stehen Erschließungsmaßnahmen im Landesinneren fast ausschließlich im Zusammenhang mit den Bedürfnissen des Bauxitbergbaus und seiner Verarbeitung. Die Entwicklungspläne Surinams
sind großenteils darauf ausgerichtet, das Land nach regional-
politischen Gesichtspunkten durchzugliedern und räumliche
Einheiten zu schaffen (13 'Concentratiegebieden') mit je
einem Zentrum. Diese Zentren ('Wachstumszentren', Jaarplan
1977, Teil IV) sollen mit einem Potential ausgestattet werden, das es ihnen ermögicht, Impulse zur wirtschaftlichen
Entwicklung für die zugeordnete Region auszustrahlen. Gleichzeitig sollen sie für wanderungsbereite Bevölkerungsteile
attraktive Alternativen zu Paramaribo bieten und auf diese

Weise die Hauptstadt entlasten. Die Skala der Wachstumszentren reicht von einem zentralen Ort höchster Stufe (Paramaribo)
bis zu Kleinstzentren mit Schule und medizinischer Station
zur lokalen Versorgung.

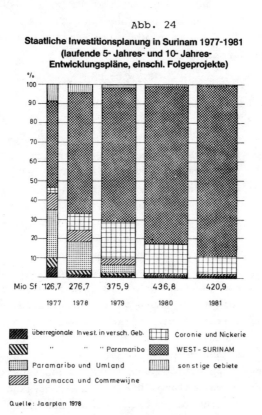

Abb. 24

**Staatliche Investitionsplanung in Surinam 1977-1981
(laufende 5- Jahres- und 10- Jahres-
Entwicklungspläne, einschl. Folgeprojekte)**

Mio Sf 126,7 276,7 375,9 436,8 420,9

1977 1978 1979 1980 1981

überregionale Invest. in versch. Geb. Coronie und Nickerie

„ „ „ Paramaribo WEST- SURINAM

Paramaribo und Umland sonstige Gebiete

Saramacca und Commewijne

Quelle: Jaarplan 1978

Die hohe Bedeutung West-Surinams und Apoeras läßt sich aus
der staatlichen Investitionsplanung für 1977 - 1981 erkennen (Abb. 24). Rechnet man die in Verbindung mit dem West-
Surinam Projekt auch für das Reisanbaugebiet in Nickerie-
Wageningen (Bewässerungskanal) anfallenden Investitionen
hinzu, so ergibt sich für den Westen Surinams für den o. g.
Zeitraum ein geplanter Investitionsaufwand von 1,4 Mrd Sf
(ca. 0,8 Mrd US$). Dies bedeutet, daß hier 88 % der Gesamt-

investitionen des Staates getätigt werden. West-Surinam soll
somit einen markanten Punkt des entstandenen "Surinamischen
Wirtschaftsdreiecks" bilden.

7.1.2.2 Die Bedeutung Apoeras als Wachstumszentrum

Raumordnerische Zielvorstellungen führten zu dem Plan, die
gesamte künftige Bevölkerung West-Surinams in einer Stadt
zu konzentrieren. Die Planungsinstitution CONS (1977, S. 93)
nennt als Ausbauziel einer "ersten Phase" den Bau einer
Stadt für 40 000 bis 50 000 Einwohnern mit zahlreichen Industrieflächen und die Sicherung weiterer Ausdehnungsmög-
lichkeiten nach Norden.
Nach dem Willen der Planer soll sich die Bevölkerung der
Region Apoera von ca. 2 500 (1978) auf 16 - 20 000 Einwohner
(1985/90) erhöhen und die Stadt Apoera das zweitgrößte Zentrum Surinams werden. Hier wird sich fast die gesamte Bevölkerung West-Surinams außerhalb des schmalen Küstenstreifens
(Reiszentrum Nickerie-Wageningen) konzentrieren. Zur Sicherung einer ausreichenden Bevölkerungsgrundlage müssen die
im 80 km entfernten Bauxitabbaugebiet im Bakhuisgebirge
tätigen Arbeitskräfte als Wochenendpendler nach Apoera zu-
rückkehren. Wohnungen für Familien sind im Abbaugebiet nicht
geplant, die Unterbringung der Arbeitskräfte erfolgt in
Camps. Die Planung ist bestrebt, alle Funktionen soweit als
möglich auf die entstehende Stadt zu konzentrieren, um ihr
die entsprechenden Existenzgrundlagen zu sichern. Reserve-
flächen für die Nutzungsarten Wohnen, Bauxitverarbeitung,
Industrie und Hafen sind großzügig vorgesehen. Es ist be-
absichtigt, zunächst vor allem Baufirmen, Installationsbe-
triebe, eine Großbäckerei, eine Coca-Cola Abfüllanlage und
diverse Agroindustrien anzusiedeln. Landwirtschaftliche
Flächen sollen entlang der Eisenbahn sowie der fertigge-
stellten oder noch zu bauenden Straßen erschlossen werden.
Neben Weidewirtschaft, die sich später vor allem auf Rinder-

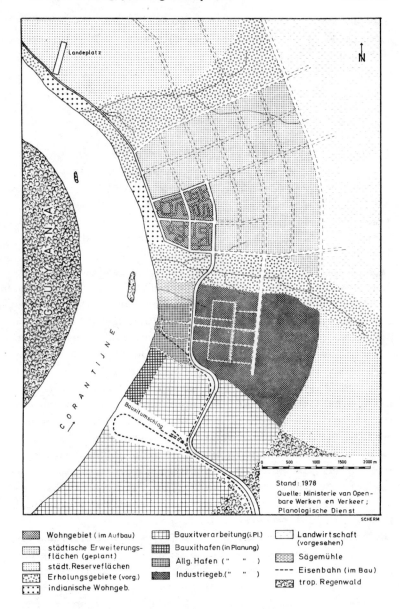

Stand: 1978
Quelle: Ministerie van Open-
bare Werken en Verkeer;
Planologische Dienst

SCHERM

Wohngebiet (im Aufbau)	Bauxitverarbeitung(i.Pl.) Landwirtschaft (vorgesehen)
städtische Erweiterungs-flächen (geplant)	Bauxithafen (in Planung)
städt. Reserveflächen	Allg. Hafen (" ") Sägemühle
Erholungsgebiete (vorg.)	Industriegeb.(" ") Eisenbahn (im Bau)
indianische Wohngeb.	trop. Regenwald

haltung stützen wird, bieten sich aufgrund der klimatischen
Gegebenheiten und der Bodenbeschaffenheit gute Möglichkeiten
für Ölpalmkulturen. Der Weltmarktpreis für Palmöl war von
Anfang 1973 bis Anfang 1977 von 200 - 260 auf 450 - 640 US$
pro t (cif Rotterdam) angestiegen. Bei einem Preis von 640
US$ rechnet Surinam bei voller Produktion mit einem Devisen-
aufkommen von ca. 1 800 US$ pro ha. Ein halb-kommerzielles
Pilotprojekt in der kleinstmöglichen Ausführung (Verarbei-
tungskapazität 0,5 t pro Stunde und 50 ha Nutzfläche) soll
in den nächsten Jahren errichtet werden, um die Durchführbarkeit zu untersuchen. Die Arbeitsmöglichkeiten werden mit
1 Arbeitsplatz für 3 - 5 ha, je nach Mechanisierungsgrad,
angegeben (CONS 1977, S. 66 ff).

Im Jahr 1978 besaß Apoera ca. 100 Wohnungen für die Arbeiter
der Sägemühle und die höheren Angestellten der Bau- und Pla-
nungsunternehmen. Bis 1981 sollen insgesamt 400 Wohnungen
fertiggestellt werden und schließlich beim Aufbau der grundlegenden Verwaltungs- und Dienstleistungseinrichtungen auf
500 anwachsen. Die Finanzierung erfolgt mit Ausnahme eines
geplanten Hotels, einer Kirche und verschiedener Geschäfte
durch die holländische Entwicklungshilfe.

Die Entwicklung Apoeras wird jedoch durch einen wichtigen
Faktor gehemmt werden. Da der westliche Teil Surinams, mit
Ausnahme des Küstenstreifens, fast menschenleer ist, fehlt
der Stadt ein entsprechendes "Hinterland", aus dem sich ein
Teil der Arbeitskräfte rekrutieren könnte. Die Zuwanderung
nach Apoera muß somit aus dem besiedelten Küstenstreifen,
im wesentlichen aus Groß-Paramaribo erfolgen. In Apoera wird
sich nicht das Problem eines ausufernden Siedlungswachstums
durch eine ungebremste Migration ergeben.[1] So besteht vielmehr die Schwierigkeit, Arbeitskräfte aus Paramaribo, dem
traditionellen Wanderungsziel, mit einem entsprechend hohen
Lohnangebot abzuwerben. Dies wird für Apoera den negativen
Nebeneffekt eines sehr langsamen und mühsamen Stadtwachstums

---

1) Vgl. dazu die Situation von Bergbaustandorten im Amazonasgebiet: KOHLHEPP, 1977b, S. 239 ff.

mit sich bringen. Hinzu kommt noch die Tendenz, daß in periphere Bergbaustandorte zumindest in den Anfangsjahren bevorzugt junge unverheiratete Arbeitskräfte zuziehen und somit die bisher angewandte einfache Berechnung der Stadtgröße auf der Basis 1 Arbeitskraft = 1 Familie = 1 Haus nicht zutreffend ist. Die Bedeutung Apoeras für West-Surinam ist hoch, die Bedeutung als attraktiver Gegenpol zur Hauptstadt Paramaribo jedoch bisher und in naher Zukunft sehr gering.

7.1.3 Sekundäreffekte der Erschließung West-Surinams

Durch die Durchführung der für die angestrebte integrierte Aluminiumindustrie notwendigen Infrastrukturmaßnahmen ergeben sich als Sekundäreffekte eine Reihe von Nutzungsmöglichkeiten:

1. Erschließung bisher unzugänglicher Gebiete für agrarische und forstwirtschaftliche Projekte;

2. Energiegewinnung mit Ansiedlungsmöglichkeiten für energieintensive Betriebe - wobei allerdings noch keine konkreten Vorstellungen existieren;

3. Bau einer Überlandleitung zur Versorgung Paramaribos mit Elektrizität. Paramaribo deckt seinen Energiebedarf bisher fast ausschließlich mit importiertem Öl. Die vertraglich festgelegte Elektrizitätszuteilung an die Stadt ist mit 9 MW (6 % der potentiellen Leistung) aus dem Brokopondo-Kraftwerk zudem sehr gering.[1] Die Versorgung Paramaribos mit Hydroelektrizität wird jedoch bei steigenden Ölpreisen immer attraktiver.[2]

---

1) Infolge Wassermangels ist das Kraftwerk zeitweise nicht in der Lage, den Energiebedarf der SURALCO-Aluminiumhütte zu decken.

2) Der Ölpreis stieg von 1,88 US$ pro barrel im Jahr 1970 auf 13,50 US$ pro barrel im Januar 1977. Die größten Steigerungen entfielen dabei auf die Jahre 1973 und 74 (CONS 1977, S. 31). Bis Juni 1980 erreichte der Ölpreis bereits eine Höhe von ca. 30 US$ pro barrel.

4. Ein Vorhaben, dessen Durchführung auch ohne das West-
Surinam Projekt möglich gewesen wäre, nunmehr aber erleichtert wird, ist die Erweiterung der Bewässerungsmög-
lichkeiten für das Reisgebiet Nickerie-Wageningen. Durch
die Erhöhung der Wasserzufuhr sollen die Anbauflächen
erweitert und das episodische Auftreten von Wassermangel
verhindert werden. [1]

5. Die Schaffung eines attraktiven Zentrums in Apoera als
Gegengewicht zur überhöhten Attraktivität und Bedeutung
Paramaribos wird nur sehr schwer zu verwirklichen sein.
Ein positiver Nebeneffekt der Gründung von Apoera wird
jedoch voraussichtlich die Aufwertung des ca. 80 km entfernten Ortes Nickerie sein. Nickerie besitzt bereits
bescheidene zentralörtliche Funktionen als Zentrum des
Reisanbaugebietes Nickerie-Wageningen. Darüber hinaus
ist es Durchgangsort für Grenzgänger von und nach Guyana,
der aufgrund der Bestimmung, daß guyanesische Arbeitskräfte in bestimmten Zeitabschnitten Surinam zu verlassen
haben, stark frequentiert wird. Diese relative Nähe zwischen Apoera und Nickerie wird angesichts der Entfernung
zu Paramaribo (ca. 400 km ganzjährig befahrbare, bis auf
70 km jedoch ungeteerte Straße mit ca. 6 Stunden Fahrzeit)
dem Küstenort Nickerie Vorteile als Ausflugs- und Versor-
gungsort bringen.

7.1.4 Integrationsprobleme der ortsansässigen Bevölkerung

Die im Zusammenhang mit Erschließung und Infrastrukturmaßnahmen in bisher unzugänglichen Gebieten auftretenden Spannungen und Probleme mit der bereits ansässigen Bevölkerung
fehlen auch in West-Surinam nicht. Dank der geringen Bevöl-

---

1) Einzelne Küstenabschnitte der Guayana-Länder leiden bei
   agrarischer Nutzung durch Pflanzen mit hohem Wasserbe-
   darf zeitweise unter Wassermangel. Dies ist vor allem darauf zurückzuführen, daß die im Karibischen Raum zwar
   feuchten Passate in der nieder gelegenen Küstenebene noch
   nicht zum Aufsteigen gezwungen werden.

kerungskonzentration halten sich die Schwierigkeiten in einem
relativ bescheidenen Rahmen und sind mit den Vorgängen, welche die Erschließung des Amazonas-Tieflandes begleiten, nicht
zu vergleichen. Das Gebiet der beiden zukünftigen Stauseen
ist menschenleer, die Bevölkerung West-Surinams konzentrierte
sich bisher auf die beiden Indianersiedlungen Apoera und
Wasjabo mit rund 500 bis 600 Einwohnern.
Die indianische Bevölkerung war zum größten Teil aus Nach-
bardörfern in Guyana zugewandert, gründete ca. im Jahr 1910
Wasjabo und kurz darauf Apoera und besaß durch einen ausgeprägten Nebenerwerb als Naturkautschuk-(ballata)-Sammler
sowie als Holzfäller bereits Erfahrungen mit Lohnarbeit und
Geldwirtschaft. Sie wurde jedoch mit dem West-Surinam Projekt weitgehend unvorbereitet konfrontiert, und es zeigen
sich inzwischen eine Reihe von Folgen für die ortsansässige
Bevölkerung, die durch eine etwas rücksichtsvollere Planung
wenn schon nicht vermieden, so doch gemildert worden wären.[1]

Die Schwerpunkte dieses Vorgangs sind vielfach typisch für
das Aufeinandertreffen grundverschiedener Wirtschafts- und
Lebensweisen:

- Zerstörung der Existenzgrundlagen: Durch den Mangel an
  trockenen Standorten in den meist versumpften Niederungen
  des hier beginnenden Küstengebietes wird die neue Siedlung
  Apoera auf den etwas erhöht liegenden ehemaligen agrarischen Nutzflächen der beiden Dörfer angelegt. Siedlungs-
  und Straßenbaumaßnahmen berauben somit die Bevölkerung
  des größten Teils ihrer landwirtschaftlichen Produktions-
  möglichkeiten.

- Erhöhte Aufnahme von Lohnarbeit seit 1976, verbunden mit
  einem fast vollständigen Rückgang von Jagd und Fischfang.
  Häufig werden sogar auch zwei Arbeitsschichten von dersel-

---

1) Die Indianer begrüßten zunächst die Durchführung des
   West-Surinam Projekts, dessen Ausführungsprogramm 1963
   mit dem Bau einer Sägemühle begann, da sie sich eine
   Ausdehnung ihrer ohnehin traditionellen Nebenerwerbs-
   tätigkeit als Holzfäller versprachen.

ben Person geleistet, was aufgrund des Arbeitskräftemangels von den Erschließungsgesellschaften begrüßt wird. Durch den erzwungenen und freiwilligen Niedergang der Subsistenzwirtschaft zeigt sich in beiden Dörfern eine ausgeprägte Mangelernährung, da nun mehr ein großer Teil der Nahrungsmittel als Dosennahrung aus einem neu errichteten Laden bezogen wird und keinerlei Kenntnisse über die Verwendung von Dosennahrung für eine ausgewogene Ernährung bestehen. Durch erhöhten Geldumlauf und das entsprechende Angebot wurde der Alkoholismus zu einem ernsten Problem.

- Es ergeben sich unüberwindbare Akkulturationsprobleme, die zur Zerstörung der bestehenden Sozialstruktur führen. Vorläufiger Schlußpunkt wird die geplante, aber noch umstrittene Umsiedlung der Bewohner von Apoera in ein für die Indianer reserviertes Viertel der neuen Siedlung sein, da das bisherige Siedlungsgebiet entlang des Flußlaufes - den aus Industrieländern übernommenen Planungsindeen folgend - als Erholungs- und Parkgelände im Flächennutzungsplan von Apoera für die bis 1985/90 erwarteten 20 000 Bewohner vorgesehen ist.[1]

Im Rahmen einer Aktion 'Menschenrechte' hat sich die evangelische Kirche in Surinam inzwischen der Situation der Indianer und Buschneger in den verschiedenen Landesteilen angenommen. Allerdings zeigten sich in Apoera bisher nur geringe Erfolge.

---

1) Vom ursprünglichen Vorhaben, die rund 300 Einwohner aus ihrer Siedlung (60 - 70 Häuser) zu vertreiben, wurde nach Protesten Abstand genommen. Durch eine entsprechende Planungsgesetzgebung (Verbot einer 'traditionellen' Bauweise im Uferstreifen) und durch die Verweigerung von Infrastruktureinrichtungen (die Indianersiedlung Apoera wird keinen Anschluß an das Trinkwassernetz erhalten, obwohl der Fluß mit Sicherheit durch die neue Stadt Apoera, insbesondere aber durch die geplante Tonerdefabrik als Trinkwasserlieferant in absehbarer Zukunft unbrauchbar werden wird), sollen die Indianer allmählich gezwungen werden, in die für sie reservierte Stadtviertel umzuziehen. Das freiwerdende Ufergelände soll in ca. 20 Jahren als Erholungsgelände, insbesondere als Sportplatz, genutzt werden.

7.1.5 Beurteilung des West-Surinam Projekts

Die Entwicklungsstrategie Surinams mit der Bevorzugung
äußerst kapitalintensiver Großprojekte wurde von Kritikern
vor allem im Hinblick auf das West-Surinam Projekt als
"megalomanic", die Planung als "pseudo-planning" abgetan
(z. B. BREMAN 1976, S. 250 f). Es wird weiter das Fehlen
einer zielgerichteten Entwicklungspolitik (CHIN 1971,
S. 1456 f) sowie die kapitalintensive, vom Ausland abhängige Entwicklungspolitik bemängelt (TERPSTRA 1973, S. 632).
Die Ursache dafür ist jedoch nicht bei Surinam alleine zu
suchen. Kapitalintensive, vom Ausland bzw. von der früheren
Kolonialmacht getragene Vorhaben haben in Surinam eine lange
Tradition. Der Aufbau des Reisprojektes Nickerie/Wageningen
wurde bereits von der holländischen Kolonialverwaltung
durchgeführt, das West-Surinam Projekt vorbereitet.

Ein wesentlicher Punkt, der in Surinam die Durchführung von
Großprojekten fördert, liegt in der Art der holländischen
Entwicklungshilfeleistung. Um einem inflationsbedingten Wert-
verlust vorzubeugen, müssen die vereinbarten Entwicklungshilfeleistungen Hollands in Höhe von ca. 3,2 Mrd. DM in kurzer Zeit investiert werden. Angestrebtes Ziel der surinamischen Planung ist es deshalb, nach einer Phase kapitalintensiver Investitionen, die mit dem Auslaufen der holländischen
Entwicklungshilfe Ende der 80er Jahre zu Ende gehen muß, auf-
bauend auf diesen grundlegenden Investitionen arbeitsintensive Projekte durchzuführen.
Ein wesentliches Kriterium bei der Beurteilung des West-
Surinam Projektes wird nun sein, wieweit neben der Verwirklichung des zentralen Zieles der Rohstoffgewinnung und -ver-
arbeitung ("Energieexport in veredelter Form") auch die an-
gesprochenen positiven Sekundäreffekte wie Aufbau energieintensiver Industrien, Erschließung neuer Agrarflächen und
Förderung einer räumlich ausgewogeneren Bevölkerungsverteilung verwirklicht werden können.

Bei der Durchführung des West-Surinam Projektes besteht die
Gefahr einer ähnlichen Entwicklung wie beim Aufbau der integrierten Aluminiumindustrie in Paranam (siehe Kap. 8.1), wo
sich außer einer Erhöhung des Nationaleinkommens und der Beschäftigtenzahlen keinerlei Impulse für direkte oder indirekte Folgeprojekte ergaben. Zwar sind die Investitionen
in West-Surinam weitaus höher und über einen längeren Zeitraum verteilt und auch die Zahl der permanenten und befristeten Arbeitsplätze ist bedeutend höher, wenn es jedoch
nicht gelingt, landwirtschaftliche Projekte in der Umgebung
von Apoera durchzuführen und - vornehmlich energieintensive -
Industriebetriebe im Anschluß an den Staudammbau anzusiedeln
(ein Vorhaben, das nach der Fertigstellung des Brokopondostaudammes angestrebt war, jedoch nicht realisiert werden
konnte), werden die Auswirkungen relativ bescheiden sein.
Es fehlen vor allem langristige Effekte, die über die Bauphase hinausgehen und deren Beitrag zur Volkswirtschaft sich
nicht in einer allgemeinen, wenn auch voraussichtlich beacht-
lichen Erhöhung der Staatseinnahmen erschöpft. Die 'forward'
und 'backward linkages' sind, wie bereits erwähnt, fast bedeutungslos. Es kommt somit darauf an, inwiefern die für
die Bauxitgewinnung und -verarbeitung notwendige Infrastruktur auch für andere Sektoren genutzt werden kann.

Ungeklärt ist letztlich auch die Frage, wieweit das angestrebte Vorhaben einer integrierten Aluminiumindustrie
realisierbar sein wird. Bei der Tonerdeanlage besteht durchaus die Gefahr einer erheblichen Bauverzögerung. In diesem
Fall wäre es aufgrund technisch-geologischer Faktoren möglich, West-Surinam Bauxit - wie von Reynolds angestrebt -
in die Tonerdeanlage in Paranam zu transportieren und dort
in Lohnauftrag verarbeiten zu lassen. SURALCO, deren Tonerdeanlage auf einen bestimmten Bauxittyp mit einem SiO_2-
Gehalt von 6 - 8 % ausgelegt ist, deren Lagerstätten in
Moengo jedoch über 10 % SiO_2 enthalten, ist auf die Zufuhr
von Bauxit mit geringeren Siliziumanteilen angewiesen.
Ähnlich verhält es sich mit dem Fe-Gehalt, der durch Mischung

verschiedener Bauxitarten auf einem Stand von 8 % gehalten
werden muß, um ein einwandfreies Funktionieren der Verarbeitungsanlagen sicherzustellen.[1] Bisher wurde dazu Bauxit der
Billiton Mij. herangezogen und in Lohnauftrag verarbeitet.
Da die Billiton-Mine in Onverdacht in spätestens 10 - 15
Jahren jedoch erschöpft sein wird, wäre es auch für SURALCO
vorteilhaft, West-Surinam Bauxit in Paranam verwenden zu
können.
Aufgrund dieses technisch bedingten Sachverhalts ergibt
sich für West-Surinam Bauxit eine gewisse Absatzgarantie.
Ein völliges Scheitern des Vorhabens in West-Surinam würde,
nachdem die umfangreichen holländischen Entwicklungshilfezahlungen fast ausschließlich darin investiert wurden, das
Land an den Rand des wirtschaftlichen Zusammenbruchs bringen.

In der Beurteilung dieses Rohstoffprojektes im bisher unerschlossenen Westen Surinams sind vor allem zwei Punkte festzuhalten:

1. Das Schwerindustriezentrum Ciudad Guayana in Venezuela
   (Eisen-, Stahl- und Aluminiumerzeugung) kann nicht ohne
   weiteres als Vorbild für ein ähnliches Projekt für den
   Kleinstaat Surinam übernommen werden, da hier die Möglichkeit einer industriellen Weiterverarbeitung sowie des Aufbaus von Zulieferindustrien fast völlig fehlen (forward
   und backward linkages). Der Vergleich West-Surinams mit
   Ciudad Guayana in Venezuela ist somit nur in sehr groben
   Zügen zutreffend, dem Vorbild Ciudad Guayana nachzueifern
   unrealistisch. Der aus den bisherigen Rohstoffprojekten
   in Surinam gezogene Nutzen ist zumindest im Vergleich zum
   theoretisch möglichen Nutzen bescheiden.

2. Das West-Surinam Projekt kann nicht ohne weiteres von
   anderen Kleinstaaten als Vorbild angesehen werden. Die

---

1) Auskunft Mijnbouwkundige Dienst 1978.

Durchführung dieses Projektes ist nur dadurch möglich,
daß eine ungewöhnlich hohe Entwicklungshilfeleistung zur
Verfügung steht, die zur direkten Finanzierung herangezogen wird. Außerdem übernimmt Holland die Garantie für
umfangreiche Anleihen am internationalen Kapitalmarkt.

Im Vergleich mit anderen Staaten wird die Bedeutung der Entwicklungshilfeleistungen für Surinam, die 1977 eine Höhe
von US$ 205 pro Einwohner erreichte, deutlich. Von den im
Vierten Bericht zur Entwicklungspolitik der Bundesregierung
(März 1980, Tab. 28) aufgeführten 151 Ländern oder Ländergruppen erhielten 1977 lediglich 14 - abgesehen von Israel
ausnahmslos Klein- und Kleinststaaten oder Territorien -
eine höhere Entwicklungshilfeleistung pro Kopf der Bevöke-
rung als Surinam. Dabei handelt es sich im wesentlichen um
französische Territorien und Überseedepartements, die besonders stark unterstützt werden. Diese hohen Leistungen
werden vor allem im Vergleich zum den wichtigen Bauxitproduzenten Jamaika und Guyana deutlich, die pro Einwohner lediglich US$ 16 bzw. US$ 15 erhielten.
Die unmittelbar stimulierende Wirkung auf die Wirtschaft
wird sich beim West-Surinam Projekt in einem bescheidenen
Rahmen halten und wird deutlich spürbar nur während der Bauphase auftreten. Die Gesamtwirkung wird weitgehend von der
Preisentwicklung für Aluminium abhängen. Inwieweit der erzielte Gewinn für entwicklungswirksame Investitionen - im
Sinne einer Förderung anderer Sektoren und damit einer allgemeinen Stärkung der Wirtschaft mit gleichzeitiger Reduzierung der Abhängigkeit vom Rohstoffsektor - oder, wie in
hohem Maß bisher in Surinam geschehen, für Konsumgüter ausgegeben wird, ist letzten Endes eine Entscheidung des jeweiligen Landes. Ob die Durchführung des West-Surinam Projektes
die erhoffte Wirkung zeigen wird, hängt im wesentlichen von
der Verwendung des zu erwartenden Mehreinkommens ab.
Mit der Machtübernahme durch das Militär am 25.2.1980 trat
für das West-Surinam-Projekt eine Phase des Überdenkens
und ggf. einer Neuplanung ein.

Tab. 49: Öffentliche Zusammenarbeit mit ausgewählten Entwicklungsländern und -gebieten Lateinamerikas
1976 und 1977 (in Mio US$)[1]

Land/Gebiet	1976	1977	1977 pro Kopf der Bevölkerung
Französisch Guayana	63,52	85,29	1421
Martinique	194,59	202,12	632
Guadeloupe	166,52	158,19	494
Surinam	103,84	90,15	205
Niederländ. Antillen	49,29	41,57	166
Westind. Inseln (Brit.)	26,42	24,57	63
Dominica	4,64	4,91	61
St. Lucia	7,38	4,40	40
Grenada	2,73	3,34	30
Barbados	7,55	5,76	23
Haiti	71,76	86,31	18
Jamaika	25,48	32,69	16
Guyana	16,97	11,91	15
Dominikan. Republik	32,99	32,93	7
Peru	74,09	96,25	6
Kuba	35,91	45,15	5
Trinidad u. Tobago	4,75	5,64	5
Bahamas	0,59	0,61	3
Brasilien	110,54	79,41	1
Mexiko	63,28	49,07	1

1) Bilaterale öffentliche Zusammenarbeit der DAC-Länder und
Leistungen multilateraler Stellen (ohne bilaterale Lei-
stungen der Staatshandelsländer).
DAC (Development Assistance Committee)-Mitgliedsländer:
Westliche Industrieländer ohne Irland, Island und Luxem-
burg.

Quelle: BMZ: Vierter Bericht zur Entwicklungspolitik der
Bundesregierung. - Bonn, März 1980, Tab. 28.

7.2   Das Ziel einer integrierten Aluminiumindustrie in
       Guyana

Wie bereits für Surinam dargelegt wurde, bestehen auch für
Guyana Pläne zum Aufbau einer integrierten Aluminiumindustrie. Guyana exportiert nach Ausfuhrwert v. a. kalzinierten
Bauxit. Der Tonerdeexport hält sich in relativ bescheidenen
Grenzen. Die Weiterverarbeitung des bisher unverarbeitet
exportierten Bauxits sowie der Tonerde zu Aluminium würde
den Wertzuwachs deutlich erhöhen.
Wegen des bisher geringen Energiebedarfs in Guyana, durch
die hohe Entfernung zu dem größten Verbraucherzentrum Georgetown sowie durch die hohen Investitionskosten wurde ein Wasserkraftwerk lange Zeit nicht als notwendig erachtet.
Vier Faktoren machen die Durchführung eines solchen Projektes
jedoch immer vorteilhafter:

1. Der Energieverbrauch war in den letzten Jahren stark angestiegen.

2. Die Ölpreiserhöhungen verschieben Rentabilitätsberech-
   nungen für Kraftwerke näher in Richtung Wasserkraft.

3. Das Angebot reichlich vorhandener und billiger Hydroenergie ist unabdingbare Voraussetzung für den Aufbau
   einer integrierten Aluminiumindustrie in der Bergbaustadt
   Linden.

4. Energieintensive Unternehmen könnten in Linden angesiedelt werden.

ALCAN hatte vor der Verstaatlichung bereits seine prinzipi-
elle Zustimmung zu dem von Guyana geforderten Bau einer Aluminiumhütte gegeben, leitete jedoch nie entsprechende Schritte in die Wege. Guyana verfügte 1976 über 144 MW Gesamtkraft-
werksleistung (ohne ein kleineres Wasserkraftwerk am Potaro
River), die zu 65 % durch thermische Kleinkraftwerke, zu den
restlichen 35 % durch Dieselanlagen gewonnen wurde. Selbst
wenn sich die Hoffnungen Guyanas auf Ölfunde durch die off-
shore-Bohrungen erfüllen sollten, ist es günstiger, Öl zu

exportieren und für den heimischen Gebrauch auf die Hydroenergie zurückzugreifen. Bei einer konsequenten Verfolgung
dieser Politik könnten sogar die Tonerdeanlagen in Linden
von Öl auf elektrische Beheizung umgestellt werden.
Bei Verwirklichung der in Linden geplanten Großprojekte
müßte bis 1981/82 für Guyana eine Gesamtkapazität von 565
MW zur Verfügung stehen (CRAWFORD, A. 1976, S. 185).[1] Der
Hauptanteil mit 310 MW entfiele dabei auf die Aluminiumhütte
in Linden, 35 MW für eine Düngemittelfabrik mit einer Kapazität von ca. 50 000 Jahrestonnen, die ebenfalls in Linden
errichtet werden soll, und 140 MW auf die Versorgung des
nationalen - bisher allerdings nur in minimalem Umfang ausgebauten - Stromnetzes. 70 MW würde die Tonerdeproduktion
nach der Umstellung auf elektrische Beheizung benötigen.
Eine im Auftrag der Regierung durch die Vereinten Nationen
durchgeführte Studie (Cooperative Rep. of Guyana; UNDP 1976)
wies schließlich den Oberlauf des Mazaruni, der in einem Gebiet mit der höchsten Reliefenergie Guyanas liegt, als den
für die Nutzung der Hydroenergie geeignetsten Standort aus.
Das von offizieller Seite als "Wendepunkt in der Wirtschaftsentwicklung Guyanas" bezeichnete Projekt soll in 2 Phasen
ablaufen.
Der Maximalkatalog an Bauvorhaben umfaßt folgende Projekte:

1. Phase: Planung:

    - 335 km Erschließungsstraße (90 Mio G$ Kosten)
    - Stausee
    - Unterirdische Zuleitung zum Kraftwerk
    - Hochspannungsleitung nach Linden (etwa 400 km)

    Notwendige Maßnahmen:

    - Umsiedlungsmaßnahmen für ca. 4 500 Einwohner

    Mögliche Maßnahmen:

    - Bau einer Dauersiedlung für Arbeitskräfte
    - rasche Ausbeutung der Gold-, Diamanten- und
      Holzreserven des zukünftigen Überflutungsgebietes.

---

1) Die bisherige Projektentwicklung läßt mit Sicherheit Ver-
   zögerungen um mehrere Jahre erwarten.

2. Phase: (Die Verwirklichung ist allerdings noch völlig
   ungesichert)
   - Bau einer Aluminiumhütte in Linden mit einer
     Kapazität von 225 000 Jahrestonnen
   - Bau einer Natronlaugefabrik[1]
   - Düngemittelfabrik
   - eisenschaffende Industrie
   - Zelluloseindustrie
   - es bestehen gewisse Möglichkeiten einer touri-
     stischen Erschließung.

(NICHOLS, G. O. 1977)

Wie in Surinam ergibt sich für Guyana die Möglichkeit, gesamtwirtschaftliche Zielsetzungen mit raumordnerischen Aspekten zu verbinden. Die Errichtung einer Aluminiumhütte
in Linden könnte dort eine große Zahl neuer Arbeitsplätze
schaffen (in West-Surinam rechnet man bei einer Kapazität
von 150 000 Jahrestonnen mit etwa 750 bis rund 1 100 Arbeitskräften). Zusammen mit den indirekten Arbeitsplätzen sowie
den abhängigen Familienangehörigen würde sich die Einwohnerzahl Lindens deutlich erhöhen. Linden ist mit rund 30 000
Einwohnern die zweitgrößte Stadt Guyanas und die derzeit
einzige hochrangige Siedlung außerhalb der Küstenebene. Sie
bietet am ehesten die Voraussetzungen, Ausgangspunkt für
eine weitere Erschließung des Hinterlandes zu werden. Raumordnerische Maßnahmen zur Unterstützung sind daher angebracht.
Die rein technischen Probleme sind theoretisch gelöst. Der
Stausee würde eine Fläche von 560 bis 770 km^2 erhalten und
eine Energiegewinnung von etwa 775 MW ermöglichen. Eine
schnelle Verwirklichung des Projekts scheitert bisher hauptsächlich an zwei Problemen:

1. Die Mittel für das Mazaruni Projekt in Höhe von etwa
   420 Mio U$ und für die Errichtung der Aluminiumhütte
   in Höhe von ca. 380 Mio US$[2] können unmöglich von Guyana
   aufgebracht werden, dessen Bruttosozialprodukt 1977
   393,5 Mio US$ betrug.[3] Eine Finanzierung auf dem freien

---

1) Natronlauge (caustic soda) dient bei der Tonerdeerzeugung
   als Katalysator (Bayer Prozeß).

2) Auskunft Hydropower Division, Guyana, 1978

3) Zu Faktorkosten, vorläufige Zahlen (Bank of Guyana,
   Annual Report 1977).

Kapitalmarkt ist kaum möglich, da die Kreditwürdigkeit
Guyanas sehr nieder eingestuft wird. Eine Finanzierung
durch internationale Organisationen stieß bisher zusätzlich auf Schwierigkeiten, da

2. das geplante Projekt in einem von Venezuela beanspruchten
Gebiet liegt.

Als Alternative zu dem sehr kostenaufwendigen Mazaruni-Projekt bot sich der Bau eines Kraftwerkes am Potaro River.
Hier besteht bei Tumatumari bereits ein kleineres, von einer
Goldgesellschaft errichtetes Kraftwerk, das zur Zeit vom
Militär genutzt wird. Die Verwirklichung des "Potaro River
Scheme" hätte den Nachteil geringerer Kraftwerksleistungen,
würde jedoch aufgrund der bereits vorhandenen Infrastruktur
weitaus geringere Kosten verursachen. Inzwischen wurde jedoch dem leistungsfähigeren Mazaruni-Projekt der Vorzug gegeben. Die Chancen für eine Verwirklichung des Projektes haben sich nunmehr erhöht, da Brasilien die Durchführung des
Kraftwerksbaus in dem von Venezuela beanspruchten Gebiet
unterstützt. Die Weltbank stellte inzwischen auch 15 Mio US$
zur Verfügung, um die Vorstudie für dieses Projekt abschlie-
ßen zu können. Der Aufbau einer integrierten Aluminiumindustrie wird in Guyana noch sehr lange Zeit in Anspruch nehmen.

7.3   Rohstoffbedingte Infrastrukturmaßnahmen in ihrer Be-
       deutung für agrar- und forstwirtschaftliche Projekte

Da der direkte Nutzen der verschiedenen Rohstofferschließungsprojekte für die Gesamtwirtschaft, abgesehen von den
Exporterlösen, relativ gering ist, kommt den Sekundäreffek-
ten eine besondere Bedeutung zu.
In Surinam zeichneten sich Erschließungsmaßnahmen für die
Bedürfnisse der Bauxitwirtschaft bisher vor allem dadurch
aus, daß sie keinerlei Anregungen für eine weitere agrarwirtschaftliche oder forstwirtschaftliche Nutzung boten.
Mit dem geplanten Bau eines Bewässerungskanals zwischen

Apoera und dem Reisanbaugebiet Nickerie/Wageningen sowie
dem beabsichtigten Aufbau einer Palmölproduktion in West-
Surinam ergeben sich erstmals Möglichkeiten einer derarti-
gen Nutzung.

Eine intensivere Verbindung zwischen rohstoffbedingten Er-
schließungen und agrar- und forstwirtschaftlichen Folge-
nutzungen zeigt sich in Guyana. Infolge des deutlich höheren
Stellenwertes der Agrarwirtschaft im Vergleich zu Surinam
werden hier diese Nutzungsmöglichkeiten stärker berücksichtigt, auch wenn Fehlschläge, wie beim bereits erwähnten
Bergbaufolgeprojekt in Matthews Ridge im NW Guyanas auftraten.[1]
Eines der deutlichsten Beispiele für die Nutzung der für den
Bauxitbergbau angelegten Infrastruktur stellt in Guyana die
angestrebte agrarische Entwicklung entlang des Soesdycke-
Linden-Highways dar. Ähnlich wie in dem brasilianischen Pro-
jekt der Zona Bragantina entlang der Verkehrsverbindung
Belém - Braganca oder in den darauffolgenden Projekten der
Erschließungsstraßen des Amazonastieflandes soll auch hier
die Straße als Leitlinie einer Agrarkolonisation dienen.
In dem bis zum Bau der Verbindungsstraße nach Linden 1968
fast siedlungsfreien Raum zwischen Linden und dem Flughafen
Timehri sollen nun entlang der Straße insgesamt rund 700
Siedlerstellen mit Elektrizitäts- und Wasseranschluß geschaffen werden. Ein zentraler Punkt des Projektes ist die
Neugründung von 7 Dörfern und die Vergabe von ca. 8 ha Land
je Siedler. Von den insgesamt vorgesehenen ca. 3 600 ha waren
bis 1978 815 ha bewirtschaftet. Auf 60 % der Fläche werden

---

1) Der Bauxitbergbau in Guyana wie auch in Surinam vollzieht
   sich fast ausschließlich auf nicht wirtschaftlich ge-
   nutztem Gelände. Die in Jamaika staatlicherseits vorge-
   schriebene Rekultivierung ehemaliger Abbaugebiete und
   die Beeinflussung der Viehzucht durch den Bauxitabbau
   (siehe BLUME 1962a, HAAS, H.-D. 1976, S. 72 f) ist in
   den Guayana-Ländern nicht gegeben. Der landschaftsgestal-
   tende Effekt der Bauxitwirtschaft im Sinne einer physischen Umgestaltung der Erdoberfläche ist hier zwar groß,
   er zieht jedoch keine weiteren wirtschaftlichen Auswirkungen nach sich. Gelegentliche Aufforstungen abgebauter
   Gebiete sind insgesamt bedeutungslos.

Ananas angebaut, die auf dem sandigen Boden gut gedeihen,
auf weiteren 10 % Cashew-Nüsse. Eine Monokulturwirtschaft
soll jedoch vermieden werden. Ziel des Projektes ist vor
allem die Eigenversorgung der einheimischen Bevölkerung mit
Nahrungsmitteln.

Weniger aufgrund vorhandener Infrastrukturen als aufgrund
des durch die Bauxitwirtschaft vorhandenen Marktes, der für
Linden auf ca. 30 000 bis 40 000 Einwohner und für Ituni
auf ca. 2 000 Einwohner geschätzt wird, sind im Bereich der
Bauxitgebiete drei weitere Projekte geplant bzw. in Aufbau.
Ziel ist auch hier die Versorgung der Bevölkerung mit Grund-
nahrungsmitteln (siehe W. PHILLIPS und J. DUKHIA 1974,
S. 102 ff).

Problematisch bei allen diesen Projekten ist allerdings die
Ausweitung der Agrarwirtschaft im Bereich der "Weißen Sande",
die sich südlich des Flughafens Timehri ausdehnen. Über den
Sandablagerungen, die eine Mächtigkeit in diesem Bereich von
mehreren Zehnermetern erreichen können, erstreckt sich nur
eine sehr dünne Humusschicht mit einem schwach ausgebilde-
ten Waldbestand.

Der größte Teil der Böden im Bereich der "Weißen" und "Braunen
Sande" wird durchwegs als "arm" oder "unfruchtbar" oder "land-
wirtschaftlich nicht nutzbar" eingestuft.[1] Eine sorgfältige
Auswahl der Nutzpflanzen ist somit dringend erforderlich.
Außerdem ist mit einer schwierigen Realisierung des Projekts
zu rechnen.

Als weiteres Beispiel für ein Projekt, das aus der für den
Bauxitbergbau errichteten Infrastruktur zumindest teilweise
Nutzen ziehen kann, ist das Upper Demerara Forestry Projekt
zu nennen. Etwa 110 km südwestlich von Linden wird nach
einem am 13.11.78 mit der EG unterzeichneten Abkommen mit
Unterstützung des Europäischen Entwicklungsfonds EDF ein

---

1) Zu Bodengütekarten Guyanas siehe: British Guiana (Guyana)
   Development Programme 1966 - 72; KING 1968, S. 149;
   Transport Plan for Guyana 1976, S. 90f; United Nations
   1966, Vol. III, S. 6.

Projekt zur Nutzung des Waldreichtums von Guyana aufgebaut.[1]
Zwischen den beiden Flüssen Essequibo und Demerara (siehe
Abb. 6) wird eine Sägemühle errichtet sowie ein Kleinkraft-
werk mit 6 MW Leistung, das durch die Verwertung von Holz-
abfällen betrieben wird (Holzvergasung!).[2] Dazu wird eine
Siedlung für 1 500 Einwohner (Beschäftigte und deren Familien) im Projektgebiet errichtet werden. Der Abtransport
des Holzes erfolgt über einen neu zu errichtenden Hafen am
Demerara unmittelbar unterhalb von Linden. Es ist geplant,
durch Investitionen in Höhe von 18,7 Mio G$, die durch
einen Kredit der EG ermöglicht werden, die Schnitt- und
Bauholzproduktion Guyanas, die 1975 57 800 m^3 betrug,
um 41 300 m^3 (70 %) zu erhöhen. Dazu soll dieses Forst-
projekt, das voraussichtlich 1981 seine Produktion aufnehmen wird, jährlich 122 000 m Balken liefern. Von einem
80prozentigen Export der Produkte erwartet Guyana jährliche
Deviseneinnahmen in Höhe von 10,4 Mio G$.[3,4]
Diese Beispiele zeigen, daß auch in Guyana bergbaubedingte
Infrastruktureinrichtungen nur in geringem Umfang für eine
weitere wirtschaftliche Nutzung eingesetzt werden können.

---

1) Eine Projektstudie wurde von dem westdeutschen Beratungs-
unternehmen Agrar- und Hydrotechnik unter Beteiligung einheimischer Firmen durchgeführt.

2) Als technologisch wichtiger Schritt zur Reduzierung des
hohen Devisenabflusses für Ölimporte ist der Einsatz von
Abfallholz in einer Holzvergasungsanlage größeren Zu-
schnitts zu bewerten. Der Wirkungsgrad dieser Anlage
wird bei rund 30 % der eingesetzten Energie liegen
(CUMMINGS, L, o. J.).

3) Mitteilung der Delegation der EG, Georgetown 1978

4) Unzureichende Erschließung der Holzschlaggebiete, geringe
Mechanisierung, eine ungünstige Lage der Sägewerke in der
Regel an der Küste und das Fehlen geeigneter Vermarktungs-
einrichtungen ließen die Forstwirtschaft bisher sehr in-
effizient arbeiten. Dem Problem des hohen Abfallanteils
tropischer Nutzhölzer und der geringen Anzahl schlagbarer
Hölzer pro Flächeneinheit soll in Zukunft durch die Anpflanzung schnellwüchsiger Nutzholzpflanzungen begegnet
werden.

Ein völliges Scheitern von Bergbaufolgeprojekten zeigte sich
in Guyana mit der Einstellung des Mangan-Bergbaus in Matthews
Ridge. Die gleichnamige, völlig isoliert liegende Bergbausiedlung im NW Guyanas, 50 km von der venezolanischen Grenze
entfernt, ist durch eine etwa 50 km lange Eisenbahnstrecke
mit Port Kaituma, dem ehemaligen Manganerzverschiffungshafen
am Kaituma River verbunden. Verkehrsverbindungen nach Georgetown gibt es nur über eine kombinierte Fluß- und Küsten-
schiffahrt (ca. 28 Stunden Fahrtdauer) sowie durch das Flugzeug (1 Stunde).[1]
Diese 1903 entdeckte Lagerstätte wurde zwischen 1960 und 1969
nach einer 5jährigen Erschließungsphase mit einer Tagespro-
duktion von rund 800 t Mangankonzentrat abgebaut, bis der
Bergbau 1969 wegen Unrentabilität infolge zu geringer Rein-
heit und aufgrund einer allmählichen Erschöpfung der Lagerstätte eingestellt werden mußte. Mit der Einstellung des
Manganerzabbaus stellte sich die grundlegende Frage, ob das
gesamte Gebiet aufgegeben werden müsse oder ob eine alternative Nutzungsmöglichkeit gefunden werden könnte.[2] Man
entschied sich für ein landwirtschaftliches Entwicklungsprojekt, mit dem sofort nach Schließung der Mine begonnen
wurde.
1969 besaßen 32 landwirtschaftliche Kooperativen im Matthews
Ridge - Arakaka - Kaituma Land Development Scheme Wirtschafts-
flächen, die mit Hilfe der von der Bergbaugesellschaft als
Kompensation für Steuerschulden zurückgelassenen Maschinen
ohne Kosten für die Kooperativen zur Bewirtschaftung vor-

---

1) Als Beleg für die Abgelegenheit dieses Raumes mag die Tatsache gelten, daß die Existenz der Siedlung Jonestown, in
   der im November 1978 der Massen(-selbst)mord der Jones-
   sekte verübt wurde, und die in dem Gebiet Matthews Ridge -
   Port Kaituma lag, in Guyana weitgehend unbekannt war.

2) Vor Beginn des Bergbaus bestanden lediglich einige indianische Siedlungen, so daß die Infrastruktur völlig neu
   aufgebaut werden mußte. Wichtigste Objekte waren der Bau
   der ca. 50 km langen Eisenbahn, der Bau einer Sägemühle
   sowie von etwa 300 Häusern mit ca. 500 - 600 Wohnein-
   heiten.

bereitet wurden.[1] Trotz sehr günstiger finanzieller Voraussetzungen und einer bereits bestehenden guten technischen
Infrastruktur scheiterte das Projekt jedoch völlig.
Probleme ergaben sich vor allem durch die geforderte Umstellung der Bergarbeiter auf die Landwirtschaft, durch die
Abwanderung von Fachkräften, durch massive Vermarktungspro-
bleme bei Agrarprodukten, die besonders durch die große Entfernung zum einzigen Absatzmarkt Georgetown bedingt waren,
durch ein relativ niedriges Einkommen in der Landwirtschaft
und nicht zuletzt durch die geringen Bindungen der Bevölkerung an ihren Lebensraum. Der Manganerzbergbau galt in der
Regel infolge hoher Löhne als eine attraktive Arbeit, die
mit der Absicht aufgenommen wurde, nach einer bestimmten
Beschäftigungsdauer wieder in das Herkunftsgebiet zurück-
zukehren.
Im Jahre 1971 waren die landwirtschaftlichen Betriebe soweit
verfallen, daß die Kooperativen aufgelöst und die Agrarfläche
vom Staat übernommen wurde. Die Viehzucht lag damals bereits
in staatlichen Händen. Eine 1977 gegründete Entwicklungsbe-
hörde mußte 1978 aus finanziellen Schwierigkeiten die Arbeit
einstellen. Die Einwohnerzahl war mittlerweile auf etwa
1 000 Einwohner bei anhaltender Abwanderung gesunken.
Der Viehbestand von 120 Rindern wurde abtransportiert, die
Agrarfläche zum größten Teil aufgegeben.[2]
Es war in diesem Fall nicht gelungen, in dem von einem
Bergbauunternehmen für den Bergbau erschlossenem Gebiet eine
Folgenutzung auf landwirtschaftlicher Basis zu etablieren.
Matthews Ridge stellt ein Beispiel eines extraktiven Roh-
stoffzentrums dar, von dessen Bedeutung die Wirtschaft der
gesamten Region getragen wurde. Mit der Einstellung des Berg-
baus war auch die Region nicht mehr lebensfähig. Der Bergbau
war nicht in der Lage gewesen, Entwicklungsimpulse im Sinne
eines Wachstumspoles zu geben.

---

1) Außerdem wurden die bisherigen Dienstleistungen wie Bereitstellung von Unterkünften, Strom- und Wasserversorgung,
   Krankenversorgung und Personenförderung weiterhin kostenlos von staatlicher Seite zur Verfügung gestellt. Saatgut
   und Stecklinge waren ebenfalls kostenlos, die übrigen Investitionen wurden auf Kreditbasis getätigt.
2) Auskunft Ministry of Agriculture, 1978

7.4   Raumwirksame Einflüsse der Rohstoffwirtschaft

So gering die bisherige Nutzung bergbaubedingter Infrastruk-
turvorhaben für andere Sektoren war, so bedeutsam ist die
mineralische Rohstoffwirtschaft für die Erschließung des
Hinterlandes und für die Bevölkerungsmobilität. Von unbedeutenden Ausnahmen abgesehen konzentrierte sich kurz vor
dem Ersten Weltkrieg die gesamte Bevölkerung beider Staaten
auf den schmalen Küstenraum.[1] Mit der Entwicklung der Bauxitwirtschaft übernahm nunmehr der Bergbausektor die führende Rolle als Gestalter der räumlichen Ordnung. Jede bedeutendere Erschließungsmaßnahme außerhalb der bisher besiedelten Teile der Küstenregion ist in der Folgezeit ausnahmslos auf Bedürfnisse der Bauxitwirtschaft zurückzuführen.

7.4.1 Der Einfluß der Bergbaustadt Linden

In Guyana gewann durch die Bauxitfunde im Bereich der heutigen Stadt Linden und die Niederlassung von DEMBA die ad-
ministrative Region "Upper Demerara" nach einem anfänglich
langsamen Bevölkerungsanstieg rasch an Bedeutung. Mit dem
Bedeutungszuwachs Georgetowns Ende des 19. Jahrhunderts und
der Ausdehnung der Holzwirtschaft vor allem südlich von
Georgetown fand hier eine allmähliche Ausweitung des Wirtschaftsraumes nach Süden statt.[2] Mit dem Beginn des Bauxitabbaus durch DEMBA im Jahre 1916 setzte der allmähliche Zustrom von Arbeitskräften in das isolierte Bergbaugebiet ein,
da die zu dieser Zeit ansässigen 200 - 300 Einwohner für den
Bauxitbergbau nicht ausreichten. Die steigende Nachfrage nach

---

1) Siehe Kap. 3.4
2) Eine hier um 1920 errichtete Sägemühle war nur wenige
   Jahre in Betrieb.

Bauxit während des 2. Weltkrieges führte sowohl zu einer
beginnenden Mechanisierung als auch zu einem weiteren Anstieg der Zuwanderung in den in etwa 100 km Entfernung zur
Küste liegenden Bergbauort, der nur mit dem Schiff oder auf
dem Luftweg erreicht werden konnte.

Dieser Zustrom von Arbeitskräften machte den Ausbau der
unternehmenseigenen Siedlung Mackenzie notwendig und führte
zur bis heute wirksamen Trennung der heutigen Stadt Linden
in zwei Stadtteile. Auf dem rechten Demerara-Ufer entstand
die vom Bauxitunternehmen aufgebaute und verwaltete Siedlung Mackenzie, am linken Ufer weitere sich die bereits bestehende Siedlung Wismar-Christianburg durch einen unkon-
trollierten Zustrom von Zuwanderern rasch aus.
In den 50er Jahren vollzog sich durch die Zuwanderung ge-
samter Familien die Umstrukturierung vom reinen Bergbaucamp
zur städtischen Siedlung mit zentralen Funktionen. Genaue
Angaben zu den Migrationsbewegungen existieren leider nicht.
Ein großer Teil der Arbeitskräfte stammte jedoch aus den
agrarwirtschaftlich geprägten Gebieten im Osten Guyanas,
der Berbice- und Corantijne Region (ROBACK, J. 1968, S. 27)
oder sogar, angelockt durch Arbeitsmöglichkeiten und relativ
hohe Löhne, aus dem Karibischen Raum (ST. PIERRE, M. 1975,
S. 482). Von Linden aus erfolgte auch die Erschließung des
Bergbaustandortes Ituni, dessen Bauxitproduktion über eine
Werksbahn nach Linden transportiert und dort weiterverarbeitet wird. Mit ca. 6 500 in der Bauxitwirtschaft Beschäftigten
in Linden und Ituni sowie ca. 200 Beschäftigten in Kwakwani
stellt die Bauxitwirtschaft den wichtigsten Arbeitgeber außerhalb der Küstenebene dar. Auf die potentielle und angestrebte
Nutzung rohstoffbedingter Infrastruktureinrichtungen durch
andere Wirtschaftszweige wurde bereits verwiesen (siehe Kap.
7.3). Der zusätzlich geplante Ausbau der Bauxitwirtschaft
zur integrierten Aluminiumindustrie (siehe Kap. 7.2) wird
ein weiteres Wachstum von Linden fördern und die Stellung der
Stadt als wichtigstes Zentrum der Erschließung des Hinterlandes stärken. Gleichzeitig wird mit der Durchführung des

Upper Mazaruni Scheme die Umsiedlung von ca. 4 000 Einwohnern
aus dem North-West-District erforderlich. Wie das Beispiel
des van Blommestein Stausees in Surinam zeigte, ist die Umsiedlung voraussichtlich mit der Abwanderung zahlreicher Bewohner an die Küste verbunden. Wieweit sich die geplante
Ansiedlung energieintensiver Industriezweige in Linden nach
Fertigstellung des Wasserkraftwerks verwirklichen läßt, ist
noch fraglich.

7.4.2 Entwicklung und Zukunftsperspektiven der Bergbausied-
       lungen in Surinam

Im Gegensatz zu Guyana, dessen Bauxitwirtschaft sich im
Landesinneren entwickelte, begann der Bauxitabbau in Surinam
in einem, allerdings ebenfalls unerschlossenen Gebiet im
Osten der Küstenebene. Die Erschließung bisher unzugänglicher
Landesteile ist in Surinam in größerem Umfang und auch mit
größerer Ausschließlichkeit als in Guyana durch die Bauxitwirtschaft betrieben worden. Heute existieren drei regionale Schwerpunkte der Bauxitgewinnung bzw. -verarbeitung.
Es sind dies der seit den 20er Jahren bestehende Bergbauort
Moengo im östlichen Teil der Küstenebene sowie das heute
wichtigste Bauxitzentrum Surinams im Raum Paranam (Aluminiumhütte, Tonerdewerk), Smalkalden (Trocknungseinrichtungen),
Onverdacht (Abbau) und schließlich Lelydorp (Abbau). Damit in Verbindung steht das 1959 - 1965 durchgeführte Kraft-
werksprojekt in Afobaka mit dem 1 560 km^2 großen van Blommestein See. Das dritte Zentrum bildet das staatliche West-
Surinam Projekt, das als das ehrgeizigste Projekt Surinams
bezeichnet werden kann.[1] Die räumliche Ausdehnung bergbaubedingter wirtschaftlicher Aktivitäten in Surinam ist aus
Abb. 26 ersichtlich.

---

1) Die räumlichen Auswirkungen des West-Surinam-Projektes
   wurden bereits in Kap. 7.1 behandelt.

Infrastrukturelle Erschließung Surinams durch die Bauxitwirtschaft

Abb. 26

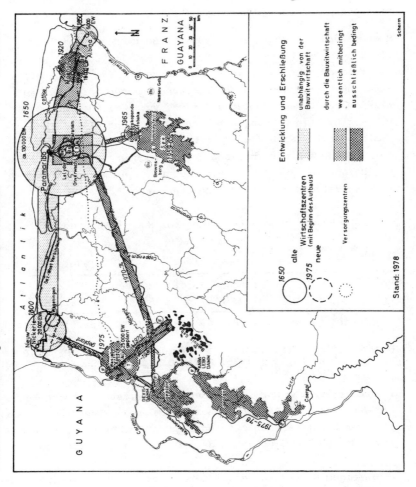

Am Beispiel Moengos sollen der Aufbau einer Bergbausiedlung,
die dadurch ausgelösten Prozesse sowie die Zukunftsaussich-
ten dieses isolierten Standortes einer extraktiven Rohstoffwirtschaft aufgezeigt werden.

Moengo wurde in den 20er Jahren als Bergarbeitercamp für
die Arbeitskräfte durch die Suriname Bauxite Company errichtet und wuchs relativ rasch. Ausgehend von der jetzigen
Siedlung Moengo und den Verarbeitungsanlagen, die sich auf
bereits abgebautem Gebiet befinden, wurde mit dem Abbau des
ca. 4 m mächtigen Bauxits begonnen. Als sehr glücklicher
Umstand erwies sich die Schiffbarkeit des sehr schmalen
Cottica für kleinere hochseefähige Frachter. Die Verbindung
mit Paramaribo wurde über einen 20stündigen wöchentlichen
Bootspendelverkehr aufrechterhalten.

Tab. 50: Bevölkerungsentwicklung von Moengo-Wonoredjo
         1950 - 1976

	1950	1964	1971	1976
Moengo	1 650	2 141	3 186	n. a.
Wonoredjo	1 037	1 687	3 447	n. a.
insgesamt	2 687	3 828	6 633	ca. 10 000

Quelle: 1950, 1964, 1971: Volkszählungen, nach G. HESSELINK
        1974, S. 138; 1976: SURALCO Magazine, Dezember 1976

In noch stärkerem Maß wie Linden, Guyana, stellt Moengo eine
typische isolierte Bergbaustadt und "Company Town" dar.[1] Ca.
60 % der SURALCO-Beschäftigten sind in Werkswohnungen unter-
gebracht. Seit der Gründung der völlig isoliert liegenden

---

1) In einem umfassenderen Sinn hat sich unter Einschluß auch
   der durch Industriebetriebe gebildeten Siedlungen im Englischen der Ausdruck "Company Town", im Holländischen die
   Bezeichnung "maatschappijstad" eingebürgert. Da der Ausdruck "Company Town" Gemeinden bezeichnet "deren Gebäude-
   komplex ausschließlich oder hauptsächlich von einem Werk
   oder Konzern gebaut wurde, die die Gemeinde auch politisch
   und ökonomisch kontrollieren" (Westermann Lexikon der Geographie 1968, I, S. 698), ist dieser Begriff umfassender
   als der der Werkssiedlung.

Bergbausiedlung in den 20er Jahren umfaßt der Einfluß der
Bergbaugesellschaft die wichtigsten Bereiche des öffentlichen
Lebens. Die notwendigerweise von der Gesellschaft durchzu-
führende Bereitstellung von Wohnraum für die Arbeitskräfte
führte zu einer strengen Anlage der Unternehmenssiedlung
Moengo nach betriebsorganisatorischen und hierarchischen
Gesichtspunkten. Neben dem Werksgelände wurde eine Siedlung
für die ausländischen höheren Angestellten, eine Siedlung
für Arbeiter afrikanischer Abstammung mit unterschiedlicher
Haus- und Ausstattungsqualität, je nach der Stellung im Unternehmen, und eine inzwischen nicht mehr existierende Siedlung für javanische Arbeitskräfte (300 Kontraktarbeiter)
aufgebaut.

Der Einfluß der Bauxitgesellschaft umfaßte u. a. in den Anfangsjahren alle Lebensbereiche der Arbeitskräfte und ging
soweit, daß anstelle der landesüblichen Währung vom Unternehmen ausgestellte Gutscheine als Zahlungsmittel eingesetzt
wurden. War schon der Bauxitbergbau ein von der Gesamtwirtschaft isolierter Sektor, so stellte die Bergbausiedlung
Moengo eine räumliche Enklave dar, die abgesehen vom Zuzug
von Arbeitskräften eine minimale Verbindung zum übrigen Surinam hatte.
Neben dieser 'Company Town', die auch heute noch, von wenigen
Ausnahmen abgesehen, nur Unternehmensangehörigen offensteht,
entstand als "freie" Siedlung Wonoredjo, wo sich Einrichtungen niederließen, wie Einzelhandel, Handwerker, Bars usw.,
die Versorgungsfunktionen für die Doppelsiedlung übernahmen,
die von der Bergbaugesellschaft nicht wahrgenommen wurden.
Erst mit der Errichtung von Häusern in Wonoredjo durch SUR-
ALCO-Angestellte und -Arbeiter sowie durch den Generationen-
wechsel, mit dem in Wonoredjo aufgewachsene Arbeitskräfte
bei SURALCO Beschäftigung finden, reduziert sich der sozioökonomische Gegensatz zwischen beiden Siedlungen etwas. Der
physiognomische Unterschied blieb jedoch bis heute bestehen.

Die Bevölkerungsmobilität sowie die ausgelösten Migrations-
prozesse stellen einen wichtigen Faktor in der Beurteilung

wirtschaftlicher Projekte dar. Die bei vielen Großprojekten be-
fürchtete Auslösung einer Land-Stadt-Wanderung läßt sich im
Falle Moengos nicht feststellen. Aufgrund der geringen Besiedlung des Distriktes Marowijne und aufgrund der Tatsache,
daß immerhin 26 % der Arbeitskräfte[1] in den weitgehend ver-
städterten Distrikten Suriname und Para sowie in der Hauptstadt Paramaribo geboren sind,[2] ergibt sich eine relativ
geringe Förderung der Landflucht (siehe Abb. 27). Allerdings
trägt der Bauxitbergbau inzwischen auch nicht mehr wesentlich zur Siedlungserweiterung Moengo-Wonoredjos bei.

Abb. 27

Geburtsdistrikte der Beschäftigten von SURALCO, Moengo 1978

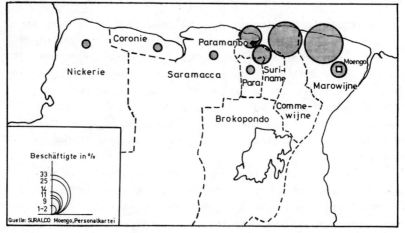

Aus einer Haushaltsbefragung in Moengo-Wonoredjo ergab sich,[3]
daß als zukünftige Wohnwünsche von Arbeitskräften aus Moengo

1) Die Angaben beziehen sich auf eine Stichprobe der Personal-
   kartei von SURALCO in Moengo. Eine selbst durchgeführte
   Haushaltsbefragung ergab hier einen Wert von 30 % (Tab. 51).

2) Beim Distrikt Commewijne (25 % der Arbeitskräfte) ist es
   nicht möglich, zwischen ländlichen Siedlungen und Siedlungen im Einzugsbereich Paramaribos zu unterscheiden.

3) Bei dieser Haushaltsbefragung wurden insgesamt 64 Personen
   befragt, von denen 36 in der SURALCO-Siedlung Moengo wohn-
   ten. Von den 28 in Wonoredjo befragten Personen waren 19

zu je 28 % Paramaribo und die "freie" Siedlung Wonoredjo genannt wurde. Ebenfalls 28 % hatten sich noch nicht festgelegt. Unter den in Wonoredjo wohnenden SURALCO-Beschäftigten
entschieden sich 58 % für Wonoredjo, bei 42 % war der künftige Wohnort noch ungewiß. Die Beschäftigten, die sich für
ein Verbleiben in Wonoredjo ausgesprochen hatten, besaßen
dort ausnahmslos ein eigenes Haus.

Die Errichtung einer geschlossenen Unternehmenssiedlung in
peripheren Bergbaustandorten ist für die Versorgung der
Arbeitskräfte mit Unterkünften vor allem in den Anfangsjahren
notwendig und begrüßenswert. Sie steht jedoch im Gegensatz
zu den in Entwicklungsplänen mehr und mehr verfolgten Zielen,
eine Dezentralisierung der Bevölkerung zu erreichen. Die Bereitstellung von Werkswohnungen, die auf die Dauer des Be-
schäftigungsverhältnisses begrenzt ist, fördert gerade in
diesen peripheren Gebieten eine Abwanderung von Arbeitskräften nach der Entlassung.

Tab. 51: Geburtsdistrikte von SURALCO-Beschäftigten in Moengo
und bevorzugte Wohndistrikte nach der Entlassung (in%)

Geburtsort bzw. -distrikt	derzeitiger Wohnort Moengo	Wonoredjo	Summe	Zielort	derzeitiger Wohnort Moengo	Wonoredjo	Summe
Paramaribo	31	5	22	Paramaribo	28	–	16
Moengo-Wonoredjo	31	16	26	Wonoredjo	28	58	36
übr. Marowijne	9	5	7	übr. Marowijne	–	–	–
Commewijne	20	53	17	Commewijne	6	–	4
Saramacca	3	5	4	Saramacca	3	–	2
Coronie	3	–	2	Coronie	3	–	2
Suriname	–	5	2	Holland	3	–	2
Para	3	11	6	noch ungewiß	28	42	31
	100 % (35)	100 % (19)	100 % (54)		100 % (32)	100 % (19)	100 % (51)

Quelle: Eigene Erhebungen in Moengo-Wonoredjo 1978

bei SURALCO beschäftigt, 2 ehemalige SURALCO-Mitarbeiter
bereits im Ruhestand, 6 übten eine selbständige Tätigkeit
aus und 1 Person war arbeitslos. Die Befragung in Moengo-
Wonoredjo wurde dankenswerterweise durch Herrn Salomon,
Paramaribo, während eines gemeinsamen viertägigen Aufent-
haltes in Moengo durchgeführt. Die Stichprobenauswahl in
Moengo erfolgte anhand einer von SURALCO zur Verfügung
gestellten Haushaltsliste.

Die Erschöpfung der Lagerstätte in Moengo wird in etwa 10 bis
30 Jahren erfolgen. Die Einstellung des Bauxitbergbaus ist somit vorauszusehen und ist lediglich eine Frage der Abbauge-
schwindigkeit. Mit der Einstellung des Bauxitbergbaus wird
die wirtschaftsbeherrschende Erwerbsgrundlage Moengos und
die dominierende Erwerbsgrundlage des gesamten Distrikts
Marowijne verloren gehen. Die Möglichkeiten zur Schaffung
einer ausreichenden Anzahl neuer Arbeitsplätze in anderen
Bereichen sind sehr begrenzt. Die Aussichten auf eine agrarische Nutzung dieses Gebietes sind ebenfalls gering, auch wenn
in Surinam in den letzten Jahren verstärkt Anstrengungen un-
ternommen wurden, durch die Anlage von verschiedenen Versuchsfarmen die Eignung einzelner Nutzpflanzen für den großflächigen Anbau zu untersuchen. Problematisch ist auch die Beschäftigung von ehemaligen Bergbauarbeitskräften in der Landwirtschaft, da die entsprechenden Vorkenntnisse fehlen (vgl. Kap.
7.3). Geringe Möglichkeiten bieten sich für die Forstwirtschaft, die die gute Ost-West-Straßenverbindung, die derzeit
weiter ausgebaut wird, als Leitlinie für die forstwirtschaftliche Erschließung nutzen kann. Allerdings sind die Wälder im
Bereich der versumpften Küstenebene nicht und im Übergangs-
bereich von Küstenebene zum Hügelland, an dem sich Moengo
befindet, nur begrenzt nutzbar. Die Ansiedlung von Gewerbe
und Industrie kann aufgrund der isolierten Lage ausgeschlos-
sen werden. Touristische Attraktionen im Raum Moengo sind
nicht gegeben.

Aller Voraussicht nach wird die Einstellung des Bauxitbergbaus auch die weitgehende Aufgabe der Siedlung Moengo nach
sich ziehen. Mit dem Wegfallen der Existenzgrundlagen für
die gesamte Siedlung werden auch die meist nicht wanderungs-
bereiten Bewohner von Wonoredjo zur Abwanderung gezwungen
werden. Die Wahrscheinlichkeit einer ähnlichen Entwicklung
wie im ehemaligen Manganbergbaugebiet Matthews Ridge, Guyana,
ist sehr hoch. Eine Alternative bietet sich eventuell dadurch
an, daß SURALCO möglicherweise in Zukunft seine Aktivitäten
auf sein Konzessionsgebiet im Nassau-Gebirge (siehe Abb. 7)

ausdehnt. Ähnlich wie in West-Surinam könnte dort ein Arbeits-
camp für Wochenpendler errichtet und die Siedlung Moengo als
eigentliche Wohnsiedlung beibehalten werden.

Eine etwas andere Entwicklung zeichnet sich im heute dominierenden Zentrum der Bauxitwirtschaft Paranam-Smalkalden-
Onverdacht ab. Sowohl BILLITON als auch SURALCO stellten
zunächst zahlreiche Werkswohnungen in der Nähe der Abbau-
und Verarbeitungsanlagen zur Verfügung, da die Arbeitskräfte großenteils aus Paramaribo oder dem Distrikt Para in
die dünnbesiedelten Abbaugebiete zuwandern mußten. Die Nähe
zu Paramaribo und die neuere Anbindung an die Hauptstadt
durch eine teilweise zur Schnellstraße ausgebauten Hauptstraße bedingte vor allem unter den SURALCO-Arbeitern eine
Steigerung des Tagespendleraufkommens.[1] Nicht zuletzt durch
die bei der Aluminiumverhüttung auftretenden Fluor-Emissionen
besteht bei SURALCO kein Interesse, eine größere Bevölkerungszahl in Werksnähe zu konzentrieren. Gefördert wird die Abwanderung nach Paramaribo durch die an sich positive Unterstützung von SURALCO-Mitarbeitern beim Hausbau durch günstige Kredite sowie durch die günstige Vergabebedingungen von
erschlossenem Bauland. Aus regionalplanerischer Sicht ist
jedoch die Lage dieses Wohnungsbauprojektes in einem Außen-
bezirk Paramaribos weniger begrüßenswert.

Es läßt sich somit für Surinam festhalten, daß die jüngere
Bevölkerungsbewegung, soweit sie von der Bauxitwirtschaft
beeinflußt ist, insgesamt zu einer weiteren Konzentration
der Bevölkerung auf die Hauptstadtregion geführt hat. Eine
Ausnahme bildet hier das erwähnte West-Surinam Projekt
(Kap. 7.1), dessen Erfolg jedoch im Hinblick auf die gewünschte Dezentralisierung der Bevölkerung noch nicht abge-
schätzt werden kann.

---

1) BILLITON stellt in Onverdacht Wohnraum für ca. 250 Arbeitskräfte und ihre Familien für etwa Sf 10,- pro Monat bei
freier Strom- und Wasserversorgung. Durch dieses Wohnungs-
projekt sowie durch die Beschäftigung vor allem indischer
und javanischer Arbeitskräfte (60 %), die teilweise Neben-
erwerbslandwirtschaft betreiben, trug BILLITON in gewissem
Umfang dazu bei, die Zahl der Abwanderer nach Paramaribo
nicht weiter steigen zu lassen. Für die ca. 300 BILLITON-
Beschäftigten, die im Raum Paramaribo leben, werden zum
Teil Werksbusse zur Verfügung gestellt.

Zusammenfassend läßt sich feststellen, daß in Guyana die
Bergbaustadt Linden ein Zentrum der raumwirtschaftlichen Erschließung darstellt, von dem auch zentralörtliche Funktionen für ein - allerdings sehr dünn besiedeltes - Umland
wahrgenommen werden. Ähnliche Erwartungen sind an die entstehende Stadt Apoera in West-Surinam geknüpft. Weitaus geringere Auswirkungen im Hinblick auf raumwirtschaftliche
Impulse weisen die Bergbauorte Moengo und Onverdacht in
Surinam auf. Ihre Bedeutung wird in Zukunft, bedingt durch
eine allmähliche Erschöpfung der Lagerstätten weiter abneh-
men. Der Einfluß des Bauxitverarbeitungszentrums Paranam-
Smalkalden auf die regionale Bevölkerungsverteilung geht
infolge der Nähe Paramaribos und der verbesserten Verkehrs-
möglichkeiten wieder zurück, die für die Aluminiumverhüttung
notwendige Elektrizitätsgewinnung durch den ca. 1 560 km^2
großen van Blommestein-Stausee übte keine Impulse für eine
weitere Industrieansiedlung aus. Die Abbauorte Ituni und
Kwakwani, Guyana, stellen lediglich isolierte Standorte
einer extraktiven Rohstoffgewinnung ohne weitere raumwirtschaftliche Impulse für das Hinterland dar.
Angesichts der hohen gesamtwirtschaftlichen Bedeutung der
mineralischen Rohstoffwirtschaft und insbesondere der Bauxitwirtschaft ist der raumwirtschaftliche Einfluß und vor
allem die Schaffung wirtschaftlicher Impulse für das Hinterland vergleichsweise gering. Die Bauxitwirtschaft erfordert
umfangreiche infrastrukturelle Erschließungsmaßnahmen und
trägt grundlegend zur Gestaltung der räumlichen Ordnung bei,
ohne daß diese Investitionen auch von anderen Wirtschaftszweigen in höherem Maß genutzt werden können.
Andererseits stellt sich jedoch die grundsätzliche Frage,
ob es angesichts der sehr umstrittenen Erschließungsvor-
gänge im benachbarten Amazonastiefland aus gesamtwirtschaftlichen Erwägungen und ökologischen Bedenken heraus sinnvoll
ist, mit Hilfe des an diese peripheren Standorte gebundenen
Bergbaus die infrastrukturelle Erschließung des Hinterlandes
voranzutreiben. Die für die meisten Entwicklungsländer wichtige Schaffung von Arbeitsplätzen in metropolenfernen länd-

lichen Gebieten erübrigt sich in dem fast unbesiedelten Hinterland der Guayana-Länder. Dicht besiedelte Gebiete im Hinterland, in denen Existenzgrundlagen geschaffen werden müßten, um ein Abwandern zu verhindern, existieren nicht. Das Problem eines nicht aufzuhaltenden Stromes unterbeschäftigter ländlicher Bevölkerung in die städtischen Zentren, das in anderen lateinamerikanischen Hauptstädten die Bevölkerungsentwicklung entscheidend beeinflußt, gibt es in dieser Schärfe nicht.

Abgesehen von dem Wunsch nach einer verkehrsmäßigen Öffnung des Hinterlandes, um die Prospektion und die Erschließung weiterer Rohstoffvorkommen vorantreiben zu können, und dem Bedürfnis nach staatlicher Präsenz in Gebieten, deren Besitz umstritten oder noch nicht endgültig gesichert ist (siehe Kap. 1.2), gibt es somit keine zwingenden Gründe für eine stärkere Besiedlung des Hinterlandes.
Das weitgehende Unvermögen des Bauxitbergbaus, räumliche Entwicklungsimpulse zu schaffen, und das Entstehen isolierter extraktiver Rohstoffzentren ohne Wachstumsimpulse für das Umland sollte aus diesem Grund nicht unbedingt negativ gesehen werden.

8. ENTWICKLUNGSMÖGLICHKEITEN UND GRENZEN DER ROHSTOFF-
    WIRTSCHAFT

8.1 Die Rolle der Rohstoffwirtschaft in der Entwicklungs-
     planung

Rohstoffgewinnung und Export von nicht oder teilweise verarbeiteten Rohstoffen wurden bisher überwiegend als große
Entwicklungschance für rohstoffreiche Entwicklungsländer
angesehen. Inzwischen häufen sich die Stimmen vor allem aus
den betroffenen Ländern, die den Rohstoffexport zunehmend
als Verschleuderung der wirtschaftlichen Zukunft des Landes
verstehen. Diese Haltung wird durch die Diskussion über die
drohende Erschöpfung einer Reihe wichtiger Rohstoffe zwangsläufig bestärkt.

Zur Beurteilung, wieweit Rohstoffgewinnung, -verarbeitung
und vor allem der Rohstoffexport einen positiven Einfluß auf
die nationale Wirtschaft ausüben, ist zwischen dem direkten
und indirekten Einfluß zu unterscheiden.
Die direkten Auswirkungen, vor allem des Rohstoffexports, setzen
sich im wesentlichen aus einer Einnahmensteigerung des Staates
über verschiedene Steuern und Abgaben zusammen. Die indirekten - und aus geographischer Sicht weitaus bedeutsameren -
Auswirkungen der Rohstoffgewinnung - umfassen neben einer möglichen Investition der staatlichen Einnahmen in anderen Wirtschaftsbereichen folgende Fragenkreise:

- Wieweit kann auf der Basis der Rohstoffgewinnung eine roh-
  stoffverarbeitende Industrie aufgebaut werden?

- Wieweit trägt die Rohstoffwirtschaft zur Investition in
  vor- oder nachgeschalteten Wirtschaftszweigen bei?

- Welchen Einfluß hat die Rohstoffwirtschaft auf die Arbeitsmarktsituation?

- Wieweit beeinflußt sie Mobilität und regionale Bevölkerungsverteilung?

- Wieweit können für die Rohstoffwirtschaft notwendige Investitionen stimulierend auf andere unabhängige wirtschaftliche Aktivitäten wirken?

BALDWIN (1956 und 1963, zit. nach THOBURN, J. 1977, S. 249)
hat für rohstoffabhängige Staaten eine Reihe von sterotypen
Aussagen zusammengestellt, die mehr oder weniger für alle
rohstoffexportabhängigen Entwicklungsländer, insbesondere
jedoch für Kleinstaaten, zutreffen:

- die Bedeutung der 'economies of scale' ist sehr hoch,
- die Kapitalintensität ist sehr ausgeprägt,
- es besteht eine deutliche Tendenz zum Ersatz von Arbeitskräften durch Kapital.

Die oben erwähnten Punkte tragen dazu bei,

- daß Rohstoffgewinnung und -verarbeitung meist in den Händen internationaler Unternehmen liegen,
- daß die forward und backward linkages und die Kapitalgüter-
produktion in Händen von ausländischen Unternehmen liegen,
- abgesehen von den Steuereinnahmen der Regierung beschränkt
sich der lokal aus der Rohstoffgewinnung gezogene Nutzen
auf die Lohnzahlungen,
- die gezahlten Löhne sind sehr hoch,
- die Zahl der geschaffenen Arbeitsplätze bleibt jedoch
gering,
- die in der Rohstoffwirtschaft erworbenen Fähigkeiten der
Arbeitskräfte können im Lauf der Zeit auch anderen Wirtschaftszweigen zugute kommen,
- die hohe Bezahlung erlaubt es den Arbeitskräften, Erspar-
nisse zu erarbeiten und gegebenenfalls damit den Grund-
stock zu einem eigenen Geschäft zu legen,
- aufgrund der guten Bezahlung werden Güter nachgefragt, die
im Vergleich zu den Bedürfnissen anderer Arbeitnehmer dem
gehobenen Bedarf zuzurechnen sind, ein nicht unerheblicher
Teil dieser Güter wird somit importiert werden müssen,
- die stimulierende Wirkung auf die lokale Produktion ist
somit gering.

Zusammenfassend läßt sich festhalten, daß vor allem bei Kleinstaaten die Rohstoffwirtschaft in der Regel minimal in die
Gesamtwirtschaft integriert ist. Abgesehen von den Steuereinnahmen leistet sie im Vergleich zum theoretisch erreichbaren Nutzen einen relativ geringen Beitrag zur Entwicklung
des Landes.

Aus den bereits erwähnten Gründen (Kap. 6.4) erscheint die
Erhöhung der Rohstoffverarbeitungsstufen im Gewinnungsland
die dringlichste und eine, wenn auch mit gewaltigen finan-
ziellem Aufwand verbundene, noch durchaus durchführbare
Entwicklungsstrategie zu sein, die jedoch je nach der lan-
desspezifischen Situation der Rohstoffwirtschaft mit einer
Reihe von Problemen behaftet ist.

Es existieren drei grundsätzliche Möglichkeiten, um das Ziel
einer höheren Verarbeitung im Rohstoffland selbst zu erreichen:

1. Die jeweiligen ausländischen Unternehmen können für die
   Errichtung von weiterverarbeitenden Anlagen gewonnen
   werden. Neben einer günstigen weltwirtschaftlichen Lage
   sind in der Regel die Gewährung sehr günstiger Bedingungen durch das Gastland notwendig. Die Errichtung des Tonerdewerkes in Guyana geschah unter günstigen finanziellen Bedingungen, wie z. B. langjährige Steuerfreiheit
   (siehe Kap. 3.5.3.1). Die Errichtung der Aluminiumhütte
   in Surinam geschah vor dem Hintergrund eines zollbegün-
   stigten Zugangs zum europäischen Markt für in Surinam
   produzierende Unternehmen. Wesentliche Vorbedingung war
   die Unterstützung des Vorhabens durch den surinamischen
   Staat, der neben Steuervergünstigungen das für das Was-
   serkraftprojekt benötigte Land (1 560 qkm Wasserfläche)
   kostenlos zur Verfügung stellte. Dadurch konnte ein äußerst
   niedriger Strompreis für die Aluminiumverhüttung erreicht
   werden.

2. Der vor allem nach dem Zweiten Weltkrieg vielfach beschrit-
   tene Weg einer Verstaatlichung ausländischer Unternehmen
   hatte häufig die Nebenabsicht, durch den gestiegenen nationalen Einfluß auf die Rohstoffwirtschaft auch die Interessen einer erhöhten nationalen Weiterverarbeitung zu verfolgen. Da die Abhängigkeit der Rohstoffwirtschaft von der
   Weltnachfrage auch nach Verstaatlichungen fast unverändert
   bestehen bleibt, bietet die Nationalisierung keine Garantie dafür, daß eine erhöhte Weiterverarbeitung ohne Schwierigkeiten durchführbar ist. So war es auch Guyana in über
   einem Jahrzehnt nationaler Rohstoffwirtschaft aufgrund der
   geringen Finanzkraft des Staates nicht möglich, die geplante integrierte Aluminiumindustrie aufzubauen.

3. Die dritte Möglichkeit bietet die Nutzung neu entdeckter
   Lagerstätten durch nationale Unternehmen. Der Glücksfall
   einer Entdeckung neuer umfangreicher Lagerstätten ermöglicht es einem Land, ohne das politische und wirtschaftliche Risiko einer Verstaatlichung eine nationale Rohstoffwirtschaft aufzubauen. Daß dies ebenfalls keine Ga-

rantie für die Errichtung einer rohstoffverarbeitenden
Industrie ist, zeigen die Schwierigkeiten, die bei dem
geplanten Projekt einer integrierten Aluminiumindustrie
in West-Surinam auftreten (siehe Kap. 7).

Ein zusätzliches Problem ergibt sich für Kleinstaaten auch
bei der Durchführung von Großprojekten, deren Verwirklichung
vielfach nur vorübergehende Wachstumsphasen in der Volkswirtschaft auslösen.
Das mittlere jährliche Wachstum des Realeinkommens (siehe
Tab. 52) von 1953 - 72 zeigt den kurzlebigen Effekt der mit
dem Rohstoffabbau und der -weiterverarbeitung verbundenen
Investitionen.

Tab. 52: Mittleres jährliches Wachstum des Realeinkommens
in Surinam von 1953 bis 1972 in %

	insgesamt	pro Kopf der Bev.
1953 - 63	4,0	0,4
1964 - 67	14,3	11,4
1968 - 72	2,2	0,2
1953 - 72	6,0	2,4

Quelle: Programma voor de social-economische ontwikkeling
van Suriname. Rapport van de Surinaams-Nederlandse
Commissie van deskundigen, Jan. 1975.

Im Zeitraum von 1953 - 63 wird das Wachstum des Nationaleinkommens durch ein schnelles Bevölkerungswachstum wieder
aufgezehrt. Bei der Durchführung staatlicher Investitionen
wurde der Nachdruck auf den Ausbau der Infrastruktur gelegt.
Der Zeitraum zwischen 1964 und 1967 ist charakterisiert durch
einen sehr schnellen Anstieg des Realeinkommens. Es ist die
Bauphase des Brokopondostaudammes, die sich unmittelbar auf
die Arbeitssituation (durch Schaffung von befristeten Arbeitsplätzen) und damit auf das Realeinkommen auswirkt. Einzelne Großprojekte haben in Surinam eine ebenso ausgeprägte
Wirkung, wie es Schwankungen wichtiger Güter auf den Weltmärkten für die Lebenshaltungskosten in Surinam haben.

In der darauffolgenden Phase zwischen 1968 und 1972 nach
Fertigstellung des Brokopondostaudammes reduzierte sich der
Realeinkommenszuwachs pro Kopf der Bevölkerung wieder etwa
auf den Wert, den er bereits vor der Konstruktionsphase erreicht hatte. Die übrigen Erscheinungen dieser Zeit waren
Arbeitslosigkeit, geringe Investitionen zur Schaffung produktiver Arbeitsplätze, zunehmende Einkommensunterschiede
und eine starke Emigration.

Die Investitionen im Bauxitsektor haben somit eine einmalige
Erhöhung des Nationaleinkommens bewirkt, haben jedoch "durch
das Fehlen einer daran angepaßten Investitionspolitik für
die langfristige Entwicklung relativ wenig Bedeutung gehabt".[1]

Die Beurteilung der wirtschaftlichen Situation Surinams in
der Literatur kann auf die sieben wichtigsten, immer wieder-
kehrenden Aussagen reduziert werden:[2]

- Surinam hat große natürliche Reichtümer.
- Ein hohes Wirtschaftswachstum ist in Zukunft möglich.
- Von großer Bedeutung für die Zukunft Surinams ist die
  Nutzung dieser Reichtümer.
- Von besonderer Bedeutung sind die Bauxitlagerstätten in
  West-Surinam. Weitere Rohstoffe sind dort mit hoher Wahr-
  scheinlichkeit vorhanden.

- Die ökonomische Entwicklung war bisher fast ausschließlich
  von ausländischen Privatunternehmen abhängig.
- Die wirtschaftliche Entwicklung Surinams hat nicht die erhofften Erfolge gezeigt.
- Ca. 20 Jahre Entwicklungshilfezahlungen haben nicht den
  erhofften Erfolg gebracht.

---

1) Programma voor de social-economische ontwikkeling van
   Suriname. Rapport van de Surinaams-Nederlands Commissie
   van deskundigen, 1975.

2) Es wird hier vor allem auf das Beispiel Surinam eingegangen, da hier die Gesamtwirtschaft durch den Niedergang
   des Zuckerrohranbaus in noch weit höherem Maße von der
   Bauxitwirtschaft abhängt als in Guyana. Die hier gemach-
   ten Aussagen gelten jedoch mit geringen Modifikationen
   auch für Guyana.

Angesichts des großen Rohstoffreichtums stellt sich die Frage,
welche Faktoren die Entstehung einer florierenden Wirtschaft
verhindert haben und welche Chancen einer Wirtschaftsentwicklung sich für Surinam vor allem vor dem Hintergrund des West-
Surinam Projektes ergeben.
Ohne auf die große Zahl von Faktoren einzugehen, die für die
Erklärung des Phänomens "Entwicklungsland" herangezogen werden müssen, sollen 3 wesentliche Punkte herausgehoben werden,
die die heutige Situation Surinams verdeutlichen:

1. Surinam wurde als Rohstoffexportland konzipiert und hat
   diese Funktion bis heute beibehalten. Der mineralische
   Rohstoff Bauxit ersetzte lediglich den agrarischen Rohstoff Zucker.

2. Eine wirksame Förderung produktiver Sektoren aus den Einnahmen des Bauxitexports fand bisher nicht statt. Infrastrukturmaßnahmen im 20. Jahrhundert wurden vor allem den
   Bedürfnissen der Rohstoffwirtschaft angepaßt.

3. Eine ausgeprägte Kleinstaatlichkeit verhindert sowohl den
   direkten Einsatz der Rohstoffe für die nationale Wirtschaft im Sinne einer Strategie des Aufbaus interindu-
   strieller Verflechtungen und besonders auch nachgeschal-
   teter Industrien ("backward linkages"). Ein sehr kleiner
   nationaler Markt und fehlende Konkurrenzfähigkeit auf
   dem Weltmarkt schaffen nur geringe Investitionsanreize im
   industriellen Sektor.

Surinam war seit den Anfängen seiner Kolonialzeit als Rohstoffexportland konzipiert worden. Das Küstengebiet, in dem sich
heute die Bevölkerung fast ausschließlich konzentriert, wurde
mit der Ausbreitung der Zuckerrohrmonokultur in der Wirt-
schaftsformation der Großbetriebe im Karibischen Raum durch
die Eindeichungs- und Entwässerungsmaßnahmen holländischer
Siedler erst als Wirtschaftsraum geschaffen. Wirtschaftsziel
der Kolonialverwaltung war es lediglich, den reibungslosen
Produktionsablauf und Export des Rohzuckers zu gewährleisten.
Mit der Entdeckung der Bauxitlagerstätten Anfang des 20. Jahrhunderts begann eine Entwicklung, die lediglich eine Fort-

setzung der früheren   Wirtschaftspolitik bedeutete. Während
der Kolonialzeit war es eine Selbstverständlichkeit, daß
Unternehmen der Kolonialmacht oder anderer Industrieländer
den Rohstoffabbau in den Kolonien und den Export zu den
Verarbeitungszentren, die fast ausschließlich im Ausland
lägen, betrieben. Diese Form internationaler Arbeitsteilung,
die vielfach allein mit dem Vorhandensein unterschiedlicher
"natürlicher" oder "wirtschaftlicher" Standorfaktoren erklärt
wird, bestand auch nach Erlangung der Unabhängigkeit Surinams
weiter.

Die Rohstofforientierung, verbunden mit dem Desinteresse der
Kolonialverwaltung an einer Diversifizierung der Wirtschafts-
struktur, genügen jedoch noch nicht allein, die derzeitige
Situation Surinams zu erklären.
Zwischen ca. 10 % und 45 % der Abgaben- und Steuereinnahmen
Surinams wurden seit 1974 von der Bauxitwirtschaft aufgebracht. Diese Einnahmen ermöglichen zu großen Teilen die
Finanzierung laufender Ausgaben und die Reduzierung der Arbeitslosigkeit durch den Einsatz des öffentlichen Dienstes
als "Beschäftigungssektor". Eine Förderung kleinbäuerlicher
Landwirtschaft oder Starterleichterungen für einheimische
Kleinbetriebe durch staatliche Unterstützung auf finanziel-
lem, technischem und administrativem Gebiet wurde nur in
minimalem Umfang gewährt. Der hohe Devisenstrom ermöglicht
den Import zahlreicher hochwertiger Konsumgüter und Nahrungsmittel. Die Erwartung eines nunmehr gewohnten, hohen Quali-
täts- und Fertigungsstandards bei Nahrungsmitteln und Industriegütern und die Gewöhnung an einzelne, importierte Produkte erschwert - zusätzlich zu den Problemen der Kleinstaatlichkeit - den Absatz heimischer Industrieprodukte
und die Errichtung neuer Industrien. Dies legt den
Schluß nahe, daß der Rohstoffexport mit den dadurch erwirt-
schafteten Devisen selbst zur Schaffung und Aufrechterhaltung
struktureller Abhängigkeiten beiträgt.

Das besonders durch die geringe Größe der Wirtschaft bedingte
Problem Surinams liegt in erheblichem Maß darin, daß es nicht

in der Lage ist, die Möglichkeiten der wirtschaftlichen Entwicklung auf der Basis der Rohstoffwirtschaft auch unmittelbar nutzen zu können. Dazu ist die Einrichtung einer Hütten-
stufe mit verschiedenen Nachteilen behaftet.[1]

- Bei einer ausgeprägten, auf dem Bergbau beruhenden Monostruktur erhöht sich die Abhängigkeit von einem Rohstoff
  noch deutlich. Eine Diversifizierung der Wirtschaftsstruktur wird nicht erreicht.

- Die Beschäftigungs- und Einkommenseffekte sind in Relation
  zu den Investitionen außerordentlich gering.

- Die entwicklungspolitisch wichtigen Sekundäreffekte von
  Hütteninvestitionen hängen im Einzelfall vom erreichten
  Integrationsgrad der Wirtschaft ab, sind in den meisten
  und besonders den kleinen Entwicklungsländern jedoch sehr
  schwach.

- Der Schritt von der Metallgewinnung zur Metallverarbeitung
  ist nur noch schwer zu vollziehen. Es dürfte für kleine
  Entwicklungsländer mit einer geringen Wirtschaftskraft
  kaum möglich sein.[2]

Außer den genannten Faktoren ist auf die trotz allen Nord-
Süd-Dialogs immer noch gültige Regel hinzuweisen, daß sich
Entwicklungsländer unverhältnismäßig schwerer tun, Märkte
in Industrieländern für Fertigwaren als für Rohstoffe oder
Halbfertigwaren zu finden. Durch das Beibehalten der traditionellen Entwicklungspolitik mit ihren Investitionsschwer-
punkten in der mineralischen Rohstoffwirtschaft, die in dieser Form in Surinam noch weitaus stärker als in Guyana aus-

---

1) Aufgrund eines Vergleichs von Hüttenindustrien für verschiedene Rohstoffe in unterschiedlichen Ländern kommt
   POMMERENING u. a. (1977) zu dem Ergebnis, daß die von
   Entwicklungsländern angestrebte Verhüttung bisher unverarbeitet exportierter Rohstoffe nicht in jedem Fall eine
   günstige Lösung darstellt. Allerdings beruht die Studie
   auf Daten aus der Mitte der 70er Jahre, als die Preise für
   NE-Metalle relativ niedrig lagen.

2) Zumindest finanziell befindet sich Surinam hier in einer
   Ausnahmesituation. Die holländische Entwicklungshilfe in
   Höhe von 1,7 Mrd US$ ermöglicht die Finanzierung großer
   Teile des insgesamt auf 1,1 bis 1,3 Mrd US$ veranschlagten
   West-Surinam Projekts.

geprägt ist, ergeben sich keinerlei strukturelle Veränderungen.

8.2 Möglichkeiten der Bauxitsubstitution

Die Gründung der IBA 1974 (siehe Kap. 6.2) und die noch im selben Jahr folgende Einführung einer Bauxitsonderabgabe (IBA-Levy) in Jamaika geschah ein Jahr nach den Ölpreiserhöhungen durch die OPEC-Länder. Die Verunsicherung darüber ließ in den Industrieländern die Furcht vor einer "neuen OPEC" entstehen. Als Reaktion darauf wurde zum einen versucht, sich verstärkt Bauxit aus Lagerstätten von Nicht-Mitgliedern der IBA zu sichern (z. B. Rio Trombetas, Brasilien) und zum anderen die Forschung nach Einsatzmöglichkeiten nicht-bauxitischer Rohstoffe für die Aluminiumherstellung voranzutreiben.

Das Interesse an nicht-bauxitischen Rohstoffen hat sich in den letzten Jahren zudem auch aus anderen Gründen ergeben (vgl. BIELEFELDT, K., LOTZE, J., WINKHAUS, G. 1978, S. 105ff): Der derzeit bekannte Umfang der Weltbauxitvorräte (einschließlich unerschlossener potentieller Lagerstätten) von 37 Mrd. t würden bei weiterhin statischem Verbrauch von 80 Mio t/Jahr (1976) rund 500 Jahre ausreichen. Selbst bei dem zu erwarten den steigenden Bedarf wird es in den nächsten Jahrzehnten zu keiner Erschöpfung der Lagerstätten kommen.
Allerdings werden die Vorräte der niedrigsten Kostenklasse - ca. 15 % der Gesamtvorräte - in etwa 20 Jahren verknappt sein und hohe Kostensteigerungen sind durch die abnehmende Qualität des Bauxits,[1] steigende Energiepreise, erhöhte Transportkosten[2] und erhöhte Abbaukosten[3] zu erwarten.

---

1) Erhöhung des SiO_2-Anteils und Reduzierung des Al_2O_3-Gehalts.
2) Vor allem im Binnentransport durch eine Verlagerung der Abbaugebiete ins Landesinnere.
3) Erschöpfung der leicht zugänglichen Vorkommen, zunehmend ungünstigere geologische Lagerung und schließlich durch die Abgabepolitik der Rohstoffländer.

Steigende Bauxitpreise und verstärkte Autarkiebestrebungen
der Aluminiumverbraucherländer lassen Bestrebungen zur Aluminiumgewinnung aus nicht-bauxitischen Rohstoffen wie Kaolin
oder Ton zunächst realistisch erscheinen.[1] Der Al_2O_3-Gehalt
dieser Ausgangsmaterialien liegt jedoch meist unter 30 % und
erfordert erheblich höhere Verarbeitungsmengen von Rohgestein
(z. B. 4 - 6 t Rohton gegenüber 2 bis 2,5 t Bauxit pro t
Al_2O_3). Entsprechende Aufbereitungsverfahren sind ferner technisch auch noch nicht ausreichend erprobt. Eine Versuchsan-
lage mit einer Kapazität von 6 000 bis 8 000 t/Jahr wird zur
Zeit betrieben und liefert wertvolle Aufschlüsse über Tech-
nologie und Kosten einer Großanlage, kann jedoch selbst -
durch die geringe Größe mitbedingt - noch nicht rentabel arbeiten. Die derzeitigen Produktionskosten für Aluminium liegen bei Verwendung bester aluminiumhaltiger Tone bei 3 000 US$
pro t, bei der Verwendung von Bauxit dagegen bei rund 700 US$.[2]
Zudem spielt die hohe relative Erhöhung des Bauxitpreises durch
die IBA-Mitgliedsstaaten nur eine geringe Rolle in den Gesamt-
produktionskosten. Die ca. 70 %ige Preiserhöhung australischen
Bauxits von 7 US$ auf 12 US$ pro t steigerte die Produktionskosten
für Aluminium in der Bundesrepublik nur um ca. 2 %, da der
Kostenanteil des Bauxits nur ca. 5 % und einschließlich der
Frachtkosten ca. 8 % beträgt (FORSTER, M. 1976, S. 133).
Beim derzeitigen Bauxitangebot und bei derzeitigen Kostenstrukturen besteht somit keine Gefahr einer Bauxitsubstitution durch andere Rohstoffe. Die Substitutionsmöglichkeiten
werden durch stark gestiegene Energiepreise sogar noch reduziert, da gerade bei Einsatz von Ton als Aluminiumrohstoff
ein erheblich höherer Energieeinsatz notwendig ist.

Weitaus bedrückender als die noch ferne Gefahr einer Substitution des Bauxits ist für die karibischen Produzenten jedoch die allmähliche Verknappung der am leichtesten zugänglichen Lagerstätten. Durch das Abtauchen des "Küstenflächen-

---

1) Mit dem Hinweis auf umfangreiche Lagerstätten an aluminium-
   haltigen Tonen vor allem in den USA wurde versucht, die
   Preispolitik der IBA zu beeinflussen.

2) Auskunft Mijnbouwkundige Dienst, Surinam.

bauxits" unter Sedimente mit zunehmender Mächtigkeit (z. B. "Weiße Sande") erhöht sich vor allem in Guyana der zu bewegende Abraum pro t Bauxit ständig. Dieser Vorgang ("battle of the overburden") verteuert die Gewinnungskosten erheblich. Ähnliche Probleme ergeben sich in Surinam im Abbaugebiet der Billiton Mij. in Onverdacht durch das immer tiefere Absinken des Bauxits unter Meeresspiegelniveau. Dadurch nehmen die Anforderungen an die Entwässerungssysteme ständig zu.

Zusammenfasend läßt sich sagen, daß eine Substitutionsmöglichkeit von Bauxit durch aluminiumhaltige Tone der gemäßigten Breiten in naher Zukunft nicht rentabel sein wird. Für die Bauxitproduzenten des Karibischen Raumes stellt sich jedoch das Problem, daß die kostengünstig abzubauenden Lagerstätten zu Ende gehen, während in anderen Ländern in den letzten Jahren umfangreiche Lagerstätten entdeckt wurden und teilweise bereits ausgebeutet werden. Mit Ausnahme Guyanas und Französisch Guayanas, dessen Bauxit derzeit wegen des zu geringen Aluminiumgehaltes noch nicht bauwürdig ist, verfügen die karibischen Staaten auch über keine großen Reserven. Es stellt sich somit immer drängender die Frage nach Alternativen zur Bauxitwirtschaft.

8.3 Alternativen zur Rohstoffwirtschaft

Strukturelle Probleme, eine unbefriedigende Wirtschaftsentwicklung zahlreicher rohstoffexportabhängiger Länder und eine zunehmend negative Einschätzung des Rohstoffexports als "Export von Arbeitsplätzen und Einkommen" machen die Suche nach Alternativen zur Rohstoffexportwirtschaft dringlich.

Allerdings bieten sich trotz aller negativen Auswirkungen der Rohstoffexportwirtschaft keine Sofortlösungen für rohstoffexportabhängige Entwicklungsländer. Zur Finanzierung ihres meist sehr hohen Importbedarfs - ohne zu berücksich-

tigen, inwieweit Importe als Investitionsgüter notwendig
sind oder als Konsumgüter lediglich eine Verschwendung ohnehin knapper Devisen darstellen - sind zahlreiche Länder der
Dritten Welt auf den Export agrarischer oder mineralischer
Rohstoffe dringend angewiesen. Verteuerungen und Verknappun-
gen des bisher billigen Energieträgers Erdöl sowie eine
weltweite Rezession haben nicht nur unter den rohstoffim-
portabhängigen Industriestaaten, sondern auch unter den
rohstoffexportierenden Entwicklungsländern Besorgnis über
den Investitionsrückgang internationaler Unternehmen in
Rohstoffexplorations- und -abbauprojekten in Ländern der
Dritten Welt ausgelöst.[1] Eine teilweise geforderte Abkop-
pelung vom Weltmarkt ist gerade bei einer bestehenden Rohstoffexportabhängigkeit kaum durchführbar, auch wenn der
entwicklungspolitische Effekt des Rohstoffexports von
ALEXANDERSSON und KLEVEBRING[2] zu optimistisch eingeschätzt wird.

Ausgehend von der derzeitigen wirtschaftlichen Lage Guyanas
und Surinams kann es in naher Zukunft keine Alternative zur
Rohstoffwirtschaft geben. Es kommt im wesentlichen darauf

---

1) Obwohl sich 40 % der bekannten Reserven der wichtigsten
   Erze in Entwicklungsländern befinden, wurden in diesen
   Ländern 1976 nur 10 % der Explorationsausgaben der Bergbaugesellschaften investiert. (The courier 55, 1979,
   S. VII). Der Nachfragerückgang nach mineralischen Rohstoffen als Folge der Rezession und erhöhte Risiken für
   den Investor infolge zunehmender Nationalisierungsbestre-
   bungen in Ländern der Dritten Welt sowie gestiegene Investitionskosten bewirken einen Interessenrückgang bei
   ausländischen Investoren. In diesem Zusammenhang steht
   die Vorstellung eines internationalen Mineralinvestitions-
   fonds, der selbst an der Durchführung von Projekten in der
   Dritten Welt beteiligt werden soll (Forum Vereinter Nationen 5, 1978, 4). Für den Investitionsrückgang sind teilweise auch Mineralfunde in Industrieländern verantwortlich,
   wie im Falle der umfangreichen australischen Bauxitlager,
   die dadurch die Bedeutung von Lagerstätten in der Dritten
   Welt reduzieren.

2) "LDCs cannot afford to leave their mineral riches in the
   ground waiting for future temporary shortages and high
   world market prices. They must develop their economies
   now to provide employment for their rapidly growing popu-
   lations" (ALEXANDERSSON, G., KLEVEBRING, B.-J. 1978,
   S. 217).

an, durch eine Diversifizierung der Wirtschaft die Abhängigkeit vom Rohstoffexport, insbesondere vom Bauxit und Zucker-
export zu reduzieren.

Es bieten sich jedoch in naher Zukunft nur sehr geringe
Aussichten auf ein deutliches Wachstum anderer Sektoren.
Die geringe Einwohnerzahl bedingt trotz des in Surinam hohen
Pro-Kopf-Einkommens eine geringe Größe des einheimischen
Marktes. Das Industrialisierungskonzept der Importsubstitution ist somit nur unter erheblichen Schwierigkeiten zu
verwirklichen. Das Konzept einer exportorientierten Industrie läßt sich wegen der Konkurrenz anderer Staaten und
wegen der geringen Wettbewerbsfähigkeit nur schwer durch-
führen. Eine Industrialisierung durch Ansiedlung ausländischer Verarbeitungsbetriebe nach dem Muster der Enklave-
betriebe ist angesichts des Wettbewerbs vieler karibischer
Staaten um ausländische Investoren wenig erfolgversprechend.
Vor allem Guyana dürfte aufgrund seiner Verstaatlichungspo-
litik Schwierigkeiten haben, ausländische Investoren in
größerer Zahl zu interessieren. Zudem behindert die extrem
periphere Lage Guyanas und Surinams den Ausbau guter Verkehrsverbindungen nach Nordamerika, die eine Voraussetzung
für die Ansiedlung von Enklavebetrieben sind. Gewisse Indu-
strialisierungsanreize würde für Surinam ein möglicher Beitritt zum Caribbean Common Market - CARICOM - bieten, der
u. a. den Abbau von Zollschranken zwischen den Mitgliedsländern zum Ziel hat. Doch selbst zu den Westindischen
Inseln bestehen nur unzureichende Verkehrsverbindungen.
Neben dem Ausbau von Industriezweigen wie der Nahrungsmittel-
und Getränkeindustrie, verspricht somit die Förderung von
Kleinbetrieben auf handwerklicher oder halbindustrieller
Basis, die in geringen Stückzahlen produzieren können, am
ehesten Erfolg zu haben.

9. ZUSAMMENFASSUNG

Rohstoffexportabhängigkeit ist eine weltweit zu beobachtende Erscheinung, die vor allem bei zahlreichen Entwicklungsländern ein wirtschaftsbeherrschendes Strukturmerkmal darstellt. Hohe Anteile der Rohstoffexporte an den Gesamtausfuhren sowie ein erheblicher Beitrag der Exporte zum Bruttoinlandsprodukt stellen keineswegs eine alleinige Erscheinung vieler Entwicklungsländer dar, erreichen hier jedoch vielfach Werte, die die Bezeichnung "deformierte" oder "offene" Wirtschaft rechtfertigen. Unter den in den UN-Statistiken aufgeführten Ländern erreichen hinsichtlich der obengenannten beiden Kriterien außer einzelnen Stadtstaaten vor allem Ölförderstaaten des Persischen Golfes Spitzenwerte. Daneben treten ähnliche Werte fast nur noch bei den Bauxitproduzenten Guyana und Surinam auf.[1] Surinam verfügt im Gegensatz zur Bauxit- und Tonerdewirtschaft Guyanas bereits seit 1965 über eine kleine, im Besitz des US-amerikanischen Unternehmens SURALCO befindliche Aluminiumhütte, die jedoch nur relativ geringe Bedeutung besitzt und zudem strukturell nur geringe Veränderungen gegenüber einer reinen Rohstoffexportwirtschaft mit sich brachte.[2] In beiden, seit 1966 bzw. 1975 unabhängigen Staaten, die zusammen mit dem benachbarten französischen Überseedepartement Französisch Guayana als Gruppe der Guayana-Länder aufgrund ihrer sozioökonomischen Struktur und aufgrund ihrer kolonialzeitlichen Entwicklung dem Karibischen Raum zuzurechnen sind, stellt die Rohstoffwirtschaft somit den Grundpfeiler der Gesamtwirtschaft dar.

---

1) Guyana:

Export 1976:	Bauxit, Tonerde	42,3%
	Zucker, Rum, Melasse	36,0%
Anteil am BIP 1976:	Bergbau einschl. Bauxitverarb.	13,7%
	Zucker, Rum, Melasse	20,4%

Surinam:

Export 1976:	Bauxit, Tonerde, Aluminium	79,0%
Anteil am BIP 1976:	Bergbau einschl. Bauxitverarb.	26,8%

2) Aluminium (SITC 684) wird zur Gruppe der Grundstoff- und Produktionsgüter und somit statistisch nicht mehr den Rohstoffen zugerechnet.

Charakteristisches Merkmal beider Staaten ist der mit dem
Karibischen Raum gemeinsame Aufbau einer Zuckerrohrplantagen-
kultur im Rahmen der kolonialzeitlichen wirtschaftlichen Bindung an die Mutterländer Großbritannien bzw. Niederlande.
Die durch die Kolonialmächte bewirkte Transformierung der
sich nach der Entdeckung der Guayana-Länder herausgebilde-
ten Siedlerkolonien zu Produzenten agrarischer Rohstoffe
für die europäischen Staaten schuf strukturelle Deformatio-
nen, die mit der Entstehung der Bauxitwirtschaft im 20. Jahrhundert nicht aufgehoben wurden. Mit der Niederlassung von
Demba 1916 in Guyana und der Surinaamsche Bauxite Maatschappij,
der späteren SURALCO, 1915 in Surinam - vor allem jedoch vor
dem Hintergrund der für die Aliierten kriegswichtigen Bauxitlieferungen aus den beiden Ländern im Laufe des Zweiten Weltkriegs - vollzog sich allmählich die Umorientierung von Europa nach Nordamerika.

Die weltweite Diskussion über die Verknappung einzelner Rohstoffe, besonders aber die Diskussion über "Fremdbestimmung"
und "Außenabhängigkeit" und die zunehmende Beurteilung von
Rohstoffexporten als "Verschleuderung der wirtschaftlichen
Zukunft" eines Landes, führten weltweit zu Bestrebungen,
die Rohstoffwirtschaft einer nationalen Kontrolle zu unterwerfen sowie die Verarbeitung der Rohstoffe im eigenen Land
durchzuführen. Vor allem unter dem Eindruck der Thesen N.
GIRVANS führte Guyana 1971 und 1975 die Verstaatlichung der
Bauxitwirtschaft sowie 1976 auch der Zuckerwirtschaft durch.
Im Zusammenhang mit der Erlangung der Unabhängigkeit 1966
und der Verstaatlichung der Bauxitwirtschaft wird hier nunmehr das Ziel einer nationalen intergrierten Aluminiumindustrie intensiv verfolgt.

In Surinam, das bisher von einer Verstaatlichung der beiden
Aluminiumunternehmen SURALCO (ALCOA, USA) und Billiton
(Royal Dutch Shell, GB und NL) abgesehen hat, soll über die
Verwirklichung des West-Surinam Projekts nach dem Vorbild
Ciudad Guayanas, Venezuela, zusätzlich zur SURALCO-Aluminium-

hütte in Paranam eine staatliche integrierte Aluminiumindustrie aufgebaut werden. Es stellt sich jedoch die Frage, inwieweit für rohstoffexportabhängige Länder angesichts einer
hohen offiziellen Arbeitslosigkeit von 12 % in Guyana und
13 % in Surinam (1976),[1] einer vor allem in Surinam ausgeprägten Stagnation der Agrarwirtschaft und einer in beiden
Staaten nur gering geförderten Industrialisierung die Durchführung kapitalintensiver Rohstofferschließungs- und -ver-
arbeitungsvorhaben eine entwicklungspolitisch sinnvolle
Strategie darstellt. Ferner zeigt sich durch die Kleinstaatlichkeit gerade für die karibischen Bauxitproduzenten ein
strukturelles Problem, das eine wirtschaftliche Verwertung
der Rohstoffe erheblich reduziert. Die möglichen "forward"
und "backward linkages" werden dadurch deutlich einge-
schränkt (siehe Kap. 6.4.2). Es bleibt somit für rohstoffexportabhängige Entwicklungsländer von der Größenordnung
Guyanas, Surinams oder auch Jamaikas vielfach nur der direkte Nutzen erhöhter Export- und Steuereinnahmen, ein -
allerdings geringer - Beschäftigungseffekt, Lohnzahlungen
sowie eventuell die Nutzung der für die Rohstoffwirtschaft
notwendigen Infrastruktur, soweit sie für andere wirtschaftliche Aktivitäten eingesetzt werden kann. Die Beispiele
Guyana und vor allem Surinam zeigen jedoch, daß bisher auch
die indirekten Integrationsmöglichkeiten zwischen Rohstoffwirtschaft und anderen Sektoren kaum genutzt wurden. Agrar-
und forstwirtschaftliche Projekte haben bisher in beiden
Ländern nur in geringem Umfang aus bergbaubedingten Infrastrukturmaßnahmen Vorteile gezogen.
Vor allem für das West-Surinam Projekt erscheint es fraglich,
ob sich die in das Projekt gesetzten Erwartungen eines grundlegenden Wirtschaftsimpulses im Sinne der hier verfolgten
Wachstumspoltheorie bzw. durch die raumwirksamen Zielsetzungen der Wachstumszentrentheorie erfüllen werden.[2]

---

1) Die inoffiziellen Schätzungen liegen für beide Staaten
   bei ca. 20 %.

2) Ähnliche Folgeprojekte wie sie in West-Surinam mit dem
   Aufbau einer energieintensiven Industrie und der Förderung von Agrarprojekten vorgesehen sind, waren bereits
   beim Bau des Brokopondo-Kraftwerks in den 60er Jahren geplant, wurden jedoch nie verwirklicht. Für West-Surinam
   ergibt sich zudem das Problem der Entfernung zu Paramaribo.

Andererseits bieten sich beiden Staaten nur geringe Alternativen zur Rohstoffwirtschaft. Das Potential für eine verstärkte Industrialisierung ist aufgrund zahlreicher hemmen-
der Faktoren, unter denen wiederum die Kleinstaatlichkeit
besonders hervortritt, nur gering anzusetzen. Erste Ansätze
einer industriellen Weiterverarbeitung nicht-bauxitischer
Rohstoffe zeigen sich jedoch inzwischen in Guyana mit dem
Aufbau einer Glas- und Ziegelindustrie. Auch die nach dem
häufigen Scheitern ehrgeiziger Industrialisierungspläne
in der Dritten Welt nunmehr verstärkt geforderte Intensivierung agrarwirtschaftlicher Projekte zur Sicherung der
Eigenversorgung mit Grundnahrungsmitteln ist vor allem in
Surinam aufgrund der über Jahrzehnte hinweg vernachlässigten
Agrarwirtschaft, aufgrund des geringen Sozialprestiges landwirtschaftlicher Tätigkeit sowie aufgrund der fortgeschrit-
tenen Abwanderung aus den ländlichen Gebieten nur mit Schwierigkeiten durchführbar.[1] Die Emigrationsbewegung in die Niederlande, die 1974 und 1975 vor der Erlangung der Unabhängigkeit zu ausgedehnten Wüstungserscheinungen geführt hatte,
verstärkte sich wieder nach zwei Regierungsumstürzen 1980
trotz verschärfter Immigrationsbestimmungen der Niederlande.

Sowohl Guyana als auch Surinam stellen Entwicklungsländer
der weltwirtschaftlichen Peripherie dar, die aufgrund kolo-
nialzeitlicher Einbindungen in das damalige Weltwirtschafts-
system zu Produzenten agrarischer Rohstoffe umstrukturiert
wurden und sich auch unter den weltwirtschaftlichen Bedingungen der Aluminiumwirtschaft nicht aus dieser Form interna-

---

1) Der Rückgang der kleinbäuerlichen Landwirtschaft und der
   Verfall der Zuckerwirtschaft in den 70er Jahren haben dazu geführt, daß heute allein das hochmechanisierte Naßreisprojekt in Nickerie-Wageningen eine hohe wirtschaftliche Bedeutung besitzt. Einen weitaus höheren Stellenwert
   als in Surinam nimmt der Agrarsektor in Guyana dank der
   Zuckerwirtschaft ein. Eine Intensivierung der Grundnah-
   rungsmittelproduktion und der Viehzucht ist angestrebt,
   ist jedoch nur unter hohen Investitionen durchführbar.
   Wie in Surinam wirken sich auch hier eine Reihe von physischen Faktoren hemmend aus. In beiden Ländern bietet
   sich vor allem ein Ausbau der Bewässerungswirtschaft in
   der Küstenebene an.

tionaler Arbeitsteilung lösen konnten. Die Rohstoffexport-
erlöse erwirtschaften Guyana ein durchschnittliches, Surinam unter Einbeziehung der außergewöhnlich hohen Entwicklungshilfeleistungen durch die Niederlande und ohne auf
Einkommensdisparitäten innerhalb der Bevölkerung einzugehen,
eines der höchsten Pro-Kopf-Einkommen Lateinamerikas. Surinam ist jedoch gleichzeitig ein Beispiel dafür, daß hohe
Staatseinnahmen nicht automatisch den Weg von der "Unterentwicklung" zur "Entwicklung" bewirken.

In einer Klassifizierung der Länder der Erde in 8 Gruppen
teilen BRATZEL und MÜLLER (1979) Guyana und Surinam zusammen mit Staaten wie Jamaika, Mexiko und Brasilien der Gruppe der Länder zu, die sich auf der "Schwelle vom Entwicklungsland zum Industrieland" befinden (Gruppe 5).
Vor allem Surinam weist hier aufgrund seiner Erlöse aus
dem Rohstoffexport und aufgrund der umfangreichen holländischen Entwicklungshilfeleistungen bei zahlreichen in der
Klassifizierung verwendeten Indikatoren Werte auf, die für
Industrieländer typisch sind.[1] Diese Werte - die in Guyana
nur in geringerem Maß zutreffen - spiegeln eine "Entwicklung" vor, die in dieser Form nicht gegeben ist. Sie geben
lediglich einen Wohlstand wieder, der auf dem Export mineralischer - und in Guyana auch agrarischer - Rohstoffe beruht. Deutliche Beeinträchtigungen der Rohstoffexportwirtschaft würden Guyana und Surinam in die Gruppe 7 - "arme
Länder" - bzw. Gruppe 8 - "ärmste Länder" - zurückfallen
lassen.
Die Rohstoffwirtschaft bildet die Existenzgrundlage beider
Staaten - zu einer Entwicklung im Sinne einer Reduzierung
der Exportabhängigkeit und einer Diversifizierung der Wirtschaftsstruktur durch Förderung anderer Sektoren hat sie
kaum beigetragen.

---

1) Zu nennen sind hier insbesondere: Geringes Bevölkerungswachstum, hohe Lebenserwartung, hoher Kalorien- und Pro-
   teinverbrauch, geringer Anteil landwirtschaftlich Er-
   werbstätiger, hoher Düngemitteleinsatz, hoher Energieverbrauch pro Einwohner, hohes BIP pro Einwohner, geringer
   Anteil der Land- und Forstwirtschaft am BSP, hoher Ver-
   städterungsgrad.

Dependence on raw material exports is characteristic of numerous developing countries. Although high shares of raw material exports of the
total exports and a considerable contribution of exports to the GDP are
typical not only of many developing countries, in these cases, however,
the shares often achieve values which justify the term "deformed" or "open"
economy. Besides several oil producing countries, peak values in the above
mentioned respects are mainly reached by the two bauxite producing countries
Guyana and Surinam[1]. In both countries [2], which gained independence in
1966 resp. 1975, the export of raw materials is the base of the national
economy.

In contrast to the bauxite- and alumina-based economy of Guyana, Surinam
possesses a small aluminium plant since 1965, which is owned by the US-com-
pany SURALCO. This aluminium plant, however, is of relatively little importance and has caused only slight changes compared to the mere export of the
raw material [3].

Characteristic of both countries is the establishment of a plantation-economy
based on cane growing within the colonial economic ties to their mother countries Great Britain resp. the Netherlands. The transformation of the Guianas

---

[1] Guyana:
    Exports 1976: Bauxite, alumina   42,3 %
                  Sugar, rum, molasses   36,0 %
    Contribution to the GDP 1976
                  Mining incl. bauxite processing   13,7 %
                  Sugar, rum, molasses   20,4 %

    Surinam:
    Exports 1976: Bauxite, alumina, aluminium   79,0 %

    Contribution to the GDP 1976:
                  Mining incl. bauxite processing   26,8 %

[2] Inspite of their location in South America, Guyana, Surinam and French
Guiana belong to the Caribbean Area because of their socio-economic
structures and their colonial past which was similar to that of the
Caribbean Islands.

[3] In statistical terms aluminium belongs to the SITC-group 684 and thus
not to the group of raw materials.

into countries producing agrarian raw materials for the European nations
caused structural deformations which could not be overcome by the bauxite-
economy of the 20th century.

With the establishment of Demba in Guyana in 1916 and the "Surinaamsche
Bauxite Matschappij"[1] in 1915, a re-orientation from Europe to North America
took place in both countries. This re-orientation was mainly encouraged by
the militarily essential bauxite exports from Guyana and Surinam for the
allies during World War II.

A worldwide discussion about the growing shortage of certain raw materials,
especially the discussion about "foreign domination" and "dependence", the
increasingly critical view on the mere export of raw materials as "dissipation
of a nation's economic future" led to worldwide efforts to submit the raw
materials under national control and to promote the domestic processing of
raw materials. Mainly influenced by N.GIRVAN, Guyana nationalized its bauxite
industry in 1971 and 1975 and its sugar industry in 1975 and 1976. In connection
with the independence in 1966 and with the nationalization of the bauxite
industry, Guyana is trying to build up a nationally owned integrated aluminium industry.

Up to now Surinam has left out of consideration a nationalization of the
two aluminium companies SURALCO (ALCOA, USA) and Billiton (Royal Dutch
Shell, GB and NL). In addition to the existing, SURALCO-owned aluminium
plant in Paranam, Surinam is planning to establish a nationally-owned integrated aluminium industry by realizing the West-Surinam project. In doing so,
Surinam tries to imitate Ciudad Guayana, Venezuela, which is regarded as
an example[2].

However, the question remains, to what extent highly capital-intensive raw
material projects are efficient, when one considers the high unemployment
rate[3], the insufficiently promoted process of industrialization and -espe-
cially in Surinam - the marked agricultural stagnation.

---

[1] In 1957 the company was transformed into SURALCO.

[2] After the left-wing military coups of 1980, presently the West-Surinam
project is in a stage of re-thinking.

[3] The official rate of 1976 for Guyana is 12 % and for Surinam 13 %. The
inofficial rate for both countries is about 20 %.

The smallness of the economy imposes additional problems particularly for the Caribbean bauxite producing countries and reduces the utilization of the raw materials within the national economy considerably. The feasible "forward" and "backward" linkages are substantially reduced. What often remains for raw material exporting developing countries of the size of Guyana, Surinam or Jamaica are the direct benefits of an increased income of foreign exchange and taxes, some providing of jobs and wages, and to some extent the indirect utilization of the infrastructure which has been set up for the bauxite industry by other economic activities. The examples given by Guyana and especially by Surinam, however, demonstrate, that up to now facilities of an indirect integration of the raw material sector with other sectors have not been used to a reasonable extent. Neither agrarian nor forest projects have so far drawn considerable benefits from the mining initiated infrastructure.

Especially in the case of the West-Surinam project it is quite uncertain whether the anticipations of a fundamental economic impulse within the meaning of the here pursued growth pole or growth centre theory will be met[1].

On the other hand little alternatives to the raw material economy exist in both countries. Due to numerous adverse factors, like the smallness of the economy, there is only little potential for further industrialization. Also the intensification of the agriculture for national self sufficiency, which is a more and more worldwide demand after numerous failures of ambitious industrial projects in Third World countries, can hardly be realized to a substantial degree in the near future. Especially in Surinam it is due to a neglecting of agriculture for decades, to a low prestige of agricultural work and to an emigration from rural areas. The intensity of the emigration to the Netherlands which had culminated in 1974 and 1975 before independence increased again after two military coups in 1980.

---

[1] Similar agricultural projects as planned in West-Surinam have also been planned in connection with the integrated aluminium industry in Paranam, but they never have been realized.

Both, Guyana and Surinam, are developing countries which during their colonial past were submitted to the then existing international economic order and which were transformed into producers of agricultural raw materials. This kind of international division of labour persists up to this day, when the agricultural raw materials have been replaced by bauxite. In Guyana raw material exports aquire a modest per capita income. Surinam, however, has got one of the highest per capita incomes in Latin America, as a result of its raw material exports and the extraordinarily high economic aid by the Netherlands. On the other hand Surinam is an example of the fact, that a high public revenue does not automatically cause a transition from "underdevelopment" to "development".

In a classification of the world into 8 groups by BRATZEL and MÖLLER (1979) Guyana and Surinam are classified together with Jamaica, Mexico and Brazil as 'countries in the stage of transition from a developing country into an industrialized country' (group 5). Especially Surinam - because of its high national income - often meets the statistical requirements which are regarded as typical of industrialized countries. These data pretend a stage of "development" which does not exist to this extent and they reflect a wealth based on the export of mineral and in the case of Guyana also of agricultural raw materials. Severe adverse effects on the export of raw materials would lead to a classification of Guyana and Surinam as "poor countries" (group 7) or as "poorest countries" (group 8).

The export of raw materials is the economic basis for both countries - but it has not contributed to a stage of development in the sense of reduced dependence on exports and to a diversification of the economic structure by stimulating other sectors.

LITERATURVERZEICHNIS

Acholonu, A. D.: Guyana. Wildlife and Pollution. - In:
Irving, B. 1972, S. 66 - 85.

Adamson, A. H.: Sugar without Slaves. The political Economy
of British Guiana, 1838 - 1904. - New Haven and
London, 1972.

Algemeen Bureau voor de Statistiek: Ekonomische Kwartaal-
statistiken. - Versch. Jahrgänge, Paramaribo,
Suriname.

Algemeen Bureau voor de Statistiek: Nationale Rekeningen
(National Accounts). - Versch. Jahrgänge, Paramaribo, Suriname.

Algemeen Bureau vvor de Statistiek: Suriname in Cijfers. -
Versch. Jahrgänge, Paramaribo, Suriname.

Amersfoort, J. M. M., Cortie, C.: Het Patroon van de
Surinaamse Vestiging in Amsterdam in de Periode
1968 T/M 1970. - In: Tijdschrift voor Econ. en
Soc. Geografie 64, 1973, Nr. 5, S. 283 - 294.

Andic, F. M.: The development impact of the EEC on the
French and Dutch Caribbean. - In: Journal of
Common Market Studies, Oxford 8, 1969, 1, S. 19-49.

Andic, F. M., Andic, S.: The Economy of Surinam. - In:
Mathews, T. G., Andic, F. M. (Hrsg.), 1971,
S. 149 - 168.

Appalraju, J., Safier, M.: Growth-Centre strategies in less-
developed countries. - In: A. Gilbert (Hrsg.) 1978,
S. 143 - 167.

ASA, Annual Statistical Abstract, Georgetown 1974,

Auty, R. M.: The sugar industry of Demerara 1930 - 65. Some
problems in identifying scale economies. - In:
The Journal of Tropical Geography, 34, 1972, S. 8 -
16.

Auty, R. M.: Transforming mineral enclaves: Caribbean bauxite
in the nineteen-seventies. - In: Tijdschrift voor
economische en sociale geografie, 71, 1980, 3,
S. 169 - 179.

Axline, A.: Caribbean integration. The politics of regionalism. -
London 1979.

Bähr, J.: Chile. - Reihe Klett Länderprofile, Stuttgart 1979.

Baksh, A.: Education, Unemployment and Mobility in Guyana. -
Maschinenschriftlich vervielfältigte Dissertation,
Edmonton, Alberta, 1978.

Bank of Guyana: Annual Report 1976 und 1977.

Banks, F. E.: The economics of natural resources. - New
York 1976.

Banks, F. E.: Bauxite and aluminium: an introduction to the economics of nonfuel minerals. - Lexington 1979.

Bauxite Industry Development Company Ltd.: Annual Report and Group Accounts 1977. - Georgetown, Guyana, o. J.

Beckford, G. L. (Hrsg.): Caribbean Economy. Dependence and Backwardness. - ISER, UWI, Jamaica 1975.

Berberich, K., Maydell, H.-J. von: Voraussetzungen und Entwicklungsmöglichkeiten der Holzwirtschaft in Guayana, Surinam und Französisch Guayana. - = Mitteilungen der BFA für Forst- und Holzwirtschaft, Nr. 78, Juli 1970.

Bergsten, C. F., Krasner, S. D.: One, Two, Many OPECS ...? - In: Sauvant und Lavipour: 1976, S. 195 - 213.

Bhalla, A. S. (Hrsg.): Technology and Employment in Industry. A case study approach. - ILO, Genf, ^{2}1981.

Bielfeldt, K., Lotze, J., Winkhaus, G.: Ton - ein Aluminiumrohstoff? - In: Erzmetall 31, 1978, 3, S. 105 - 110.

Birla, S. C. und McIntosh, E. (Hrsg.): Proceedings of the Ninth West Indian Agricultural Economics Conference. - The Univ. of the Westindies, San Augustin, Trinidad, 1974.

Blume, H.: Der Bauxitbergbau auf Jamaika. - In: Geographische Rundschau 14, 1962a, S. 227 - 235.

Blume, H.: Beiträge zur Klimatologie Westindiens. - In: Erdkunde, Bd. 16, 1962b, S. 271 - 289.

Blume, H.: Die Westindischen Inseln. - Braunschweig 1968.

Borcherdt, C.: Ciudad Guayana. Das venezolanische Industriezentrum am Orinoco. - In: Geographische Rundschau, 21, 1969, 5, S. 171 - 180.

Borcherdt, C.: Ciudad Guayana. Kristallisationskern eines neuen Wirtschaftsraumes im südöstlichen Venezuela. - In: Der Wirtschaftsraum (Festschrift für Erich Otremba), Erdkundliches Wissen 41, 1975, S. 190-211.

Borcherdt, C.: Ciudad Guayana. Venezuelas Industriezentrum am Orinoco. - In: Geographische Rundschau 31, 1979, H. 7, S. 278 - 284.

Borsdorf, A.: Neuere Tendenzen der Raumplanung in Lateinamerika. - In: Raumforschung und Raumordnung 38, 1980, 1 - 2, S. 26 - 31.

Bosma, W.: 30 years geological and mining service of Suriname. - o. O., 1972.

Bottomley, A.: Peace and the economics of irrigation. - In: Co-existence. Oxford 12, 1975, S. 149 - 157.

Bourne, C.: Land Reform in a Sparsely Populated Country with an Indigeneous Population: The Case of Guyana. - In: Proceedings of the seventh West Indies Agricultural Economics Conference. 9. - 15. April 1972, U.W.I., St. Augustin, Trinidad, 1972, S. 73 - 87.

Bourne, C.: The political economy of indigenous commercial banking in Guyana. - In: SES 23, 1974, 1, S. 97-126.

Bovenkerk, F.: Emigration trends from the Dutch West Indian territories. - In: Race. A Journal fo Race and Group Relations. London, 15, 1973a, S. 248 - 254.

Bovenkerk, F.: Terug naar Suriname? over de opnamecapaciteit van de Surinaamse arbeidsmarkt voor Surinaamse retourmigranten uit Nederland. - Antropologisch-sociologisch Centrum, Amsterdam 1973b.

Bovenkerk, F.: Surinamers in Nederland: Uitzicht op terugkeer? - In: Internationale spectator 28, 1974, 16, S. 560 - 563.

Bovenkerk, F.: Emigratie uit Suriname. - Antropologisch-sociologisch Centrum, Amsterdam 1975.

Bovenkerk, F.: Wie gaat er terug naar Suriname? - Antropologisch-sociologisch Centrum, Amsterdam 1976.

Bratzel, P.: Theorien der Unterentwicklung. - Karlsruher Manuskripte zur Mathematischen und Theoretischen Wirtschafts- und Sozialgeographie, 1976, H. 17.

Bratzel, P., Müller, H.: Regionalisierung der Erde nach dem Entwicklungsstand der Länder. - In: Geographische Rundschau, 31, 1979, 4, S. 131 - 136.

Breman, J.: Post-colonial Surinam. Continuity of politics and policies. - In: Development and change (The Hague) 7, 1976, 3, S. 249 - 265.

British Guiana (Guyana) Development Programme 1966 - 72. - Georgetown, Guyana, o. J.

Brown, A., Brewster, H.: A review of the study of economics in the English-speaking Caribbean. - In: Social and Economic Studies, Vol. 23, 1974, 1, S. 48 - 68.

Bundesministerium für wirtschaftliche Zusammenarbeit: Vierter Bericht zur Entwicklungspolitik der Bundesregierung. - Bonn, März 1980.

Caribbean Contact. - Versch. Jahrgänge, Bridgetown, Barbados.

The Caribbean and West Indies Chronicle.

Carter, B. und Telfer, I.: The Philosophy and Experience of Maximising Food Supplies in Guyana. - In: Proceedings of the tenth West Indies Agricultural Economics Conference, 6. - 12. April 1975, Vol. I: Plenary Papers, U.W.I., St. Augustin, Trinidad, S. 79 - 99.

Casper, W.: Sind Erzeugerkartelle nach dem OPEC-Muster bei mineralischen Rohstoffen möglich? - In: List Forum 10, 1979/80, 4, S. 318 - 237.

Centrale Bank van Suriname: Jahresberichte .

CESWO: Mankracht - inventarisatie 1977. Resultaten van het
    steekproef-survey. - Paramaribo 1978.

Chesney, H.A.D.: The Major Constraints on the Commercial
    Production of Corn in Guyana. - In: Proceedings
    of the tenth West Indies Agricultural Economics
    Conference, 6. - 12. April 1975, Vol. II: Work-
    shop Papers, U.W.I., St. Augustin, Trinidad, 1976,
    S. 22 - 29.

Chin, H. E.: Suriname: ontwikkelingshulp en economische
    ontwikkeling. - In: Internationale Spectator XXV,
    1971, 15, S. 1441 - 1459.

Christholm, M.: Regional growth theory, location theory,
    nonrenewable natural resources and the mobile
    factors of production. - In: Ohlin, B., Hessel-
    born, P.-O., Wijkman, P. M. (Hrsg.), 1977, S. 115-
    123.

Convoy, M. E.: Rejection of growth center strategys in Latin
    American regional development planning. - In: Land
    Economics, Univ. of Wisconsin, 49, 1973, 4,
    S. 371 - 380.

CONS (Commissie Ontwikkelingssamenwerking Nederland - Suri-
    name): Aktiviteiten in West Suriname. Eerste Ver-
    kenningsrapport Werkgroep West Suriname. - o. O.
    1977.

Co-operative Republic of Guyana: United Nations Development
    Programme: Hydroelectric Power Survey of Guyana.
    Final Report. Organization Study of the Electric
    Power Sector. - Montreal 1976.

Crawford, A.A.: The relevance of the Upper Mazaruni Hydro-
    electric project to the electrical energy require-
    ments of Guyana in the nineteen eighties. - In:
    Hunter, O., Munroe, P. A. (Hrsg.): 1976, S. 183-187.

Cummings, L.: The Upper Demerara Forestry Project. - o. O.,
    o. J., maschinenschriftlich vervielfältigt.

Czaya, E.: Internationale Konzerne in Entwicklungsländern.
    Expansion, Anpassung und neokolonialistische Funk-
    tion. - In: IPW-Forschungshefte 10, 1975, 4.

Daly, V. T.: A short history of the Guyanese people. -
    London, Basingstoke 1975.

Darkoh, M. B. K.: Growth poles and growth centres with
    special reference to developing countries -
    a critique. - In: The Journal of Tropical Geography
    44, 1977, S. 12 - 22.

De Bruijne, G. A.: Surinam and the Netherlands Antilles:
    their place in the world. - In: Geografisch
    Tijdschrift, Nieuwe Reeks, 5, 1971a, 4, S. 517-528.

De Bruijne, G. A.: Surinam in regional geography. An alter-
    native to Preston James' Latin America. - In: Geo-
    grafisch Tijdschrift, Nieuwe Reeks, 5, 1971b, 3,
    S. 228 - 231.

De Bruijne, G. A.: Paramaribo. Stadsgeografische studies van een ontwikkelingsland. - Geografische ver- kenningen 5, 1976.

Devèze, M.: Les Guyanes. - " Que sais-je? Le print des connaissances Actuelles No. 1315, Paris 1968.

Dew, E.: Surinam, the Test of Consociationalism. - In: Plural Societies, Vol. 3, 1972, 3.

Dew, E.: Surinam, the struggle for Ethnic Balance and Identity. - In: Plural Societies, Vol. 5, 1974, 3.

Dew, E.: Anti-consociationalism and independence in Surinam. - In: Boletin de Estudios Latinoamericanos y del caribe. Amsterdam 1976, 21, S. 3 - 15.

Dew, E.: The difficult flowering of Surinam. Ethnicity and politics in a plural society. - The Hague 1978.

Donner, W.: Haiti - Naturraumpotential und Entwicklung. - Schriftenreihe des Instituts für Iberoamerika- kunde, Bd. 30, Tübingen 1980.

Dudler, H. J. u. a.: The economy of Surinam. - In: Inter- national Monetary Fund. Staff Papers, Wahington D.C., 18, 1971, 3, S. 668 - 750.

Duggal, V. P.: Guyana. Economic Development since independence. - In: Irving, B. 1972, S. 48 - 61.

Dukhia, J.: Marketing Arrangements and the Demand for Beef in Guyana. - In: Proceedings of the tenth West Indies Agricultural Economics Conference, 6. - 12. April 1975, Vol. II: Workshop Papers, U.W.I. St. Augustine, Trinidad, 1976, S. 141 - 156.

Essed, J. F. E.: Een volk op weg naar zelfstandigkeit. - Uitgave stichting Planbureau Suriname, Paramaribo, 1973.

Essed, J. F. E. u. a.: De Mobilisatie van het Eigene. - Paramaribo, 1975.

Esser, K.: Lateinamerika. Industrialisierungsstrategien und Entwicklung. - Frankfurt 1979.

Fletcher, R. E.: The experience and major constraints of the commercial production of soyabeans in Guyana. - In: Proceedings of the tenth West Indies Agricul- tural Economics Conference, Vol. II, Workshop papers, St. Augustine, Trinidad 1976, S. 229 - 240.

Forster, M.: Struktur- und Risiken der deutschen Nichteisen- Metallversorgung. - Hamburg 1976.

Friedensburg, F., Dorstewitz, G.: Die Bergwirtschaft der Erde. Die Rohstoffwirtschaft der Länder und ihre Grundlagen. - Stuttgart ⁷1976.

Gangadin, V. J.: Fiscal Incentives in Guyana. - In: Bulletin for International Fiscal Documentation, Amsterdam 29, 1975, 6, S. 223 - 230.

Gerling, W.: Westindische Inseln. Wandlungen ihrer Wirtschaftsstruktur. - In: Geographisches Taschen-
buch 1958/59, S. 458 - 462.

Giacottino, J.-C.: Les pays anglophones de la Caribe et de
la Guyana. - In: Notes et Etudes Documentaires.
Problèmes d'Amerique Latine. Paris 26, 1972a,
S. 4 - 55.

Giacottino, J.-C.: Les possessions neerlandaises de la
Caribe: Antilles Hollandaises et Surinam. - In:
Notes et Etudes Documentaires. Problèmes d'Ame-
rique Latine, Paris, 25, 1972b, S. 45 - 54.

Gilbert, A. (Hrsg.): Development planning and spatial structure. - Chichester, New York, Brisbane, Toronto,
²1978.

Gill, H. S.: Domestic political competition and foreign
policy. Guyana's changing relations with the
communist world with special reference to Cuba,
China and the Soviet Union. - In: The Caribbean
Yearbook of International Relations, St. Augustin,
1976, S. 347 - 385.

Girvan, N.: The Caribbean bauxite industry. - In: Studies in
Regional Economic Integration, Vol. 2, 1967, 4.

Girvan, N.: The new mercantilism; multinational corporations
and mineral industry in the Caribbean. - I.S.E.R.,
U.W.I., 1969.

Girvan, N.: Multinational Corporations and Dependent Underdevelopment in Mineral Export Economies. -
SES, Vol. 19, 1970, 4.

Girvan, N.: The denationalization of bauxite: Alcan in
Guyana. - In: New World Quarterly, Vol. 5, 1971a, 3.

Girvan, N.: Making the rules of the game: Country-company
Agreements in the Bauxit Industry. - In: SES Vol. 20,
1971b, 4, S. 378 - 419.

Girvan, N.: Foreign capital and economic underdevelopment in
Jamaica. - I.S.E.R., U.W.I. 1971c.

Girvan, N.: Why we need to nationalize bauxite, and how. -
In: Girvan, N., Jefferson, O. (Hrsg.): 1972,
S. 217 - 240.

Girvan, N.: Caribbean Mineral Economy. - In: Beckford, G.
(Hrsg.): 1975.

Girvan, N.: Corporate Imperialism: conflict and expropriatian.
Transnational corporations and economic nationalism
in the Third world. - New York 1976.

Girvan, N., Jefferson, O. (Hrsg.): Readings in the Political
Economy of the Caribbean. - Kingston, Jamaica, 1972.

Girvan, N., Jefferson, O.: Corporate vs. Caribbean integration. -
    In: Underdevelopment and development. The Third
    World today. Harmodsworth/Middl. ²1978 (Erstver-
    öffentlichung in: New World Quarterly, Vol. 4,
    1968, 2, S. 45 - 56).

Girvan, N. u. a.: Unemployment in Jamaica. - In: Girvan, N.,
    Jefferson, O. (Hrsg.): Kingston, 1972, S. 267 - 278.

Glasgow, R. A.: Guyana, race and politics among Africans and
    East Indians. - In: Studies in social life, Bd. 14,
    The Hague 1970.

Gocht, W.: Wirtschaftsgeologie. Rohstofferschließung - Roh-
    stoffwirtschaft - Rohstoffpolitik. - Berlin, Heidel-
    berg, New York 1978.

Gormsen, E.: Die Guayana-Länder. Guyana, Surinam und Franzö-
    sisch-Guayana (Guyane Française). - In: Lexikothek.
    Länder, Völker, Kontinente II, Bertelsmann Verlag,
    1975, S. 226 - 235.

Goslinga, C.: A short history of the Netherlands Antilles and
    Surinam. - The Hague 1979.

Government of the Co-operative Republic of Guyana: Second
    Development Plan 1972 - 1976. - Georgetown, Guyana.

Government Information Services: Guyana in Brief. - George-
    town, o. J. (ca. 1977).

Government Publicity Service: Suriname. News in Brief. -
    Versch. Jahrgänge, Paramaribo, Surinam.

Grant, C. H.: Company towns in the Caribbean. A preliminary
    analysis of Christianburg - Wismar - Mackenzie. -
    In: Caribbean Studies. Institut of Caribbean
    studies, Univ. of Puerto Rico, Rio Piedras 11,
    1971, 1, S. 46 - 72.

Grant, C. H.: Political Sequence to Alcan Nationalization
    in Guyana - the International Aspects. - In: SES,
    Vol. 22, 1973, 2, S. 249 - 271.

Greene, J. E.: The politics of Economic Planning in Guyana. -
    In: SES Vol. 23, 1974a, 2, S. 186 - 203.

Greene, J. E.: Race vs. politics in Guyana. Political
    cleavages and political mobilisation in the 1968
    general elections. - I.S.E.R., U.W.I., Kingston
    1974b.

Guyana. - In: Südamerika. Reihe Weltreise Bd. 14, München,
    Basel 1975, S. 126 - 135.

Guyana. - Kurzmerkblatt der BfA, 26, 1976, S. 42.

Guyana Manufacturers Association (Hrsg.): Guyana Handbook:
    Industry, Tourism, Commerce. - Georgetown 1976.

Guyana. Weltwirtschaft am Jahreswechsel. - BfA 26, 1976, 3.

Haas, H.-D.: Das Wirtschaftsgeschehen Jamaikas unter dem Einfluß des Bauxit-Bergbaus. - Beiheft Geographische
Rundschau, 1974a, S. 46 - 53.

Haas, H.-D.: Industrialisierungsprobleme in Jamaika. - Erdkunde, Bd. 28, 1974b, S. 131 - 138.

Haas, H.-D.: Industrialisierungsbestrebungen auf Trinidad
und ihre geographischen Auswirkungen. - 40. Deut-
scher Geographentag Innsbruck, Tagungsberichte
und wiss. Abh. 1975, Wiesbaden 1976, S. 149 -162.

Haas, H.-D.: Die Industrialisierungsbestrebungen auf den
Westindischen Inseln unter besonderer Berücksichtigung von Jamaika und Trinidad. - Tübinger Geographische Studien, H. 68, 1976.

Haas, H.-D.: Die Bewässerungswirtschaft als Mittel einer
wirtschaftlichen Inwertsetzung arider und semi-
arider Gebiete im Karibischen Raum. - In: Tübinger Geographische Studien, H. 80, 1980, S. 321 -
351 (= Festschrift H. Blume).

Hanisch, R.: Der Handlungsspielraum eines Landes der Peripherie im internationalen System. - Saarbrücken,
Breitenbach, 1975.

Heins, J.: Spatial inequality in Guyana. A case study of
Georgetown. - In: Tijdschrift voor Economische
en Sociale Geografie. Amsterdam 69, 1978, 1/2,
S. 36 - 45.

Hennings, G., Jenssen, B., Kunzmann, K. R.: Dezentralisierung
von Metropolen in Entwicklungsländern. Eine Strategie zur Förderung von Entlastungsorten. - In: Raumforschung und Raumordnung 38, 1980, 1/2, S. 12 - 26.

Hesselink, G.: De maatschappijstad Moengo en haar omgeving. -
Bijdragen tot de Sociale Geografie, 6, Amsterdam 1974.

Hindorie, G. D.: Twintig jaar Nederlandse ontwikkelingshulp
(1954 - 1974); een cijfermatige sectoranalyse. -
Paramaribo 1976.

Hindorie, G. D.: The economics of rice-growing in Surinam. -
In: The courier No. 66, March-April 1981, S. 81.

Hintzen, P. C.: Problems of National Integration in Guyana:
A Study of Four Urban Areas. - Diss. Worcester,
Massachusetts, maschinenschriftlich vervielfältigt,
o. J. (ca. 1975).

Hoffmeyer, M., Neu, A.: Vertikales Diversifizierungspotential
der Entwicklungsländer bei der Weiterverarbeitung
von Rohstoffen. - Kiel 1978.

Holder, N. L. u. a.: The Problem of Pasture Management in
the Development of the Livestock Industry in
Guyana. - In: Proceedings of the tenth West Indies
Agricultural Economics Conference, 6. - 12. April
1975, Vol. II: Workshop Papers, St. Augustin, Trinidad, 1976, S. 124 - 140.

Hope, Kempe, R.: Regional Community Development Planning
in Guyana. - SES Vol. 24, 1975a, 4, S. 504 - 508.

Hope, Kempe, R.: Genossenschaftlicher Sozialismus und die
Genossenschaftsbewegung in Guyana. - In: Internationale Genossenschaftliche Rundschau, London
68, 1975b, 2, S. 66 - 76.

Hope, Kempe, R.: The post-war external trade of Guyana. -
In: Economia Internationale, Genua, 28, 1975c,
1/2, S. 139 - 156.

Hope, Kempe, R.: National cooperative commercial banking and
development strategy. - In: American Journal of
Economics and Sociology. New York 34, 1975d, 3,
S. 309 - 322.

Hope, Kempe, R.: Guyana's National Service Programme. -
In: Journal of Administration Overseas, London 15,
1976a, 1, S. 34 - 38.

Hope, Kempe, R.: Cooperativism and co-operative socialism in
Guyana. - In: Yearbook of Agricultural Co-operation.
Oxford, 1976b, S. 171 - 189.

Hope, Kempe, R.: Taxation in developing countries: a case
appraisal of Guyana. - In: Bulletin for Internationale Fiscal Documentation, Amsterdam 31, 1977, 11,
S. 493 - 499.

Hope, Kempe R., David, W. L.: Planning for development in
Guyana: the experience from 1945 to 1973. - In:
Inter-American economic affairs, Vol. 27, 1974,
4, S. 27 - 46.

Hope, Kempe R., David, W. L., Armstrong, A.: Guyana's second
development plan 1972 - 76: a macroeconomic assess-
ment. - In: World Development, Oxford 4, 1976, 2,
S. 131 - 141.

Horvath, J.: Chinese technology transfer to the Third World.
A grant economy analysis. - New York, 1976.

Hottes, K.-H. (Hrsg.): Geographische Beiträge zur Entwicklungsländer-Forschung. - DGFK-Hefte, Nr. 12, 1979.

Hoyle, B. S.: Spatial aspects of development. - Chichester,
^{2}1978.

Hüttermann, A.: Grundlagen und Einfluß der Aluminiumverhüttung
in Neusseland. - In: Geographische Zeitschrift,
Jg. 63, 1975, S. 276 - 290.

Hüttermann, A.: Standortprobleme der Gegenwart: Grundlagen und
Auswirkungen der Aluminiumgewinnung. - Schöningh-
Fragenkreise, Paderbron, 1979.

Hunter, O., Munroe, P. A. (Hrsg.): Hydropower and the environment. Proceedings of the international seminar on
hydopower and the environment, Georgetown, Guyana,
Oct. 4 - 8, 1976. - Georgetwon, 1976.

IBRD: The economic development of British Guiana. Report of
a mission organized by the International Bank for
Reconstruction and Development at the request of
the government of Guiana. - Baltimore 1953.

Irving, B. (Hrsg.): Guyana. A composite monograph. -
Hato Rey/P.R. 1972.

Jaarplan 1977 und 1978. - Paramaribo, Suriname.

Jagan, C.: The west on trial. My fight for Guyana's freedom. -
London 1966.

Jagdeo, T., P.: Guyana and Trinidad. A comparative
Analysis of Social Conflict. - The Univ. of Michigan,
Ph. D., 1975.

Jainarain, I.: Trade and Underdevelopment - A study of the
small Caribbean countries and large multinational
corporations. - Inst. of Dev. Studies. Univ. of
Guyana, Guyana 1976.

Jap, K., Hintzen, L.: Private Kapitalanlagen und Steuervergünstigungen für ausländische Investitionen in
Surinam. - In: Außenwirtschaftsdienst des Betriebs-
beraters, Heidelberg 20, 1974, 1, S. 31 - 36.

Kebschull, O., Schoop, H. G.: The importance of raw materials
in economic development. - In: Natural Resources
and Development, Vol. 2, 1975, S. 7 - 19.

Kebschull, O., Künne, W., Menck, K.: Das integrierte Rohstoffprogramm. Prüfung entwicklungspolitischer Ansätze
im Rohstoffvorschlag der UNCTAD. - Hamburg 1977.

Keith, S., Girling, R.: Caribbean conflict: Jamaica and the
US. - In: Report on the Americas. North American
Congress on Latin America, New York, 12, 1978, 3,
S. 3 - 36.

Kilby, P.: Industrialization in an open economy. Nigeria
1945 - 1966. - Cambridge, 1969.

King, K. F. S.: Land and people in Guyana. - Oxford 1968.

Kirchner, C. u. a.: Rohstofferschließungsvorhaben in Entwicklungsländern. Teil 1: Interessenrahmen, Ver-
handlungsprozeß, rechtliche Konzeption. - Frankfurt 1977.

Kleinpenning, J. M. G.: An evaluation of the Brazilian policy
for the integration of the Amazon Region (1964 -
1974). - In: Tijdschrift vor economische en sociale
geografie, Vol. 68, 1977, 5, S. 297 - 311.

Kliebhan, H.: Chancen und Risiken einer deutschen Rohstoff-
politik. - In: Wirtschaftsvereinigung Bergbau
e.V., 1976.

Kohlhepp, G.: Zum Problem von Interessenkonflikten bei der
Neulanderschließung in Ländern der Dritten Welt.
Am Beispiel des brasilianischen Amazonasgebietes. -
In: Frankfurter Beiträge zur Didaktik der Geo-
graphie 1 (Festschrift für K. E. Fick), Frankfurt
1977a, S. 15 - 31.

Kohlhepp, G.: Bergbaustandorte im östlichen Amazonasgebiet. Entwicklungspole oder Orte temporärer Extraktion mineralischer Rohstoffe? - In: Frankfurter Wirtschafts- und Sozialgeographische Schriften (Festschrift für J. Matznetter), H. 26, 1977b, S. 239 - 273.

Kohlhepp, G.: Erschließung und wirtschaftliche Inwertstetzung Amazoniens. Entwicklungsstrategien brasilianischer Planungspolitik und privater Unternehmen. - In: Geographische Rundschau, H. 1, 1978, S. 2 - 13.

Kolader, J. H.: Verstedelijking in het District Suriname. - Bureau landelijke opbouw, Paramaribo, 1975.

Krims, A., Nier-Fischer, F. (Hrsg.): Kooperative Republik Guyana. 10 Jahre Unabhängigkeit. - In: Neue Entwicklungspolitik, Jg. 2, Nr. 1, Wien 1976.

Kruijer, G. J.: Suriname, neokolonie in rijksverband. - Meppel, Boom 1973.

Kruijer, G. J.: Suriname. De problemen en hun oplossingen. - Utrecht/Antwerpen 1977.

Kundu, W.: The economy of British Guiana, 1960 - 1975. - SES, Vol. 12, 1963, 3, S. 307 - 380.

Kurian, G. T.: Encyclopedia of the Third World. - Vol I und II, New York 1978.

Lagerberg, C., Vingerhoets, J.: Ontwikkelingssamenwerking met onafhankelijk Suriname. - In: Internationale Spectator 28, 1974, 16, S. 529 - 545.

Lamur, H. E.: Demographic evolution of Surinam 1920 - 1970. - The Hague, Martinus Nijhoft, 1973.

Lamur, H. E.: De bevolkingsgrei van Suriname 1964 - 1973. - In: Internationale Spectator 28, 1974, 16, S. 546 - 551.

Landis, J. B.: Racial attitudes of Africans and Indians in Guyana. - In: SES 22, 1973, 4, S. 427 - 439.

Lewis, A.: Four steps to full employment. - In: International Development Review, Vol. XIV, 1972, 2, S. 2 - 9.

Linden Town Council (Hrsg.): This is Linden. - Georgetown, Guyana 1975.

Litvak, I., Maule, C.: Nationalisation in the Caribbean bauxite industry. - In: International Affairs. London 51, 1975a, 1, S. 43 - 59.

Litvak, I. A., Maule, C.: Foreign corporate social responsibility in less developed economies. - In: Journal of World Trade Law, London, 9, 1975b, 2, S. 121 - 135.

Long, F.: Is size a disadvantage in dealing with transnational corporations? - In: Inter-American Economic Affairs, Washington/D.C., 33, 1980, 4, S. 61 - 75.

Lutchman, H. A.: The Co-operative Republic of Guyana. - In: Caribbean Studies, Vol. 10, 1970, 3.

Lutchman, H. A.: Race and bureaucracy in Guyana. - In: Journal of Comparative Administration, 4, 1972a, 2, S. 225 - 252.

Lutchman, H. A.: Guyana. A Review of Recent Political Developments. - In: Irving, B. 1972b.

Mandle, J. R.: The plantation economy. Population and economic change in Guyana 1938 - 1960. - Philadelphia 1973.

Mandle, J. R.: Dauer und Wechsel in Guayanas Unterentwicklung. - In: Monthly Review, 6, 1976, 4, S. 36 - 48.

Mandle, J. R.: Problems of the noncapitalist path of development in Guyana and Jamaica. - In: Politics and Society 7, 1977, 2, S. 189 - 197.

Marshall, W. K.: A review of historical writing on the Commonwealth Caribbean since 1940. - In: SES Vol. 24, 3, 1975.

Mathews, T. G., Andic, F. M. (Hrsg.): Politics and Economics in the Caribbean. - Institute of Caribbean Studies, University of Puerto Rico, Rio Piedras, Special Study No. 8, 1971.

May, J. M., McLellan, D. L.: The Ecology of Malnutrition in Eastern South America. - Studies in Medical Geography, Vol. 13, 1974.

McDonald, J.: Changes in Sugar Marketing. - In: Sugar News. A publication of the Guyana Sugar Corporation, No 42, 1979.

Meischeider, H.: Surinam und seine wirtschaftliche Möglichkeiten. - In: Geographische Rundschau 17, 1965, 3, S. 112 - 116.

Mikdashi, Z.: The international politics of natural resources. - London, 1976.

Mini World. - Verschiedene Jahrgänge, Paramaribo, Surinam.

Ministerie van C.R.M.: Enkele statistische gegevens betreffende de buitenlandse en binnenlandse migratie. - Den Haag 1971.

Ministerie van Financien: Financiele Nota. - Verschiedene Jahrgänge, Paramaribo, Surinam.

Ministry of Economic Development: Annual Statistical Abstract 1974. - Georgetown, Guyana, o. J.

Ministry of Economic Development: International Migration Report 1969 - 1971. - Georgetown, Guyana.

Ministry of Economic Development: Monthly Account relating to External Trade. - Verschiedene Jahrgänge, Georgetown, Guyana.

Ministry of Economic Development: Quarterly Review of
    Financial Statistics. - Verschiedene Jahrgänge,
    Georgetown, Guyana.

Ministry of Economic Development: Quarterly Statistical
    Digest. - Verschiedene Jahrgänge, Georgetown,
    Guyana.

Ministry of Economic Development; Central Transport Planning
    Unit: Transport Plan for Guyana. - Guyana, 1976.

Ministry of Economic Development; Development Secretariate:
    Draft Agriculture Development Plan 78 - 81. -
    Georgetown, 1977.

Ministry of Energy and Natural Resources; Geological Surveys
    and Mines Department: Annual Report, verschiedene
    Jahrgänge, Georgetown, Guyana.

Mohr, H. J.: Entwicklungsstrategien in Lateinamerika. -
    Bensheim, 1975.

Molen, G. van der: Economic impacts of education and personnel
    management: case studies from the industrial sector
    in Iran and Surinam. - In: Development and Change,
    The Hague, 7, 1976, 1, S. 45 - 65.

Moran, T. H.: The Theory of international exploitation in
    large natural resource investments. - In: Rosen,
    S., Kurth, J. R. (Hrsg.): 1974, S. 163 - 181.

Morris, M., Lavipour, F. G., Sauvant, K. P.: The politics
    of nationalization. Guyana vs. Alcan. - In:
    Sauvant und Lavipour, 1976, S. 111 - 143.

Nath, D.: A history of Guyana. - London 1976, 3 Bände.

NEDECO: Regional Ontwikkelingsplan West Suriname. Rapport
    inzake vestiging van bauxiet verwerkende Indu-
    strie. - Paramaribo, Febr. 1978a.

NEDECO: Aanzet tot geintegreerde begeleiding van de ont-
    wikkeling West Suriname. Voerstel tot verdere
    Uitwerking. - Paramaribo, März 1978b.

Nichols, G. O.: Hydroelectric development in Guyana. - In:
    Impact of Science on Soviety, Paris 27, 1977, 3,
    S. 321 - 330.

Niedergang, M.: 20mal Lateinamerika. - München 1971.

Nohlen, B., Nuscheler, F. (Hrsg.): Handbuch der Dritten
    Welt. - Bd. I und III, Hamburg 1976.

Nonnenmann, R.: Haiti - Probleme der Wirtschaftsentwicklung
    in einem Land der Dritten Welt. - Wirtschaftswis-
    senschaftliche Forschung und Entwicklung, Bd. 74,
    1981.

Nuhn, H.: Spezifische wirtschafts- und sozialgeographische
    Entwicklungsprobleme von Kleinstaaten und Ansätze
    für ihre Überwindung. - In: Die Erde, 109, 1978,
    3/4, S. 337 - 352.

Ochel, W.: Die Industrialisierung der arabischen OPEC-Länder und des Iran. Erdöl und Erdgas im Industrialisierungsprozeß. - IFO-Studien zur Entwicklungsforschung, Nr. 5, 1979.

Odle, M. A.: The evolution of public expenditure. The case of a structurally dependent economy: Guyana. - ISER, U.W.I, Jamaica 1976.

Palme, H.: Entwicklung und räumliche Ungleichheit. Alternative Entwicklungsstrategien im Bereich der regionalen Planung. - In: Internationale Entwicklung 1979, H. 1, S. 27 - 33.

Palmer, R. W.: Caribbean dependence on the United States economy. - New York 1979.

Paquette, R.: Lot cultivation - its role in adjustment to tropical urban life. A case study: Mackenzie, Guyana. - Ph. O. Thesis, Montreal 1968.

Patterson, S. H.: Aluminium from bauxite: are there alternatives? - In: American Scientist, 65, 1977, 3, S. 345 - 351.

Der Pearson-Bericht: Bestandsaufnahme und Vorschläge zur Entwicklungspolitik. - Bericht der Kommission für internationale Entwicklung, Wien 1969.

Persaud, T.: Conflicts between multinational Corporations and less developed countries: The case of bauxite mining in the Caribbean with special reference to Guyana. - Ph. D. Dissertation, Texas Tech. Univ. 1976.

Phillips, W. J., Dukhia, J. L.: The competition for resources (especially land and labour) between extractive industries and agriculture: The case of Guyanas bauxite industry. - In: Proceedings of the ninth West Indies Agricultural economics conference, Trinidad 1974, S. 99 - 114.

Phongpaichit, P.: The open economy and its friends: The "development" of Thailand. - In: Pacific Affairs 53, 1980, 3, S. 440 - 460.

Pirzio-Biroli, C.: Guyana: la République Coopérative. - In: The courier 36, 1976, S. 12 - 16.

Pommerening, G. u. a.: Möglichkeiten zur Weiterverarbeitung ausgewählter NE-Metallerze in Entwicklungsländern. - Hamburg 1977.

Population Census of the Commonwealth Caribbean, 1970.

Premdas, R. R.: Guyana: Communal conflict, socialism and political reconciliation. - In: Inter-American Economic Affairs, Washington, 30, 1977, 4, S. 63-83.

Putzer, H.: Metallogenetische Provinzen in Südamerika. - Stuttgart 1976.

Quelle, O.: Die Bevölkerungsentwicklung in Europäisch-Guayana. - In: Die Erde 3, 1951/52, S. 366 - 378.

Rao, B.: Development pattern of a primary-export-oriented economy: West Malaysia's postwar experience. - In: Developing Economies, Vol. XIV, 1976, 1, S. 37 - 46.

Reubens, E. P., Reubens, B. G.: Labour displacement in a labour-surplus economy: the sugar industry of British Guiana. - ISER, Jamaica 1962.

Richardson, H. W., Richardson, M.: The relevance of growth center strategies to Latin America. - In: Economic Geography, 51, 1975, 2, S. 163 - 178.

Riezebos, H. T.: Geomorphology and soils of sipaliwini savanna, southern Suriname. - In: Utrechtse geografische studies, Bd. 12, 1979.

Ritter, W.: Natural Resources in Developing Countries. - In: Natural Resources and Development, Tübingen, 1, 1975.

Roback, J.: Bases of social differentiation in a Guyana Mining Town. - M.A. Thesis, maschinenschriftlich vervielfältigt, Georgetown, 1968.

Rosane, R. E.: Bauxite in Guyana: The role of Demerara Bauxite Company Limited in Guyana over fifty-three years. - o. O. 1969.

Rosen, S., Kurth, J. R. (Hrsg.): Testing theories of economic imperialism. - London 1974.

Sackey, J. A.: Dependence, underdevelopment and socialist-oriented transformation in Guyana. - In: Inter-American Economic Affairs, Washington D. C., 33, 1979, 1, S. 29 - 51.

Sandner, G.: Wachstumspole und regionale Polarisierung der Entwicklung im Wirtschaftsraum. Ein Bericht über lateinamerikanische Erfahrungen. - In: Der Wirtschaftsraum, Erdkundliches Wissen Bd. 41, 1975, S. 78 - 90.

Sandner, G.: Politisch-geographische Raumstrukturen und Geopolitik im Karibischen Raum. - In: Geographische Zeitschrift 69, 1981, 1, S. 34 - 56.

Sandner, G.; Steger, H.-A. (Hrsg.): Lateinamerika. - Frankfurt a. Main 1973 (= Fischer Länderkunde Bd. 7).

Saul, C.: The rice industry of Guyana. - In: The courier No. 66, March-April 1981, S. 78 - 80.

Sauvant, K. P., Lavipour, F. G.: Controlling multinational enterprises. Problems, strategies, counter-strategies. - Campus Verlag, Frankfurt 1976.

Schiffers, H., Simons, P. (Hrsg.): Die neuen Staaten dieser Erde. - Berlin 1979.

Schilling-Kaletsch, I.: Wachstumspole und Wachstumszentren -
Untersuchungen zu einer Theorie sektoraler und
regional polarisierter Entwicklung. - Hamburg, 1976.

Schönenberg, R.: Geographie der Lagerstätten. - Erträge der
Forschung, Nr. 7395, Wissenschaftl. Buchgesellschaft
Darmstadt, 1979.

Scholz, F.: Zur Entstehung von "Zentrum" und "Peripherie".
Das omanische Entwicklungskonzept und Probleme
bei seiner Realisierung. - In: Geographische Beiträge zur Entwicklungsländer-Forschung, hrsg. von
K.-H. Hottes, = DGFK-Hefte, Nr. 12, Mai 1979.

Sherlock, P. M.: West Indian story. - Longman Caribbean Ltd.,
Trinidad und Jamaika, ³1971.

Slater, M.: The Caribbean Islands. - London 1968.

Small Industries Corporation: Facts you need to know about
investing in Guyana. - Georgetown, Guyana 1975.

Sonnenkalb, P.: Die drei Kolonialgebiete Britisch-, Französisch-
und Niederländisch-Guayana. - In: Geographische Rundschau 16, 1964, 3, S. 110 - 114.

Spackman, A.: The Role of Private Companies in the Politics
of Empire: A case Study of Bauxite and Diamond
Companies in Guyana in the Early 1920. - SES,
Vol. 24, 1975, No. 3, 1975, S. 341 - 380.

Standing, G.: Socialism and Basic Needs in Guyana. -
Maschinenschriftlich vervielfältigt, o. O., o. J.

Standing, G., Sukdeo, F.: Labour Mobility and Development in
Guyana. - Maschinenschriftlich vervielfältigt, o. O.,
o. J.

Standing, G., Szal, R.: Poverty and basic needs. Evidence from
Guyana and the Philippines. - ILO, Genf 1979.

Statistisches Bundesamt Wiesbaden: Guyana. - Allgemeine Statistik des Auslands, Länderkurzbericht, 1973.

Statistisches Bundesamt Wiesbaden: Surinam. - Allgemeine Statistik des Auslands, Länderkurzbericht, 1976.

St. Pierre, M.: Industrial unrest in a Guyanese Mining
community. - Guyana, maschinenschriftlich vervielfältigt, 1969.

St. Pierre, M.: Race, the political factor and the nationalization of the Demerara Bauxite Company, GUYANA. -
In: SES, Vol 24, 1975, 4, S. 481 - 503.

Sukdeo, F.: The Impact of Emigration on Manpower Resources
in Guyana. - University of Guyana, maschinenschriftlich vervielfältigt, Georgetown, 1972.

Sukdeo, F.: Profitability of the Sugar Industry in Guyana. -
In: Proceedings of the eighth West Indies Agri-
cultural Economics Conference, 1. - 7. April 1973a,
S. 123 - 130.

Sukdeo, F.: Malaria eradiction and population growth in
    Guyana. - Univ. of Guyana, maschinenschriftlich
    vervielfältigt, Georgetown 1973b.

Sukdeo, F.: Utilization of tractors in the rice industry
    in Guyana. - In: Proceedings of the tenth West
    Indies Agricultural Economics Conference, 6. -
    12. April 1975, Vol. II: Workshop Papers,
    St. Augustine, Trinidad, 1976, S. 55 - 60.

SURALCO-Magazine. - verschiedene Jahrgänge, Paramaribo,
    Surinam.

Surinam. - In: Südamerika, Reihe Weltreise, Bd. 14, 1975,
    S. 136 - 147.

Surinam. - In: Mineral Trade Notes. Washington/D.C. 72,
    1975, 4, S. 3 - 5.

Surinam: independencia azarosa. - In: Comercio Exterior.
    Mexiko/D.F. 26, 1976, 1, S. 42 - 44.

Surinam nach der Unabhängigkeit. - In: Außenhandelsdienst
    der Industrie- und Handelskammern und der Wirt-
    schaftsverbände, Frankfurt, 29, 1975, 49, S. 974 -
    976.

Suriname Directory of Commerce, Industry and Tourism 1978 -
    79. - Paramaribo, Suriname, o. J.

Sutherland, N. E.: The rice industry in Guyana: Scope and
    programmes for expansion. - In: Proceedings of
    the tenth West Indies Agricultural Economics Con-
    ference, 6. - 12. April 1975, Vol. II:Workshop
    Papers, St. Augustine, Trinidad, 1976, S. 3 - 21.

Terpstra, G. H.: De sociaal-economische problemen van Suri-
    name. - In: Economisch-statistische Berichten,
    11. Juli 1973, S. 620 - 623.

Thoburn, J. T.: Primary Commodity Exports and Economic
    Development. Theory, Evidence and a study of
    Malaysia. - London 1977.

Tilton, J. E.: The future of nonfuel minerals. - The Brookings
    Institution, Washington, D. C. 1977.

Tirtha, R., Loser, C.: Surinam. - In: Focus 1970, XXI, 1.

UNDP: Mission report on bauxite transshipment. - Georgetown,
    Mai 1972.

UNDP; Cooperative Republic of Guyana: A national strategy
    for spatial and physical development. - Maschinen-
    schriftlich vervielfältigt, Georgetown, o. J.
    (ca. 1976).

UNDP; Cooperative Republic of Guyana: Background study
    "Economic Background". - Maschinenschriftlich ver-
    vielfältigt, Georgetown 1977.

- 271 -

UNDP; Government of the Cooperative Republik of Guyana:
    National physical development strategy. Background
    study - natural resources. - Maschinenschriftlich
    vervielfältigt, Georgetown, Guyana 1976.

UNIDO: A Survey of Industry and its potential in Surinam. -
    Final Report, Paramaribo 1972.

United Nations: Report on the soil survey project British
    Guiana. - Washington, 1966, Vol. III.

U. S. Department of Commerce, Domestic and International
    Business Administration: Basic data on the economy
    of Guyana. - Prepared in the Latin America Division
    Office of International Marketing Bureau of Inter-
    national Commerce. - In: OBR Overseas Business
    Reports, 19, 1973.

Valle, D.: Productivity and employment in the copper and
    aluminiumindustries. - In: Bhalla, A. S. (Hrsg.),
    1981, S. 323 - 355.

Van Kersen, J. F.: Bauxite Deposits in Suriname and Demerara
    (British Guiana). - Leiden 1955.

Vining, J. W.: The rice economy of government settlement
    schemes in Guyana. - In: Inter-American Economic
    Affairs, Washington/D.C., 29, 1975, 1, S. 3 - 19.

Vining, J. W.: Presettlement Planning in Guyana. - In: Geo-
    graphical Review, Vol. 67, 1977, S. 469 - 480.

Waldmann, P., Zelinsky, U. (Hrsg.): Politisches Lexikon
    Lateinamerikas. - München 1980.

Waller, P.: Das Kitimat-Projekt. Standortuntersuchungen einer
    Aluminiumhütte. - Diss. München, 1963.

Weischet, W.: Die ökologische Benachteiligung der Tropen. -
    Stuttgart, [2]1980.

Weltbank: Weltentwicklungsbericht 1979. - Washington D. C.,
    1979.

Weltbank: Weltentwicklungsbericht 1980. - Washington D. C.,
    1980.

West, R. C., Augelli, J. P.: Middle America. Its lands and
    peoples. - Englewood Cliffs, New Jersey, [4]1966.

The West Indies and Caribbean Yearbook. - Verschiedene Jahr-
    gänge, Toronto.

White, D.: Surinam. - In: Financial Times. London, 1975,
    S. 19 - 21, 24 - 26.

Wirtschaftsvereinigung Bergbau e.V. (Hrsg.): Das Bergbau-
    handbuch. - Essen 1976.

Yokom, R., Nagy, R., Lewinter, M.: Socio-economic systems
    for mining projects in remote, hostile regions. -
    In: Mining Congress Journal, Jg. 63, 1977, 8,
    S. 52 - 59.

Zielhuis, L.: Migratie en immigratie in Surinam. -
    Paramaribo 1973.
Zielhuis, L.: Community Development in Surinam. - In:
    Community Development Journal, Manchester, 9, 1974,
    1, S. 43 - 46.
Zielhuis, L., Gidhari, D.: Migratie uit Suriname. -
    Uitgave Ministerie van sociale zaken te Paramaribo,
    1973.
Zorn, S. A.: New developments in Third World Mining agree-
    ments. - In: Natural Resources Forum, Dordrecht,
    1, 1977, 3, S. 239 - 250.

ANHANG

Daten zur jüngeren Entwicklung Guyanas:

1910	Entdeckung des Bauxits in Guyana, erste wissenschaftliche Beschreibung der Lagerstätten am Demerara
1916	Niederlassung der DEMBA in Guyana (Tochterunternehmen der ALCAN)
1917	Beginn des Bauxitabbaus in Guyana durch DEMBA
1953	Die National-Marxist People's Progressive Party erhält unter einer neuen Verfassung die überwältigende Mehrheit bei Parlamentswahlen. Nach 6 Monaten politische Intervention Großbritanniens mit Abschaffung der neuen Verfassung und Ernennung einer neuen Regierung. Aufspaltung der PPP in die von der indischen Bevölkerungsmehrheit getragenen PPP unter Cheddi Jagan und in den von der afrikanischen Bevölkerung getragenen Peoples National Congress PNC unter Linden F. S. Burnham.
1953	Abbaubeginn durch Reynolds Guyana Mines
1957	Wiederwahl der PPP
1961	Wiederwahl der PPP
1961	Beginn der Tonerdefabrikation in Guyana. Beginn des Abbaus tieferliegender Schichten nach Erschöpfung der günstig abzubauenden Lagerstätten ("Battle of the Overburden")
1962 - 65	Rassenunruhen zwischen Indern und Afrikanern, zahlreiche Streiks behindertn den Bauxitabbau
Okt. 1963	Wahlrechtsänderung durch Großbritannien angekündigt
1964	Wahlsieg des PNC nach Änderung des Wahlrechts
26.5.1966	Unabhängigkeit
1966	Erster (7-Jahres)Entwicklungsplan
12.1968	Die Bergbaustadt Mackenzie (Linden) wird durch eine Straße mit der Küste verbunden

1968	Gründung der Caribbean Free Trade Association CARIFTA, Guyana ist Mitglied
1968	Einstellung des Mangan-Bergbaus in Matthews Ridge
23.2.1970	Umwandlung der parlamentarischen Monarchie in eine Republik (Socialist Cooperative Republic of Guyana)
29.4.1970	Umbenennung von Mackenzie-Wismar-Christian-burg in Linden
5.4.1970	Bekanntgabe der Regierung, daß sie die Kontrolle über die nationalen Bodenschätze übernehmen will. Ausländische Beteiligung an der Rohstoffwirtschaft (Bergbau- und Forstprojekte) ist erwünscht bei mindestens 51 % Regierungsanteilen.
12.1970	Verhandlungen mit ALCAN über staatliche Mehrheitsbeteiligungen an DEMBA
20.1.1971	Verhandlungen ergebnislos abgebrochen
23.2.1971	Ankündigung der Verstaatlichung durch Prime Minister Burnham; der Verstaatlichungsankündigung folgt ein 3wöchiger Bauxitarbeiterstreik um die Fortführung des Rentenfonds.
15.7.1971	Einsetzung der Guyana Bauxite Company Ltd. GUYBAU, Abfindung an ALCAN in Höhe von US$ 53 Mio, zahlbar über einen Zeitraum von 20 Jahren mit 6 % Zins.
10.1971	Übertragung des Bauxitverkaufs an die Philipp Brothers AG, Schweiz
1972 - 76(77)	Zweiter (5-Jahres)Entwicklungsplan, 1976 bis 1977 verlängert
16.7.1973	Wahlsieg der PNC
1973	Gründung des Caribbean Common Market CARICOM als Nachfolgeorganisation der CARIFTA
1974	Einführung der "Sugar Levy"
1.1975	Gründung der Guybulk Shipping Ltd. (gemeinsames Unternehmen von GUYBAU und A/S Bulkhandling, Oslo

1.1.1975	Verstaatlichung von Reynolds Guyana Mines, Gründung von Berbice Mining Enterprise, BERMINE, Abfindung an Reynolds in Höhe von US$ 10 Mio, die in 13 Jahresraten von zukünftigen BERMINE-Gewinnen an Reynolds zu bezahlen sind.
23.2.1975	Verstaatlichung der Demerara Co. Ltd. (Großbritannien) Zuckerwirtschaft
1.1.1976	Gründung der Bauxite Industry Development Company Ltd. BIDCO als Planungsbehörde der nationalen Bauxitwirtschaft.
1976	Zusammenfassung von GUYBAU und BERMINE unter dem neuen Unternehmen GUYMINE
26.5.1976	Verstaatlichung von Booker McConnel Ltd. (Großbritannien) Zuckerwirtschaft
1976	Gründung der Guyana Sugar Company GUYSUCO
1976	Gründung der Upper Mazaruni Development Authority, UMDA
1978 - 81	Dritter (4-Jahres)Entwicklungsplan

Daten zur jüngeren Entwicklung Surinams:

1865	Erste Bauxitfunde in Surinam, die als solche jedoch nicht erkannt wurden
1898	Nachweis von Bauxitlagerstätten in Surinam
1903	Erste Veröffentlichung über die Bauxitlagerstätten Surinams durch Du Bois, 1903
	Anschließend Bauxitabbau für wenige Jahre durch die American Norton Co. für die chemische Industrie
1915	Beginn des Bauxitabbaus durch die Surinaamsche Bauxite Maatschappij (Tochterunternehmen der ALCOA)
1927	Bau der ersten Bauxitaufbereitungsanlage in Moengo
1939	Abbaubeginn der holländischen Billiton Nij. in Onverdacht (Tochterunternehmen der Royal Dutch Shell)
1941	Bau einer zweiten Bauxitaufbereitungsanlage in Paranam
1942	Erste Bauxitexporte durch Billiton Mij.
1947	Einrichtung des Welvaartsfonds (= Beginn der niederländischen Entwicklungshilfeleistungen an Surinam)
1948	Surinam erlangt die innere Selbstverwaltung
1953	Bau einer Kalzinierungsanlage in Moengo
1955 - 65	Erster 10-Jahresplan
1957	Umwandlung der Surinaamsche Bauxite Maatschappij in die Suriname Aluminum Company (SURALCO), ebenfalls ein Tochterunternehmen der ALCOA
1958	Abschluß eines Vertrages zwischen Surinam und SURALCO zur Nutzung der Hydroenergie ("Brokopondo-Overeenkommst")
1959	Baubeginn am Brokopondo Stausee

1962	EG-Assoziierung Surinams (Surinam bekommt damit Entwicklungshilfeleistungen aus dem EG-Entwicklungsfond)
1962	Errichtung einer Anlage in Paranam zur Erzeugung hochkalzinierten Bauxits
1963 - 69	Bau und Erweiterungen des Tonerdewerkes in Paranam (1 Mio Jahrestonnen Kapazität)
1963 - 65	Bau der Aluminiumhütte mit 60 000 Jahrestonnen Kapazität
1965	Beginn der Tonerdeproduktion
1965	Fertigstellung des Brokopondo-Kraftwerks, Kapazität 180 MW
1965	Beginn der Aluminiumproduktion
1966 - 75	Zweiter 10-Jahresplan
1967 - 72	Erster 5-Jahresplan
1970	Vertrag zwischen Reynolds Metal Co. und Surinam über die Erschließung der Bauxitlagerstätten in West-Surinam
1971	Gründung des staatlichen Bauxitunternehmens Grassalco
1972 - 76	Zweiter 5-Jahresplan (Folgeprojekte sind teilweise noch in Ausführung)
1974	Aufkündigung des Vertrages zwischen Reynolds und Surinam
1975	Abkommen zwischen Holland und Surinam über die Zahlung von ca. 3,5 Mrd Nf (= 2,9 Mrd Sf) in den nächsten 10 - 15 Jahren
26.11.1975	Unabhängigkeit
1976 - 85	Dritter 10-Jahresplan
4.1976	Abkommen zwischen Surinam und SURALCO über eine Mindestabbaumenge in Höhe von 8,35 Mio t pro Jahr
27.4.1978	Beitritt zum International Monetary Fund
28.6.1978	Beitritt zur SELA (Sistema Económico Latinoamericano)

25.2.1980	Regierungsumsturz durch Militär
14.8.1980	Zweiter Regierungsumsturz
25.11.1980	Beendigung der Immigrationsfreiheit nach Holland

Georg Scherm
Dipl. Geogr.
geografisch instituut
Eberhard-Karls-Universiteit
Tuebingen
W-Duitsland

Vragenlijst voor werknemers van de Suralco te Moengo en Wonoredjo

1. geslacht: ☐ man   3. ras: ☐ Creool
            ☐ vrouw   ☐ Javaan
                              ☐ Hindostaan

2. uurloon ☐   ☐ Bosneger
   maandloon ☐   ☐ Indian
                              ☐ Blank
                              ☐ Chinees

4. geboortedatuum: ....

     geboorteplaats: .... district: ....

5. op welke datuum trad U in dienst van de Suralco: ....

6. Wat deed U voordat U bij Suralco in dienst trad?

     ☐ school; welke richting .... waar ....

     ☐ eigen beroep; welke richting .... waar ....

     ☐ in dienstbetrekking; welke aard .... waar ....

7. reden van verandering van de dienstbetrekking naar de Suralco

     te Moengo? ....

8. waar zult U wonen na uw pensioneering of na uw ontslag (uit
de dienst) plaats: .... district: ....

9. heeft U reeds daartoe voorbereidingen getroffen?

     ☐ ik blijf heer wonen (eigen huis)

     ☐ ik gaa van de bedrijfswoning naar en ander huis in Moengo
       of omgeving

     ☐ ik verlaat Moengo/Wonoredjo naar

       plaats: .... straat: ....

         ☐ ik huur en huis/woning daar

         ☐ ik heb en eigen huis daar

         ☐ ik gaa mijn eigen huis daar bouwen

     ☐ ik weet nog niet

10. bent U van plan voor de Suralco te werken tot uw pensionering ☐

     of zult U uw betrekking voordien opzeggen ☐

11. waar heeft U uw laatste week-end doorgebracht?

     ☐ Moengo/Wonoredjo   ☐ Paramaribo

     ☐ district Marowijne   ☐ elders ....

     bleef U daar overnachten?   ☐ ja   ☐ neen

dank U wel

Foto 1   Bauxitabbau in Linden, Guyana

Foto 2   Bauxitgewinnung in Onverdacht, Surinam

Foto 3   Bauxittrocknungs- und Kalzinierungsanlagen in
         Moengo, Surinam

Foto 4   Bergbausiedlung Apoera, West-Surinam, 1978

Foto 5 Nieuw Nickerie mit Naßreisprojekt Nickerie-Wageningen,
        Surinam

Foto 6 Extensive Weidewirtschaftgebiete der Rupununi-Savanne,
        Guyana